GERHARD MIRSCHING

Audi

VIER JAHRZEHNTE INGOLSTÄDTER AUTOMOBILBAU –

DER WEG VON DKW UND AUDI NACH 1945

BLEICHER VERLAG

© 1988 by Bleicher Verlag, D-7016 Gerlingen
Alle Rechte vorbehalten
1. Auflage
Reproduktionen: Hugo Krämer, Graph. Kunstanstalt, D-7000 Stuttgart 75
Gesamtherstellung: Maisch + Queck, D-7016 Gerlingen
Umschlag: Buchgestaltung Reichert, D-7000 Stuttgart

ISBN 3-88350-158-1

Rechts: Audi 80, Modelljahrgang 1988, und einer seiner Ahnen – ein DKW Sonderklasse als Karmann-Cabriolet von 1953. Im Hintergrund das Neue Schloß in Ingolstadt.

Das Bild auf Seite 1 zeigt einen DKW F 102 von 1964.

Inhalt

Vorwort ... 11

**Von der Auto Union GmbH zur AUDI AG
Die Entwicklung der Unternehmung nach 1945** ... 13
Die Stunde Null ... 13
Das Werden der Auto Union – Stufen einer Entwicklung ... 13
  Rückblick und Bestandsaufnahme ... 13
    Die erste Stufe: Das Zentraldepot für Auto Union Ersatzteile GmbH in Ingolstadt ... 14
    Die zweite Stufe: Die Auto Union GmbH »alt« ... 15
    Die dritte Stufe: Die Arbeitsgemeinschaft Auto Union ... 16
    Die vierte Stufe: Die Auto Union GmbH »neu« – die Produktionsgesellschaft ... 17
    Die Enteignung der Auto Union AG und ihre Auswirkungen – eine rechtliche Würdigung ... 21
Die Produktionsstätten – ihre Entstehung und Entwicklung ... 22
  Das Werk Ingolstadt, das Herstellungswerk für Schnellaster und Motorräder ... 23
  Das Werk Düsseldorf, die Produktionsstätte für Personenkraftwagen ... 26
  Das Werk Spandau der Auto Union Berlin GmbH, Hersteller von elektrischen Anlagen und Getrieberädern ... 30
Die Entwicklung des Inlandabsatzes von DKW-Fahrzeugen ... 33
Der Weg zum Weltmarkt ... 35
  Erste Schritte in die europäischen Länder ... 36
  Die Errichtung von Montagewerken ... 39
  Industrias del Motors, S.A. – IMOSA – in Vitoria, Spanien ... 39
  Veículos e Máquinas Agrícolas – VEMAG S.A. – in Sao Paulo, Brasilien ... 41
Ein neuer Partner – die älteste Automobilfabrik der Welt ... 43
  Die Konzentration der Produktion in Ingolstadt ... 44
  Das Produktionsprogramm der Auto Union GmbH zwischen 1958 und 1965 ... 45
Faszination Motorsport ... 48
Der große Umbruch: Die Volkswagen AG übernimmt die Auto Union GmbH ... 54
  Das Ende der Zweitaktmotoren-Epoche im Automobilbau in Ingolstadt ... 54
  Ein alter Name erhält neuen Glanz: Audi ... 57
  Ein Blick zurück – oder die Duplizität der Ereignisse ... 59
  Ein Blick über die Grenzen: Die Entwicklung des Zweitaktmotors im schwedischen Automobilbau ... 60
Die Fusion der Auto Union GmbH mit der NSU Motorenwerke AG zur Audi NSU Auto Union AG ... 61
  Die Geschichte der NSU Motorenwerke AG ... 61
  Die Entwicklung von der Gründung bis zum Zweiten Weltkrieg ... 61
  Der Wiederaufbau und die Zeit bis 1968 ... 62
  Gründe und Auswirkungen der Fusion ... 68
  Die wirtschaftliche Entwicklung der Audi NSU Auto Union AG von 1969 bis 1984 ... 69
Die Audi Aktiengesellschaft ... 70

Die Motorräder und Automobile von DKW und Audi nach 1949 ... 82
Die DKW-Motorräder aus Ingolstadt ... 82
  DKW-Serienmotorräder ... 82
  Das erste DKW-Motorrad aus Ingolstadt – die RT 125 W ... 82
  Die Erweiterung des DKW-Motorradprogramms: RT 175, RT 200 und RT 250 sowie deren Nachfolgemodelle ... 85
  DKW RT 175 ... 85
  DKW RT 200 ... 86
  DKW RT 250 ... 88
  Krönung des Ingolstädter Motorradprogramms: DKW RT 350 ... 89
  Gemeinsame Konstruktionsmerkmale der DKW-Motorräder seit 1955 ... 91
  DKW Hobby, eine vielbeachtete Motorrollerkonstruktion ... 93
  DKW Hummel, ein modernes Moped mit Drei-Gang-Getriebe ... 97
  DKW-Rennmotorräder ... 98
  Das Ende des Motorradbaues in Ingolstadt ... 102
  Die Gesamtproduktion von DKW-Zweiradfahrzeugen 1949–1958 ... 103
Die DKW-Schnellaster aus Ingolstadt ... 104
  DKW-Schnellaster ¾ to F 89 L, ein neuer Transportwagentyp – 1949 bis 1954 ... 104
  DKW Typ 30, die Weiterentwicklung des bewährten Schnellasters F 89 L – 1954 bis 1955 ... 108
  DKW-Schnellaster 3 = 6 – 1955 bis 1962 ... 109
  Auto Union-DKW-Schnellaster F 1000 L – eine moderne europäische Gemeinschaftskonstruktion – 1963 bis 1965 ... 110
  DKW-Elektrowagen, eine fast vergessene zukunftsweisende Ingolstädter Konstruktion ... 111
  Die Gesamtproduktion von Auto Union Schnellastern 1949 und 1962 ... 113
Die DKW-Personenkraftwagen aus Düsseldorf ... 114
  DKW-»Meisterklasse« – F 89 P – und ihre sächsischen Ahnen ... 114
  DKW-»Sonderklasse« – F 91 ... 119
  DKW 3=6 – F 93 und F 94 ... 121
  DKW 3=6 – »Solitude« und »Monza« ... 124
  Auto Union 1000 und Auto Union 1000 S ... 126
  Auto Union 1000 Sp ... 128

Die DKW-Personenkraftwagen aus Ingolstadt	132
DKW-»Junior« und »Junior de Luxe«	132
DKW F 12 und F 11	137
DKW F 12-Roadster und DKW F 12 (45 PS)	140
DKW F 102	142
Auto Union – DKW – MUNGA	144
Gesamtproduktion von DKW- und Auto Union-Personenkraftwagen 1950 und 1968	147
Einige bemerkenswerte Konstruktionen und Prototypen von DKW-Automobilen der fünfziger Jahre	148
Die Audi-Personenkraftwagen aus Ingolstadt	162
Die Entwicklung des Audi-Modellprogramms zwischen 1965 und 1974	162
Die Weiterentwicklung des Audi-Modellprogramms seit 1969	165
Die Modellreihe des Audi 100	165
Der Audi 100 der 1. Generation – 1969 bis 1976	165
Der Audi 100 der 2. Generation – 1976 bis 1982	168
Der Audi 100 der 3. Generation – 1982	170
Die Modellreihe des Audi 200	172
Der Audi 200 der 1. und 2. Generation – 1979 und 1983	172
Die Modellreihe des Audi 80	175
Der Audi 80 der 1. Generation – 1972 bis 1978	175
Der Audi 80 der 2. Generation – 1978 bis 1986	178
Der Audi 80 der 3. Generation – 1986	180
Der Audi 90 – 1987	184
Audi quattro – Idee und Konzeption des Allrad-Antriebes	186
Der Audi V 8 – 1988	190
Der Audi 50 – 1974	192

Kurzbiographien   196
   Richard Bruhn   196
   Nikolaus Dörner   197
   Robert Eberan von Eberhost   197
   Franz Ferber   198
   Paul Günther   198
   Wolfgang R. Habbel   199
   Carl Hahn   199
   Werner Henze   200
   Werner Kratsch   200
   Ludwig Kraus   201
   Rudolf Leiding   201
   Karl Nitsche   202
   Friedrich Carl von Oppenheim   202
   Ferdinand Piëch   203
   Kurt Richter   203
   Hanns Schüler   204
   Kurt Schwenk   204
   Oskar Siebler   205
   Gerd Stieler von Heydekampf   205
   William Werner   206
   Fritz Zerbst   206

Die Mitglieder der Geschäftsführung der Auto Union GmbH   207

Die Mitglieder des Aufsichtsrates der Auto Union GmbH   208

Die Mitglieder des Vorstandes der AUDI NSU Auto Union AG   209

Die Mitglieder des Aufsichtsrates der AUDI NSU Auto Union AG   210

Die Mitglieder des Vorstandes der AUDI AG   211

Die Mitglieder des Aufsichtsrates der AUDI AG   212

Literaturverzeichnis   213

Register   214

Das Werk Ingolstadt der Audi AG (Stuttgarter Luftbild Elsäßer GmbH, freigegeben durch den Reg.-Präsidenten Stuttgart, Lizenz-Nr. 9/76 132).

Bildnachweis

Audi AG, Ingolstadt	*49*
Automobil Revue, Bern	*3*
Automobil Revue / Leonardo Bezzola, Bern	*1*
autopress, Neckarsulm	*1*
Auto Union GmbH, Ingolstadt	*115*
Bankhaus Sal. Oppenheim jr. & Cie /	
Prange, Köln	*1*
Robert Bosch GmbH, Stuttgart	*1*
Daimler-Benz AG, Stuttgart-Untertürkheim	*1*
Drauz Werkzeugbau GmbH, Heilbronn	*4*
Christoph Eberan von Eberhorst, Hamburg	*1*
Thomas Erdmann, Ingolstadt	*2*
K. Grasmann, Gräfelfing	*2*
Ralf Hornung, Ingolstadt	*1*
Industrie Pininfarina S.p.A., Grugliasco (TO)	*1*
Andres Jucker, Basel	*4*
Wilhelm Karmann GmbH, Osnabrück	*10*
Karosserie-Baur GmbH, Stuttgart	*3*
Kühlmann, Ingolstadt	*6*
Nibbrig & Greeve N.V., Sassenheim (NL)	*3*
N.S.U. GmbH, Neckarsulm	*12*
Philipson Bil A.B., Stockholm	*4*
Herbert Rothen, Bern	*1*
Saab Deutschland GmbH, Frankfurt am Main	*2*
Halwart Schrader, Suderburg-Hösseringen	*82*
Uni-Cardan AG, Siegburg	*2*
J. M. Voith GmbH / Dr.-Ing. Hohn,	
Heidenheim a.d.B.	*3*
Volkswagen AG, Wolfsburg	*8*
Fritz Wenk KG, Heidelberg	*2*
Stuttgarter Luftbild Elsäßer GmbH, Stuttgart	*2*
Verfasser	*25*

Graphische Darstellungen

Professor Horst Sommerlatte, Kassel

Vorwort

Die Audi AG, deren Automobile die Vier Ringe tragen, kann auf eine traditionsreiche Geschichte verweisen, deren Anfänge bis zur Jahrhundertwende, bis in die Anfangszeit des Automobiles, zurückreichen. August Horch, einst Mitarbeiter von Carl Benz, gründete am 14. November 1899 in Köln-Ehrenfeld die Firma A. Horch & Cie., aus deren Werkstatt 1901 das erste Horch-Automobil rollte. Ein Jahr später verlegte August Horch seine Firma nach Reichenbach im Vogtland, dann nach Zwickau.

1910 entstanden die Audi Automobil-Werke GmbH, ebenfalls in der nördlich des Erzgebirges gelegenen Stadt Zwickau. Die technische Leitung der Firma hatte August Horch inne. – Diese beiden traditionsreichen Firmen des deutschen Automobilbaues wurden am 29. Juni 1932 mit der Automobil-Abteilung der Wanderer-Werke vorm. Winklhofer & Jaenicke in Schönau-Chemnitz und den Zschopauer-Motorenwerken J. S. Rasmussen AG in Zschopau zur Auto Union AG vereinigt. – Die Motorräder und Automobile der vier Firmen trugen von da an neben ihrem Firmenemblem die Vier Ringe mit dem verbindenden Balken und der Aufschrift »Auto Union«. Das Fabrikationsprogramm der Auto Union reichte in jenen Jahren vom wirtschaftlichen Leichtmotorrad bis zur schnellen Sportmaschine und vom sparsamen Automobil niedrigster Preisklasse bis zum Repräsentationswagen.

Am 1. September 1939 brach der Zweite Weltkrieg aus. Er hatte verhängnisvolle Folgen für ganz Europa. Und nach dem Chaos wurde das Vermögen der Auto Union AG entschädigungslos enteignet.

In Westdeutschland, in Ingolstadt an der Donau, entstand eine neue Auto Union, die Auto Union GmbH, deren Motorräder und Automobile am Anfang das DKW-Emblem und die Vier Ringe trugen. In den sechziger Jahren wurde die Produktion der DKW-Fahrzeuge eingestellt, und seitdem rollen Automobile mit dem Markenzeichen »Audi« und den Vier Ringen vom Fließband.

Die seit 1949 gebauten Fahrzeuge von DKW und Audi waren wiederholt Gegenstand eingehender Betrachtungen. Eine geschlossene Darstellung – eine Geschichte der Unternehmung und eine eingehende Betrachtung aller von ihr gebauten Fahrzeuge – fehlte bisher.

Der Verfasser möchte mit diesem Buch diese Lücke schließen. Er zeigt im ersten Teil des vorliegenden Buches die oftmals schwer zu übersehende Entwicklung der Unternehmung bis zur Gegenwart auf. Da das Werden einer Unternehmung nicht isoliert betrachtet werden kann, wird mit der Darstellung der Geschichte der Auto Union GmbH und der Audi AG zugleich ein Stück deutscher Wirtschaftsgeschichte nach dem Zweiten Weltkrieg aufgezeichnet.

Die seit 1949 gebauten Fahrzeuge – DKW-Motorräder, DKW-Schnellaster, DKW-Personenkraftwagen und Audi-Personenkraftwagen – sind im zweiten Teil des Buches Gegenstand der Betrachtung. Wesentliche technische Details der einzelnen Modelle werden aufgezeigt; bei den technischen Daten erfolgen die Leistungsangaben, die heute in kW vorgenommen werden, für die älteren Fahrzeuge üblicherweise in PS (1 PS = 0,736 kW).

Im Rahmen der Aufzeichnung der Geschichte der NSU Motorenwerke AG, jener Firma, die zum Fusionskreis der Audi AG gehört, werden einige wesentliche Nachkriegskonstruktionen der einstigen schwäbischen Firma in Erinnerung gebracht.

Der Verfasser sagt an dieser Stelle allen Mitarbeiterinnen und Mitarbeitern der Audi AG und ihrer mit der Traditionspflege beauftragten Tochtergesellschaften, der Auto Union GmbH und der NSU GmbH, für die gewährte Unterstützung seinen Dank. Der besondere Dank gilt Herrn Dr. jur. Heinrich Ulmer für die gewährte Unterstützung und die wertvollen Anregungen.

Schondorf am Ammersee, im September 1988

Dr. Gerhard Mirsching

Von der Auto Union GmbH zur Audi AG

Die Entwicklung der Unternehmung nach 1945

Die Stunde Null

Am 8. Mai 1945 kapitulierte die Deutsche Wehrmacht bedingungslos. Der fast sechsjährige Krieg in Europa war beendet. Millionen Menschen hatten sterben müssen. Millionen deutscher Soldaten waren in Kriegsgefangenschaft, Millionen Heimatvertriebener waren unterwegs, suchten eine Bleibe.
Die Städte waren im Bombenkrieg verwüstet worden, die Industrie war zerschlagen. Ungewißheit erfüllte das Land, Ratlosigkeit herrschte bei den Menschen.
Die Vergangenheit war dunkel, die Zukunft war ungewiß. Das war die Schlußbilanz eines zwölfjährigen Regimes, das sieben Jahrhunderte deutscher Geschichte verspielt hatte.
Eine Botschaft erreichte die Deutschen in jenen Tagen: Der Staatssekretär im Schatzamt der Vereinigten Staaten von Nordamerika, Henry Morgenthau, hatte einen Plan zur endgültigen Niederhaltung der Deutschen entwickelt. Deutschland sollte nie wieder über Industrie verfügen können, es sollte zum Agrarland niedrigster Stufe werden...
Der 8. Mai 1945 war der dunkelste Tag in der deutschen Geschichte.

Das Werden der Auto Union – Stufen einer Entwicklung

Sechs Wochen nach der Kapitulation der Deutschen Wehrmacht, um Mitte Juni 1945, trafen in der Münchener Filiale der Auto Union AG ihr Vorstandsvorsitzender Dr. rer. pol. Richard Bruhn und der Leiter der Kundendienst-Zentrale Diplom-Ingenieur Karl Schittenhelm zusammen. Der schon aus der Kriegsgefangenschaft zurückgekehrte und nach München entlassene Erhard Burghalter, früher Leiter der Auto Union-Filiale in Stettin, nahm ebenfalls an der Besprechung teil, ebenso Oswald Heckel, der frühere Repräsentant der Auto Union AG in Sofia, Bulgarien.
Protokolle über diese Besprechung gibt es aus verständlichen Gründen nicht, aber aus einzelnen Aufzeichnungen kann man gewisse Schlüsse ziehen.

Rückblick und Bestandsaufnahme

Am 29. Juni 1932 war durch die Fusion der drei sächsischen Kraftfahrzeugfirmen
Audiwerke Aktiengesellschaft in Zwickau,
Horchwerke Aktiengesellschaft in Zwickau,
Zschopauer-Motorenwerke J. S. Rasmussen Aktiengesellschaft in Zschopau
unter gleichzeitiger Übernahme der
Automobilabteilung der Wanderer-Werke Aktiengesellschaft vorm. Winklhofer & Jaenicke, Chemnitz-Schönau[1]
die Auto Union Aktiengesellschaft entstanden.
Bei Kriegsende betrug das Grundkapital RM 30 000 000. Nach dem Hauptversammlungsprotokoll vom 28. Juni 1943 waren Hauptaktionäre der Auto Union AG die Sächsische Staatsbank mit 47 Prozent und die Industriefinanzierungs GmbH mit 45 Prozent. Die letztgenannte Gesellschaft war eine Tochtergesellschaft der Sächsischen Staatsbank; mithin verfügte die Sächsische Staatsbank über 92 Prozent des Grundkapitals der Auto Union AG. Die Auto Union AG war zu 100 Prozent an den nachfolgend genannten Unternehmungen beteiligt:
Mitteldeutsche Motorenwerke GmbH in Taucha bei Leipzig[2],
Deutsche Kühl- und Kraftmaschinen GmbH in Scharfenstein,
C. A. Richter GmbH in Chemnitz,
Auto Union Orient GmbH in Chemnitz
und
Auto Union South Africa Ltd. in Johannesburg,
Auto Union Brazil Ltd. in Rio de Janeiro,
Koliner Werkzeugfabrik GmbH in Kolin sowie
P. Wagner GmbH in Wien.
Zwischen den obengenannten Unternehmungen als Tochtergesellschaften und der Auto Union AG als Muttergesellschaft bestanden sogenannte »Gewinn- und Verlust-Ausschließungsverträge«: Die bei den Tochtergesellschaften erwirtschafteten Gewinne waren an die Muttergesellschaft abzuführen, die bei den Tochtergesellschaften entstandenen Verluste wurden von der Muttergesellschaft getragen. Daneben war die Auto Union AG an neun anderen Unternehmungen in unterschiedlicher Höhe, jedoch weniger als einhundert Prozent, beteiligt.
Nach Kriegsausbruch am 1. September 1939 wurden alle Werke – schrittweise – auf die Produktion von Rüstungsgütern umgestellt und somit zum Ziel alliierter Bombenangriffe. Das Werk Berlin-Spandau wurde im November 1943 schwer getroffen; am 9. September 1944 war das Wande-

---

[1] *Im Zuge der Satzungsangleichung an das Aktiengesetz in der Fassung vom 30. Januar 1937 wurde später – am 24. Juni 1938 – beschlossen, den Firmennamen durch Streichen des Zusatzes »vorm. Winklhofer & Jaenicke« zu vereinfachen in »Wanderer-Werke Aktiengesellschaft, Chemnitz-Schönau«.*
[2] *Während des Zweiten Weltkrieges wurden in Taucha Flugmotoren anderer Flugmotorenhersteller nachgebaut. Die Entwicklung eines eigenen Drehschieber-Großmotors mit 24 Zylindern und einer Leistung von 3000 PS mußte abgebrochen werden.*
von Gersdorf, K. und Grasmann, K.: Flugmotoren und Strahltriebwerke, München 1981, S. 137 und S. 140

rer-Werk in Siegmar Ziel eines Luftangriffes. Im Frühjahr 1945 entstanden schwere Schäden in den Werken von Audi und Horch in Zwickau. Auch die Gebäude und Anlagen der werkseigenen Filialen in Hannover, Frankfurt am Main, Nürnberg, München und Freiburg im Breisgau hatten im Bombenkrieg gelitten. Trotzdem waren bei Beendigung der Kampfhandlungen im Mai 1945 die Werksanlagen im betriebsfähigen Zustand; es waren Roh-, Hilfs- und Betriebsstoffe in ausreichender Menge vorhanden, um mit einer Friedensproduktion beginnen zu können.

Im Februar 1945 hatten die Alliierten vereinbart, daß das westlich der Oder-Neiße-Grenze liegende Gebiet des damaligen Deutschen Reiches in vier Besatzungszonen aufgeteilt werden sollte. Sachsen war von russischen Truppen besetzt worden; dort lagen die Hauptwerke von Audi, von DKW und von Horch. Die Wanderer-Automobilwerke in Siegmar waren dort ebenso beheimatet wie die Werke der Beteiligungsgesellschaften:

Deutsche Kühl- und Kraftmaschinen GmbH in Scharfenstein und Brand-Erbisdorf,

Mitteldeutsche Motorenwerke GmbH in Taucha bei Leipzig,

Schmiedewerk Pirna GmbH in Pirna und

Sicht- und Zerlegewerk GmbH in Limbach.

Im Juli 1945 wurde von der Besatzungsmacht der Befehl zur Demontage der oben genannten Werke gegeben, und am 30. Oktober 1945 – während der Demontage – wurden alle Werke auf Grund des Befehls Nr. 124 der Sowjetischen Militär-Administration für Deutschland unter Sequester gestellt.

Die Landesverwaltung von Sachsen hatte nach der Kapitulation einen neuen Aufsichtsrat eingesetzt. Ihm gehörten an

Herr Rechtsanwalt Dr. jur. Reichel, Dresden,

Herr Rechtsanwalt Dr. jur. Sillich, Dresden, und

Herr Christoph Zirkel, Dresden.

Die drei Herren waren Direktoren der Sächsischen Staatsbank.

Am 25. September 1945 bestellte dieser Aufsichtsrat die Herren Hensel, Schmolla und Dr. jur. Schüler zu Vorstandsmitgliedern der Auto Union AG; am 11. März 1946 wurde die Bestellung in das Handelsregister beim Amtsgericht Chemnitz eingetragen.

Kurze Zeit später erteilten die Herren Hensel und Schmolla Herrn Dr. Schüler die Generalvollmacht, alle Rechtsgeschäfte in den drei westlichen Besatzungszonen für die Auto Union AG zu tätigen.

Die zuletzt genannten Maßnahmen waren im Zeitpunkt des Münchener Gespräches um Mitte Juni 1945 noch nicht eingeleitet, es mußte aber mit grundlegenden Änderungen gerechnet werden. Das war ein Ergebnis der Münchener Bestandsaufnahme.

In den drei westlichen Besatzungszonen, deren Gebiet das Territorium der heutigen Bundesrepublik Deutschland bildet, liefen noch etwa sechzigtausend DKW-Automobile, die mit Ersatzteilen versorgt werden mußten... Zu diesem Zweck mußte ein Zentraldepot für Auto Union-Ersatzteile aufgebaut werden. Das war das andere Ergebnis der Münchener Besprechung.

Die erste Stufe: Das Zentraldepot für Auto Union Ersatzteile GmbH in Ingolstadt

Die Teilnehmer am Münchener Gespräch im Juni 1945 waren für die Übernahme der speziellen Aufgaben bei der beabsichtigten Gründung geradezu prädestiniert. Karl Schittenhelm kannte die technischen Bedingungen, die erfüllt werden müssen, um eine planmäßige Versorgung mit Ersatzteilen zu garantieren. Erhard Burghalter war der Vertriebsfachmann; er sollte die Verbindung zwischen den in den westlichen Zonen gelegenen Filialen herstellen und er sollte die noch verbliebene Händlerorganisation wieder zusammenführen. Zwischenzeitlich hatte auch der stellvertretende Vorstandsvorsitzende der Auto Union AG, Dr.-Ing. Carl Hahn, Verbindung zum »Münchener Kreis« erhalten und beteiligte sich an den notwendigen Planungen.

Als Standort für das Zentraldepot wurde Ingolstadt an der Donau gewählt. Diese nördlich von München gelegene Stadt, deren Gebäude ein fast lückenloses Bild der großen kunstgeschichtlichen Epochen bieten und die früher eine Universität (von 1472 bis 1800) hatte, liegt verkehrsgünstig. Bis 1945 war Ingolstadt Garnisonsstadt und mußte im Kriege schwere Bombenschäden ertragen. In dieser Stadt bot sich die Möglichkeit, in alten Kasernen Produktionsstätten einrichten zu können. Auch schien es, die Unterbringungsprobleme für die Mitarbeiter leichter als in anderen Städten lösen zu können.

Die Bayerische Staatsbank räumte einen Kredit von RM 100 000 ein; hierbei handelte es sich um einen Personalkredit für Dr. Bruhn. Der damalige Präsident der Bayerischen Staatsbank, Freiherr von Hellingrath, kannte Dr. Bruhn aus den Gründerjahren der Auto Union AG und schätzte ihn; von Hellingrath vermittelte diesen Kredit, der vermutlich nur bis RM 75 000 in Anspruch genommen wurde.

Mit den Mitteln des Kredites der Bayerischen Staatsbank gründeten Erhard Burghalter, Oswald Heckel und Karl Schittenhelm die Zentraldepot für Auto Union Ersatzteile GmbH in Ingolstadt.

Die Firma wurde mit einem Stammkapital von RM 50 000 ausgestattet. Als Geschäftsführer wurden die drei Gründer bestellt.

Im März 1946 wurden die ersten Gespräche zwischen der Auto Union AG und der Zentraldepot für Auto Union Ersatzteile GmbH aufgenommen. Herr Dr. Schüler als Vertreter der Auto Union AG sanktionierte auf Grund der ihm von seinen Vorstandskollegen anfangs 1946 erteilten Generalvollmacht für alle Rechtsgeschäfte in den westlichen Besatzungszonen die Arbeiten des Zentraldepots und übertrug diesem am 11. Februar 1947 vertraglich laut Urkunde Nr. 386/47 des Notars Peter Götz in München,

»das ausschließliche Recht, Originalersatzteile und Aggregate der Auto Union AG in der englischen, amerikanischen und französischen Zone und für den Export nachzubauen und in der üblichen Form über die bestehende Händlerorganisation der Auto Union AG zu verbreiten.

Dieses Recht erstreckt sich auch auf Originalersatzteile und Aggregate, die von der Auto Union AG in der (damaligen) russischen Zone hergestellt und in den genannten Zonen und im Ausland vertrieben werden sollten.«

Die Auto Union AG verpflichtete sich gegenüber dem Zentraldepot weiter

»die notwendige technische Unterstützung und Beratung im Rahmen der vorhandenen Möglichkeit, insbesondere durch Zurverfügungstellung der technischen Unterlagen«

zu gewähren.

Gleichzeitig erhielt die Auto Union AG ein Optionsrecht zum Erwerb von 50 Prozent der Geschäftsanteile an der Zentraldepot für Auto Union Ersatzteile GmbH in Ingolstadt.

Die Fertigung der Ersatzteile erfolgte bei früheren Lieferanten der Auto Union AG; die Zentraldepot für Auto Union Ersatzteile GmbH in Ingolstadt – im folgenden nur Zentraldepot genannt – übernahm die Verteilung der Ersatzteile innerhalb der damals noch bestehenden Händlerorganisation.

Etwa um die gleiche Zeit wurde in der damaligen britischen Besatzungszone – nach Ingolstädter Muster – die Firma Zentraldepot für Auto Union Ersatzteile GmbH mit dem Sitz in Oldenburg von Dr.-Ing. E. h. William

Rechts: Ingolstadt bei Kriegsende – stark zerstört, teilte die Stadt das Schicksal vieler in ganz Europa. Alliierte Bomberverbände hatten bei ihren Angriffen am 28. Februar und am 9. April 1945, wenige Wochen vor Kriegsende, die Innenstadt verwüstet...

Unten: Der Anfang – das Zentraldepot für Auto Union-Ersatzteile.

Werner und Dr. jur. Gerhard Müller gegründet; das technische Büro war in Hude bei Oldenburg. Diese Gründung war notwendig geworden, weil die Besatzungsmächte nur regional, d. h. nur in bezug auf ihre jeweilige Besatzungszone dachten; das Ingolstädter Zentraldepot durfte nicht im Bereich der damaligen britischen Besatzungszone aktiv werden.

Die zweite Stufe: Die Auto Union GmbH »alt«

Die Gründung der Auto Union GmbH »alt« – der Verfasser übernimmt die in alten Akten vorhandene und von damaligen Mitarbeitern gebrauchte Kennzeichnung für diese Stufe – war eine Zwischenstufe und hatte die Aufgabe, die Aktivitäten der Auto Union AG in den drei westlichen Besatzungszonen zusammenzufassen. Die einzelnen, oftmals komplizierten Schritte sollen in vereinfachter Weise aufgezeichnet werden.
Am 25. März 1947 wurde vor dem Münchener Notar Peter Götz zu Urkunde 1 075/47 ein Gesellschaftsvertrag geschlossen, mit dem Erhard Burghalter und das Bankhaus Lenz & Co, München, die Auto Union GmbH errichteten. Als Zweck der Unternehmung war in § 3 des Vertrages
»der Handel und die Instandsetzung von Kraftfahrzeugen und Motoren, insbesondere von Erzeugnissen der Auto Union AG, Chemnitz, der Erwerb oder die Pacht der Auto Union Filialen in München, Nürnberg, Frankfurt/Main, Freiburg i. Br. und Hannover«
genannt. Und es hieß weiter:
»Die Gesellschaft ist zur Erreichung des Gesellschaftszweckes berechtigt, gleichartige oder ähnliche Unternehmungen zu erwerben, sich an ihnen in jeder geeigneten Form zu beteiligen oder ihre Vertretung zu übernehmen.«
Das RM 50 000 betragende Stammkapital wurde je zur Hälfte von Erhard Burghalter und vom Münchener Bankhaus August Lenz & Co eingebracht.
Geschäftsführer der Auto Union GmbH »alt« wurde Erhard Burghalter. Zum weiteren Geschäftsführer wurde – auf Antrag des geschäftsführenden Gesellschafters Burghalter – Herr Dr. jur. Hanns Schüler bestellt.
Zwei Schritte waren in der Folgezeit von Bedeutung:
Mit Schreiben vom 9. September 1947 übertrug die Auto Union AG in Chemnitz der Auto Union GmbH in Ingolstadt »alt« ein kostenloses Mitbenutzungsrecht der Patente und gewerblichen Schutzrechte, deren Inhaber die Auto Union AG war. Die Rechte selbst sollten bei der Auto Union AG verbleiben.
Und mit Vertrag vom 10. Dezember 1947 übertrug die Auto Union AG der Auto Union GmbH »alt«
»ihr gesamtes Vermögen, soweit in den Westzonen befindlich, in allen seinen Bestandteilen und Aktivbeständen.«
Dafür war von der Ingolstädter Unternehmung ein Kaufpreis zu zahlen, mit dem die Auto Union AG ihre westdeutschen Gläubiger befriedigte.
Die Filialen in Hannover, Frankfurt/Main, Nürnberg, München und Freiburg im Breisgau waren von nun an Eigentum der Auto Union GmbH »alt«.
Mit Vertrag vom 10. Dezember 1947 – Urkundenrolle 3848/47 des Notars

Peter Götz in München – wurde das Stammkapital der Auto Union GmbH »alt« von RM 50000 auf RM 200000 erhöht.

Warum, so werden kritische Leser fragen, wurden die Aktivitäten der Auto Union AG zusammengefaßt? Ließ das politische, insbesondere das wirtschaftspolitische Umfeld diese Schritte notwendig werden? Bestand zu diesem Zeitpunkt die Aussicht, eine Produktion von Kraftfahrzeugen aufnehmen zu können?

Die Antwort muß lauten: Nein. Die Siegermächte hatten das Sagen. Und sie fühlten sich nach wie vor als Sieger.

Der Alliierte Kontrollrat hatte uns Deutschen die jährliche Produktion von 40000 Personen- und Lastkraftwagen sowie die Herstellung von 4000 leichten Schleppern und 10000 Krafträdern mit einem Hubraum von maximal 250 cm^3 zugestanden (die Herstellung von Krafträdern, deren Motore einen Hubraum von weniger als 60 cm^3 hatten, war unbegrenzt). Aber diese Zahlen konnten nicht einmal erreicht werden. Die Werke lagen noch in Trümmern, die Aufräumungsarbeiten gingen nur langsam voran. Es fehlte an Stahlblech, es fehlte an elektrischem Zubehör.

Aus noch vorhandenen Teilen wurden in den Werken der drei westlichen Besatzungszonen zwischen Mai 1945 und dem 20. Juni 1948, dem Tage der Währungsreform, 30368 Personenkraftwagen (davon 539 VW-Kübelwagen), 41032 Lastkraftwagen und 1166 Straßenzugmaschinen hergestellt.

In seiner denkwürdigen Rede vom 6. September 1946 hatte der damalige Außenminister der Vereinigten Staaten von Nordamerika, James F. Byrnes, in Stuttgart den Deutschen »bei harter Arbeit und einem bescheidenen Lebensstil« den Wiederaufbau unserer Industrie für friedliche Zwecke zugestanden. Den Morgenthau-Plan hatte man ad acta gelegt.

George C. Marshall verkündete am 5. Juni 1947 sein Wiederaufbauprogramm für Europa; den europäischen Ländern wurden Warenlieferungen, Aufträge, und zum Teil nicht zurückzuzahlende Kredite für den Wiederaufbau zugesagt.

Auf Grund der dann erfolgten Gespräche der westlichen Alliierten in London wurden die jährlichen Produktionsquoten erhöht: Statt 40000 Personen- und Lastkraftwagen wurde uns jährlich der Bau von 160000 Personen- und 61500 Lastkraftwagen konzessioniert. Der entscheidende Durchbruch kam dann mit der Währungsreform am 20. Juni 1948: An die Stelle der bisherigen in Reichsmark lautenden Währung trat die Deutsche Mark. Der Inflation wurde ein Ende gesetzt. Mit der neuen Währung kam auch eine neue Wirtschaftsordnung – die der sozialen Marktwirtschaft. Angebot und Nachfrage bestimmten von nun an den Preis, der staatlich festgesetzte Preis gehörte der Vergangenheit an.

»Die Aufrechterhaltung des Preisstopps dient nur jenen Unternehmen, die mit überhöhten Kosten, das heißt also unwirtschaftlich, arbeiten und ihre künstliche Existenzerhaltung durch den Staat in Form einer überteuerten Lebenshaltung nur dem vermeidbaren Opfer der arbeitenden Bevölkerung verdanken.«

Mit diesen Worten leitete Ludwig Erhard einen der erfolgreichsten Abschnitte der deutschen Wirtschaftspolitik ein.

Ein Jahr später, 1949, entstand die Bundesrepublik Deutschland. Es kam in der Folge zur Teilung Europas in zwei Blöcke unterschiedlicher wirtschaftlicher und gesellschaftlicher Prägung...

Die dritte Stufe: Die Arbeitsgemeinschaft Auto Union

Im Frühjahr 1948 begannen die früheren Vorstandsmitglieder der Auto Union AG Chemnitz, Dr. Bruhn und Dr. Hahn gemeinsam mit Dr. Schüler, der im Herbst 1947 von Chemnitz nach Ingolstadt gekommen war, und mit anderen früheren leitenden Mitarbeitern der Auto Union AG, die sich um die Zentraldepot für Auto Union Ersatzteile GmbH und um die Auto Union GmbH »alt« gruppiert hatten, die Möglichkeiten der Wiederaufnahme einer Fahrzeugproduktion zu prüfen. Im Mittelpunkt aller Überlegungen stand die Finanzierungsfrage. Die Einführung der Deutschen Mark am 20. Juni 1948 erleichterte diese Überlegungen nicht. Mit der Währungsreform begann ein neuer Abschnitt in der deutschen Wirtschaftsgeschichte, dessen erstes Jahrzehnt als »deutsches Wirtschaftswunder« bezeichnet wird. Daß es den Verantwortlichen der Auto Union zu Beginn dieses Abschnittes der deutschen Wirtschaftsgeschichte gelungen ist, das finanzielle Fundament für eine neue Auto Union zu legen, war auch ein Wunder. Nach langwierigen Verhandlungen war es Dr. Bruhn und Dr. Hahn gelungen, den Kölner Bankier Dr. E. h. Freiherr Friedrich Carl von Oppenheim von der Richtigkeit der Idee des Wiedererstehens der Auto Union zu überzeugen. Für Planungsarbeiten und technische Entwicklungsarbeiten wurden seitens des Bankhauses Sal. Oppenheim jr. &

Dr.-Ing. Carl Hahn

Freiherr Dr.-Ing. E. h. Carl von Oppenheim

Dr. rer. pol. Dr.-Ing. E. h. Richard Bruhn

Rechts: Der Stand der Auto Union GmbH auf der Internationalen Exportmesse in Hannover 1949.

Darunter: Auf dem Stand der Daimler-Benz AG auf der gleichen Messe stand der Mercedes-Benz Typ 170 S, von dem im Vordergrund des Bildes die Dachpartie erkennbar ist, im Mittelpunkt des Interesses. Mit diesem Modell und der Dieselversion des seit 1936 gebauten 170 V, 170 D genannt, konnte die Untertürkheimer Unternehmung das Exportgeschäft nach dem II. Weltkrieg wieder aufnehmen.

Cie in Köln Finanzmittel zur Verfügung gestellt, die als Grundstock der später gegründeten Produktionsgesellschaft betrachtet werden müssen. Ohne das finanzielle Engagement des Kölner Bankiers hätte es kein tragendes Fundament für eine Auto Union in Ingolstadt gegeben.

Der Arbeitsgemeinschaft, der u. a. angehörten die Herren Paul Günther, Dr. Kurt Richter, Konrad Schulz, Kurt Schwenk und Fritz Zerbst, wurde die Aufgabe übertragen,

die DKW RT 125 dem neuesten Stand der Motorradtechnik anzupassen, den DKW-Personenkraftwagen in Konstruktion und Ausführung wesentlich zu verbessern

sowie einen DKW-Schnellaster zu entwickeln.

Die Weiterentwicklung der beiden erstgenannten Fahrzeuge und die Neuentwicklung des zuletzt genannten Schnellasters sollten bis zur Serienreife erfolgen. Zugleich sollten Planungsarbeiten für Produktionseinrichtungen eingeleitet werden. Daß dabei Fragen der Wirtschaftlichkeit höchste Priorität eingeräumt wurde, ist nur allzu verständlich.

Am 30. November 1948 erteilte Herr Dr. Schüler, inzwischen zum Geschäftsführer der Auto Union GmbH »alt« bestellt, bereits der Allgaier-Werke GmbH in Uhingen/Württemberg einen Auftrag zur Lieferung von Preßwerkzeugen für Karosserieteile des neuen DKW-Personenkraftwagens Typ F 89. Der Auftrag lautete auf »Fertigstellung der Preßwerkzeuge«; diese Formulierung bedarf einer Erklärung: Die Auto Union AG hatte 1939 oder 1940 an die Allgaier-Werke GmbH in Uhingen Aufträge zur Herstellung von Preßwerkzeugen für den geplanten DKW F 9, der den Namen »Hohe Klasse« tragen sollte, erteilt. An den Werkzeugen wurde bis 1941 gearbeitet, es wurde aber nur ein Ziehwerkzeug für ein Türaußenblech fertiggestellt. Die Arbeiten am Auto Union-Auftrag mußten eingestellt werden, da Allgaier in die Rüstungsproduktion eingeschaltet wurde. Die angearbeiteten Preßwerkzeuge wurden im Freien gelagert, verrosteten und besaßen scheinbar kaum mehr als Schrottwert. Nach eingehender Prüfung kam man zu dem Schluß, daß eine Neubearbeitung lohnenswert wäre; infolgedessen wurde ein »Auftrag zur Fertigstellung« vergeben. In einem alten Auftragsbuch von Allgaier sind für die Preßwerkzeuge 93 Positionen enthalten. Die Auslieferung der Preßwerkzeuge erfolgte im zweiten Quartal 1950, rechtzeitig zum Anlauf der Serienproduktion des DKW Typ F 89 im neuen Werk Düsseldorf in den ersten Augusttagen 1950.

Die Weiterentwicklung der DKW RT 125 und die Neuentwicklung des DKW-Schnellasters wurden in relativ kurzer Zeit durchgeführt. Auf der Export-Messe in Hannover im Mai 1949 überraschte die Auto Union die Besucher mit der DKW RT 125 W (»W« für West) und mit dem neuen DKW-Schnellaster ¾ to Typ F 89 L.

Die Hannover-Messe 1949, das darf an dieser Stelle gesagt werden, war ein Meilenstein im deutschen Automobilbau der Nachkriegszeit. Neben den Fahrzeugen der Auto Union wurden mehrere Neukonstruktionen gezeigt.

Die Bremer Borgward-Werke stellten ihre geradezu revolutionäre Neukonstruktion aus, den Hansa 1500, Vorläufer der unvergessenen Isabella. Die Daimler-Benz AG präsentierte ihren Mercedes-Benz Typ 170 S, den Typ 170 D, den mit Dieselmotor ausgerüsteten Typ 170 V. Im Nutzfahrbereich warteten die Braunschweiger Büssing-NAG-Werke mit einer Überraschung auf – mit dem Büssing-NAG-Trambus Typ 5000 TU mit Unterflurmotor. Auch die anderen Unternehmungen hatten trotz der wirren Nachkriegsverhältnisse neue Fahrzeuge entwickelt.

Man schöpfte wieder Hoffnung.

Die vierte Stufe: Die Auto Union GmbH »neu« – die Produktionsgesellschaft

Zwischen dem Zentraldepot und der Auto Union GmbH »alt« einerseits und der Auto Union AG andererseits bestanden vertragliche Vereinbarungen bezüglich Kauf von Grundstücken, Nutzung von Patenten und Warenzeichen etc.; darauf wurde in den vorangegangenen Abschnitten hingewiesen. Finanzielle Bindungen zwischen dem »Ingolstädter Kreis« und dem »Chemnitzer Kreis« i. S. einer Mutter-/Tochtergesellschaft hat es nicht gegeben.

Mehrheitsaktionär der Auto Union AG in Chemnitz war die Sächsische Staatsbank, die über 92 Prozent des Grundkapitals der Auto Union AG verfügte.

Das Vermögen von Unternehmungen, an denen der Staat – das am 8. Mai 1945 untergegangene Deutsche Reich – oder seine Länder oder Kommunen beteiligt waren, unterlag nach dem Kriege der »Vermögenskontrolle« auf Grund des Gesetzes Nr. 52 der Militär-Regierung. Das Bayerische Landesamt für Vermögensverwaltung – Civilian Agency Head – erklärte ausdrücklich, »daß kein Umstand bekannt sei, der die Kontrolle (der Auto Union AG und der Auto Union GmbH) nach diesem Gesetz rechtfertigen würde«.

Die Kreditgeber, die Mittel für die Schaffung von Produktionseinrichtungen bereitstellen wollten, forderten jedoch im Interesse der tatsächlichen und rechtlichen Verhältnisse die Gründung einer neuen Gesellschaft, einer Produktionsgesellschaft. Diese wurde am 3. September 1949 unter dem Namen Auto Union GmbH mit dem Sitz in Ingolstadt gegründet.

In dem vor dem Notar Dr. Friedrich Saller in Ingolstadt am 3. September 1949 geschlossenen Gesellschaftsvertrag – Urkunde Nr. 3277/49 – wurden als Gründer genannt

Auto Union GmbH in Ingolstadt, Bankhaus Sal. Oppenheim, jr. & Cie in Köln, Arbeitsgemeinschaft Auto Union in Ingolstadt und
Rechtsanwalt Dr. W. Schmidt in Düsseldorf.

Intern trug die Produktionsgesellschaft den Namen »Auto Union GmbH neu«. Durch Gesellschafterbeschluß änderte am 16. September 1949 die Auto Union GmbH »alt«, deren Aufgabe ja die Zusammenfassung der Aktivitäten der Auto Union AG in den drei westlichen Besatzungszonen gewesen war, ihren Namen in »Industrie-Auffang GmbH«. Von diesem Zeitpunkt an wird die Industrie-Auffang GmbH als Gesellschafter der Auto Union GmbH genannt.

Der mit einem 60fachen Stimmrecht ausgestattete Geschäftsanteil des Herrn Rechtsanwalt Dr. W. Schmidt wurde in die am selben Tage gegründete Treuverwaltung GmbH eingebracht.

Bei dem Geschäftsanteil von DM 1 200 000 der Auto Union GmbH »alt« (Industrie-Auffang GmbH) handelte es sich um eine Sacheinlage aus dem Filialgeschäft und dem erworbenen Ersatzteilgeschäft vom Zentraldepot für Auto Union Ersatzteile GmbH.

Die Geschäftsanteile der anderen Gründer waren Rechte und Sacheinlagen, nämlich

Forderungen gegenüber Allgaier-Werke GmbH	rd. DM 184 000
Betriebseinrichtungen	rd. DM 119 000
Versuchsfahrzeuge (Schnellaster F 89 L, Motorrad DKW RT 125 W, Personenkraftwagen F 89)	rd. DM 597 000
Neuaufbau der Händlerorganisation	rd. DM 900 000
	rd. DM 1 800 000

Damit waren die Stammeinlagen gedeckt; die obengenannte Aufschlüsselung wurde im Nachtrag zum Gesellschaftsvertrag vom 3. September 1949 am 18. Januar 1950 vorgenommen.

Im Nachtrag zum Gesellschaftsvertrag vom 18. Januar 1950 wurde das ursprünglich 60fache Stimmrecht von Dr. W. Schmidt, dessen Geschäftsanteil in die Treuverwaltung GmbH eingebracht worden war, auf ein 90faches Stimmrecht erhöht. Dieses Vorzugsrecht – so die Neufassung des § 18 des Gesellschaftsvertrages – beschränkte sich auf die Wahl des Aufsichtsrates, Satzungsänderungen und Auflösung der Gesellschaft.

Die Schaffung des Mehrstimmrechtes – das bleibt an dieser Stelle nachzutragen – wurde damals begründet in der Absicht, einer ausländischen Überfremdung zu irgend einem Zeitpunkt vorzubeugen und gleichzeitig mit der Übertragung des Mehrstimmrechtes auf den Kreis Dr. Bruhn und Dr. Hahn »die Gewähr für die Wahrung der durch sie verkörperten Tradition der Auto Union zu leisten«. Das Mehrstimmrecht mußte jedoch später, in der Gesellschafterversammlung vom 15. Oktober 1954, aufgehoben werden, da ein Kapitalengagement nur dann attraktiv war, wenn dem Kapitalgeber eine uneingeschränkte Mitbestimmung innerhalb der Auto Union GmbH ermöglicht wurde.

Die Ausweitung des Geschäftsvolumens der Auto Union GmbH erforderte schon ein Jahr später die Erhöhung des Stammkapitals. Die Gesellschafterversammlung am 21. Dezember 1950, die in Ingolstadt unter Vorsitz von Dr. Bruhn stattfand, beschloß eine Erhöhung des Stammkapitals um mindestens DM 1 500 000, jedoch höchstens um DM 2 500 000. Einer bekannten Unternehmung der Textilindustrie im norddeutschen Raum wurde die Übernahme des Geschäftsanteiles von DM 1 500 000 angeboten. Als diese Unternehmung im Frühjahr 1951 das Angebot ablehnte, übernahm Ernst Göhner, Zürich, am 9. Juli 1951 eine Stammeinlage von DM 2 500 000 und zahlte den Betrag sofort in bar ein. Das Stammkapital betrug somit DM 5 500 000.

Um die Zustimmung zu einer weiteren Erhöhung des Stammkapitals wurde die Gesellschafterversammlung der Auto Union GmbH am 15. Oktober 1954 in Düsseldorf gebeten, als der Jahresabschluß der Unternehmung für das Geschäftsjahr 1953 vorgelegt wurde. Die Gesellschafter entsprachen der Bitte der Geschäftsführung und beschlossen einstimmig die Erhöhung des Stammkapitals von DM 5 500 000 um DM 6 500 000 auf DM 12 000 000. Auf die bei dieser Gesellschafterversammlung erfolgte Aufhebung des Mehrstimmrechtes wurde bereits hingewiesen.

Schon bei der Vorlage des Abschlusses für das Geschäftsjahr 1954 am 23. August 1955 mußte die Gesellschaftsversammlung die dritte Stammkapitalerhöhung beschließen; das Stammkapital wurde um DM 8 000 000 auf DM 20 000 000 erhöht.

Für das Geschäftsjahr 1954 wurde ein Umsatz von DM 317 000 000 ausgewiesen; dieser lag um 14 Prozent über dem des Vorjahres. Der Exportanteil betrug DM 70 000 000 und damit 22,1 Prozent des Gesamtumsatzes. Von dem Stammkapital von DM 12 000 000 wurden bei dieser Gesellschafterversammlung vertreten:

35,2 Prozent durch das Bankhaus Sal. Oppenheim jr. & Cie,
31,5 Prozent durch die Gruppe Göhner,
10,0 Prozent durch die Industrie-Auffang GmbH und
23,3 Prozent durch den Auto Union-Kreis.

Die Geschäftsführung der Auto Union GmbH war vertreten durch die Herren
Dr. Dr. E. h. Richard Bruhn, Düsseldorf,
Dr. Carl Hahn, Düsseldorf,
Fritz Zerbst, Ingolstadt,
Prof. Dr.-Ing. Robert Eberan von Eberhorst, Düsseldorf,
Paul Günther, Düsseldorf und
Dr. Hanns Schüler, Düsseldorf.

Kurze Zeit später trat eine Änderung der Anteilsverhältnisse ein; danach besaßen

Bankhaus Sal. Oppenheim jr. & Cie	5,8 Prozent,
Gruppe Göhner	40,5 Prozent,
Auto Union-Kreis (einschl. AG)	13,2 Prozent,
Gruppe Maxhütte	40,5 Prozent

des DM 20 000 000 betragenden Stammkapitals.

Die Eisenwerk-Gesellschaft Maximilianshütte mbH in Sulzbach-Rosenberg, kurz Maxhütte genannt, verfügte über einen ebenso großen Anteil am Stammkapital der Auto Union GmbH wie die schweizerische Gruppe Göhner.

Der Hauptgesellschafter der Maxhütte war Dr. Friedrich Flick. Flick muß schon 1951 Anteile am Stammkapital der Auto Union GmbH erworben

haben, zu einer Zeit, so eine Bemerkung von Flick, »in der wir eine Beteiligung bei Daimler noch nicht auf dem Papier hatten«.[1] Erst 1952 begann Flick mit dem Kauf von Daimler-Benz-Aktien.
Mit der Erhöhung des Stammkapitals der Auto Union GmbH um DM 10 000 000 auf DM 30 000 000 wurden die Anteilsverhältnisse nochmals, wenn auch geringfügig, geändert; es ergab sich folgendes Bild:

Bankhaus Sal. Oppenheim Jr. & Cie	5,70 Prozent
Gruppe Göhner	41,07 Prozent
Auto Union-Kreis (einschl. AG)	12,16 Prozent
Gruppe Maxhütte	41,07 Prozent
	100,00 Prozent.

Welche Transaktionen im einzelnen erfolgt waren, kann nicht nachvollzogen werden. Das Ergebnis, die entstandenen Mehrheitsverhältnisse, waren von Bedeutung. Flick, der über die Maxhütte zu 41,07 Prozent am Stammkapital der Auto Union GmbH beteiligt war, verfügte nicht über die Majorität. Der Schweizer Industrielle Göhner besaß einen ebenso großen Anteil; zwischen ihm und Flick bestand ein gutes Einvernehmen. Auf Grund dieser geschaffenen Mehrheitsverhältnisse waren die Weichen gestellt für den künftigen Weg der Auto Union GmbH.

---

[1] *Kruk, M. und Lingnau, G.: 100 Jahre Daimler-Benz, Das Unternehmen, Mainz 1986, S. 207.*

Das Werden der Auto Union – Stufen einer Entwicklung

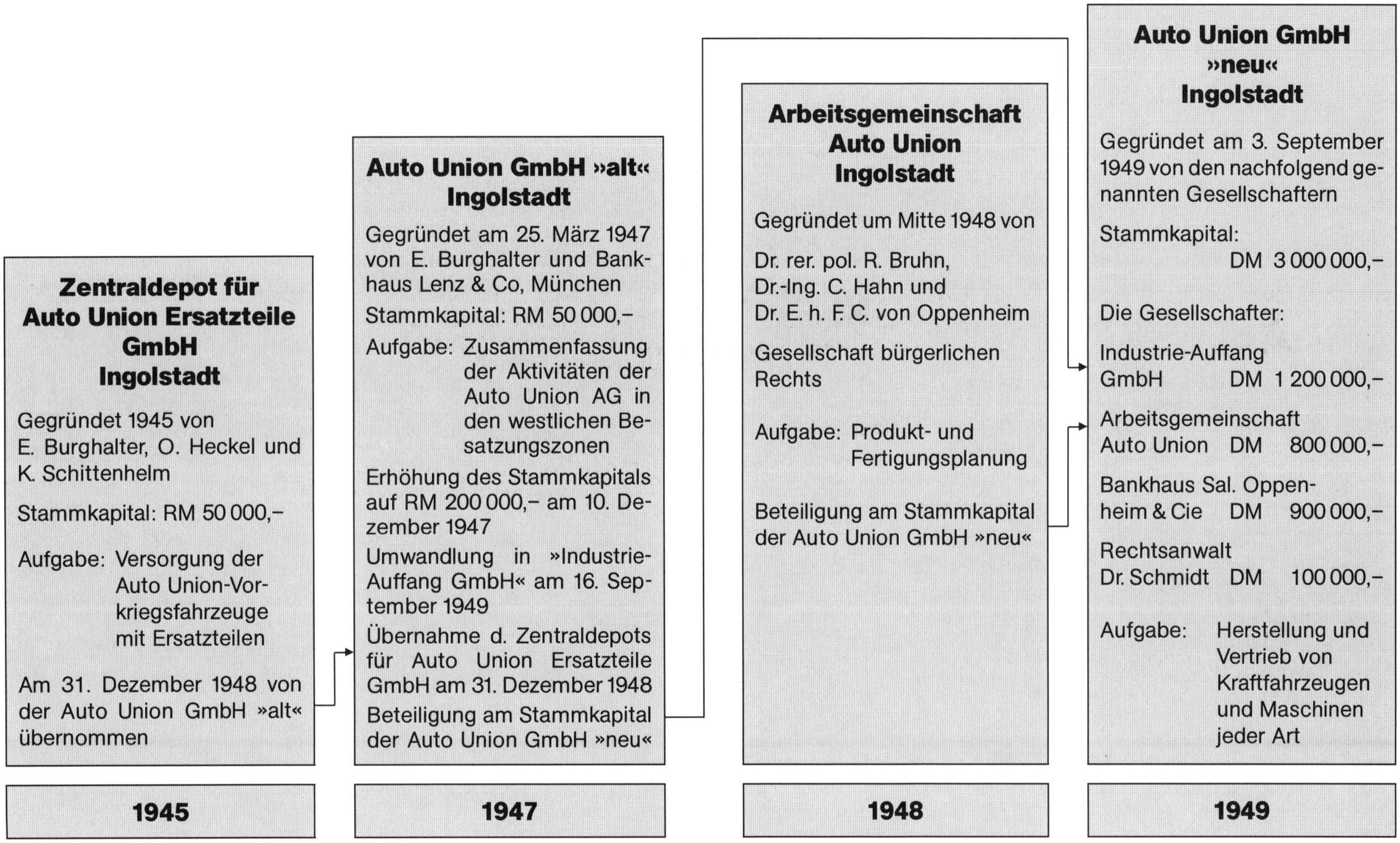

Zentraldepot für Auto Union Ersatzteile GmbH Ingolstadt

Gegründet 1945 von E. Burghalter, O. Heckel und K. Schittenhelm

Stammkapital: RM 50 000,–

Aufgabe: Versorgung der Auto Union-Vorkriegsfahrzeuge mit Ersatzteilen

Am 31. Dezember 1948 von der Auto Union GmbH »alt« übernommen

1945

Auto Union GmbH »alt« Ingolstadt

Gegründet am 25. März 1947 von E. Burghalter und Bankhaus Lenz & Co, München

Stammkapital: RM 50 000,–

Aufgabe: Zusammenfassung der Aktivitäten der Auto Union AG in den westlichen Besatzungszonen

Erhöhung des Stammkapitals auf RM 200 000,– am 10. Dezember 1947

Umwandlung in »Industrie-Auffang GmbH« am 16. September 1949

Übernahme d. Zentraldepots für Auto Union Ersatzteile GmbH am 31. Dezember 1948

Beteiligung am Stammkapital der Auto Union GmbH »neu«

1947

Arbeitsgemeinschaft Auto Union Ingolstadt

Gegründet um Mitte 1948 von

Dr. rer. pol. R. Bruhn,
Dr.-Ing. C. Hahn und
Dr. E. h. F. C. von Oppenheim

Gesellschaft bürgerlichen Rechts

Aufgabe: Produkt- und Fertigungsplanung

Beteiligung am Stammkapital der Auto Union GmbH »neu«

1948

Auto Union GmbH »neu« Ingolstadt

Gegründet am 3. September 1949 von den nachfolgend genannten Gesellschaftern

Stammkapital:
　　　　　　DM 3 000 000,–

Die Gesellschafter:

Industrie-Auffang
GmbH　　　DM 1 200 000,–

Arbeitsgemeinschaft
Auto Union　DM 800 000,–

Bankhaus Sal. Oppenheim & Cie　DM 900 000,–

Rechtsanwalt
Dr. Schmidt　DM 100 000,–

Aufgabe:　Herstellung und Vertrieb von Kraftfahrzeugen und Maschinen jeder Art

1949

Ein Horch 853; die Aufnahme entstand 1937. Bei dem Gebäude im Hintergrund handelt es sich um das ehemalige Direktionsgebäude der Firma Schumann, Fahrzeugbau in Zwickau, das von der Auto Union AG zunächst angemietet und dann gekauft worden war. Das Gebäude diente unter anderem als Auslieferungslager für die in Zwickau gebauten DKW-Automobile.

Die Enteignung der Auto Union AG und ihre Auswirkungen – eine rechtliche Würdigung

Am 1. Juli 1948 erfolgte die Enteignung des auf Grund des Befehles Nr. 124 des Obersten Chefs der Sowjetischen Militär-Administration in Deutschland vom 30. Oktober 1945 beschlagnahmten Betriebsvermögens der Auto Union Aktiengesellschaft.

Am 17. August 1948 wurde im Handelsregister, Abteilung B, unter Nr. 214 des Amtsgerichtes Chemnitz die Firma Auto Union Aktiengesellschaft gelöscht.

Daß vor dem 1. Juli 1948 zwischen der Auto Union Aktiengesellschaft in Chemnitz einerseits und der Zentraldepot für Auto Union Ersatzteile GmbH und der Auto Union GmbH »alt«, beide in Ingolstadt, andererseits Vereinbarungen getroffen und Verträge geschlossen wurden, ist verständlich.

Daß jedoch nach dem 1. Juli 1948, dem Tage der Enteignung des Betriebsvermögens der Auto Union Aktiengesellschaft durch die Landesregierung von Sachsen, zwischen der Auto Union Aktiengesellschaft und den Ingolstädter Firmen Rechtsbeziehungen entstanden, bedarf einer Erklärung. Die zentrale Frage lautete und lautet: Bestand die Auto Union Aktiengesellschaft unter dieser Firma zu diesem Zeitpunkt in den drei westlichen Besatzungszonen weiter?

In seinem Rechtsgutachten vom 7. Oktober 1949 nahm Prof. Dr. Erwin Ruck[1] den Standpunkt ein, daß die Enteignung – ein obrigkeitlicher Staatsakt kraft Staatsgewalt – von der sächsischen Staatsgewalt ausgeübt und infolgedessen nur innerhalb des sächsischen Staatsgebietes rechtswirksam ist (»so daß prinzipiell die Grenzen der sächsischen Staatsgewalt mit den Territorialgrenzen des sächsischen Staates zusammenfallen...«). Ruck wies weiter darauf hin, daß diese räumliche Beschränkung überdies dem internationalrechtlich entwickelten Rechtsgrundsatz entspreche, daß ein »Ausnahmegesetz« nur in dem das Gesetz erlassenden Staate rechtswirksam ist. Das in Frage stehende sächsische Enteignungsgesetz von 1946 ist offenbar ein solches »Ausnahmegesetz«, schon deshalb, weil es entgegen der in den Ländern der westlichen Besatzungszonen Deutschlands bestehenden allgemeinen Rechtsordnung und dem überkommenen deutschen Recht die Enteignung ohne Gewähr ausreichender Entschädigung verfügt. Die enteignete Aktiengesellschaft verliert rechtlich und tatsächlich im Enteignungsstaat ihren Bestand; im sächsischen Staat war die Auto Union Aktiengesellschaft tatsächlich und rechtlich seit dem 1. Juli 1948 nicht mehr existent.

Die Enteignung und Löschung hatten in Anbetracht der Territorialität der Maßnahmen nach Ruck keine »rechtswesentliche Bedeutung ... für die außersächsische Existenz und Funktion der Auto Union AG«. Die in einem Lande der damaligen sowjetischen Besatzungszone enteignungsmäßig verfügte Löschung der dortigen Eintragung einer Aktiengesellschaft hatte keineswegs die Rechtswirkung, daß eine Aktiengesellschaft im Bereich der damaligen westlichen Besatzungszonen ihre Rechtsstellung verlor. »Die Aktiengesellschaft besteht vielmehr für die Westzonen weiter und kann dort ihren Sitz nehmen und ihre Eintragung bewirken.«

Die Eintragung der Auto Union Aktiengesellschaft im Handelsregister des Amtsgerichtes München am 29. November 1948 war also rechtmäßig erfolgt, ebenso die am 11. November 1950 getroffene Entscheidung, Ingolstadt zum Sitz der Auto Union AG zu wählen.

Die am 25. September 1945 vom Aufsichtsrat zu Vorstandsmitgliedern der Auto Union AG bestellten Herren Ludwig Hensel und Dr. jur. Hanns Schüler waren zwischenzeitlich nach Ingolstadt übergesiedelt (Walter Schmolla war in Gefangenschaft). Sie beantragten beim Gericht die Einsetzung eines neuen Aufsichtsrates gem. § 89 AktG[2], da die 1945 eingesetzten Aufsichtsratmitglieder

Bankdirektor Rechtsanwalt Dr. R. Reichel, Dresden, Vorsitzer,
Bankdirektor Rechtsanwalt Dr. H. Sillich, Dresden
Bankdirektor C. Zirkel, Dresden,

ihre Mandate nicht mehr ausüben konnten.

Dem neuen Aufsichtsrat der Auto Union Aktiengesellschaft gehörten die Herren Rechtsanwalt Dr. Oehl, Immenstadt,
Prof. Dr. rer. tech. h.c. et Dr.-Ing. e.h. H. Koppenberg, Karlsruhe, und Dr. H. Müller, Göppingen, an.

So wird verständlich, daß die am 3. September 1949 gegründete Auto Union GmbH »neu« mit der Auto Union AG am selben Tag einen Vertrag schließen konnte, in dem sich die Auto Union AG mit der Führung des Namens durch die GmbH einverstanden erklärte und ihr zugleich die Rechte an 33 Warenzeichen übertrug gegen den Erwerb von DM 500 000 Genußscheinen.

Zu den 33 Warenzeichen gehörten u.a.
das Wortzeichen »Wanderer«,
das Wortzeichen »Meisterklasse«,
das Wortzeichen »DKW-Hummel«,
das Wortzeichen »DKW-RT«,
die Bildzeichen »1« (Audi, möglicherweise auch DKW) und die »HORCH-Krone«.

Die Auto Union AG gewährte der Auto Union GmbH eine Generallizenz für die westlichen Besatzungszonen und für das Ausland auf die im gleichen Vertrag im einzelnen aufgeführten gewerblichen Schutzrechte für die Dauer ihres Bestehens.

Der Auto Union GmbH wurden seitens der Auto Union AG Nachbaurechte gewährt für die früher von der Auto Union AG hergestellten Kraftfahrzeuge, Aggregate und Ersatzteile; die Auto Union GmbH verpflichtete sich für den Fall des Nachbaues zur Zahlung einer Vergütung an die Auto Union AG in Höhe von 1 Promille des Umsatzes bis zum 31.12.1954.

---

[1] *Ruck, E.: Rechtsgutachten betreffend Enteignung der Auto Union AG, Basel 1949*
[2] *§ 89 AktG: »Gehören dem Aufsichtsrat weniger als drei Monate weniger als die zur Beschlußfähigkeit nötige Zahl von Mitgliedern an, so hat ihn das Gericht auf Antrag des Vorstandes, eines Aufsichtsratmitgliedes oder eines Aktionärs auf diese Zahl zu ergänzen. Der Vorstand ist verpflichtet, den Antrag zu stellen...«*

Auf die weiteren, in diesem umfangreichen Vertragswerk getroffenen Vereinbarungen kann an dieser Stelle nicht weiter eingegangen werden. Festzustellen bleibt, daß der Vertrag voll rechtswirksam war.
Die Geschäftstätigkeit der Auto Union AG beschränkte sich in den folgenden Jahren auf die Abwicklung kriegsbedingter Vermögensschäden; sie war beteiligt an der Industrie-Auffang GmbH in Ingolstadt und an der Auto Union Berlin GmbH. Über die Industrie-Auffang GmbH war die Auto Union AG Ingolstadt an der Auto Union GmbH beteiligt.

Die Produktionsstätten – ihre Entstehung und Entwicklung

Mit der Formulierung der Aufgabenstellung der Unternehmung im § 2 des Gesellschaftsvertrages –
»Zweck des Unternehmens ist die Herstellung und der Vertrieb von Kraftfahrzeugen und Maschinen jeder Art, sowie der zu dieser Herstellung erforderlichen Hilfsmaschinen, Ersatz- und Zubehörteile und Werkstoffe« –
war der äußere Rahmen für die Unternehmungsführung gegeben, der jetzt auszufüllen war. Der Beschaffungsmarkt für Roh-, Hilfs- und Betriebsstoffe mußte aufgebaut werden, die Produktionsstätten mußten geschaffen und die Absatzorganisation mußte errichtet werden. Eine komplexe unternehmerische Aufgabe, bei der die Wahl des Standortes für die Fertigung eine nicht zu unterschätzende Bedeutung hatte.
Als ein möglicher Standort für die Errichtung von Fertigungsstätten war wohl von Anbeginn Ingolstadt in die Überlegungen einbezogen worden; seit 1945 war man mit den örtlichen Verhältnissen vertraut, man hatte gute Verbindung zu örtlichen Verwaltungsstellen geknüpft und zu den entsprechenden Behörden in der benachbarten Landeshauptstadt München. Welche grundsätzlichen Überlegungen technischer, wirtschaftlicher und sozialer Art angestellt und welche Entscheidungen getroffen werden mußten bei der Wahl Ingolstadt als Standort für die Motorrad- und Schnellaster-

Links: Das Verwaltungsgebäude der Auto Union GmbH in der Schrannenstraße in Ingolstadt.

Gegenüberliegende Seite: Oben ein DKW-Schnelllaster kurz vor dem Verlassen der Fertigungsstraße. Darunter die Fertigungsstraße der Schnellaster-Chassis im Werk Ingolstadt.

fertigung und später bei der Wahl Düsseldorfs für die Personenkraftwagenherstellung, soll im folgenden aufgezeigt werden.

In Ingolstadt und Düsseldorf konnte man – so schwer es auch war – bei der Errichtung der Werke von Grund auf neu beginnen. Anders waren die Verhältnisse in Berlin; dort mußte man bei der Realisierung der Pläne auf traditionelle Bindungen ebenso Rücksicht nehmen wie auf die völlig neuen politischen Gegebenheiten, die uns der Ausgang des unglückseligen Krieges beschert hatte.

Das Werk Ingolstadt, das Herstellungswerk für Schnellaster und Motorräder

In der ehemaligen Garnisonsstadt Ingolstadt waren gute Voraussetzungen für einen Neuanfang der Auto Union gegeben.

Ingolstadt liegt verkehrsgünstig. Die Stadt wird durch den Schienenweg, an der Hauptstrecke von München nach Nürnberg gelegen, und durch die Autobahn verkehrstechnisch erschlossen.

Qualifizierte Arbeitskräfte waren nach dem Zweiten Weltkrieg in ausreichendem Maße vorhanden. Die Ansiedlung neuer Unternehmungen in der Donaustadt wurde seitens der Stadtverwaltung gutgeheißen, da hierdurch die Eingliederung der Heimatvertriebenen in den Arbeitsprozeß ermöglicht wurde.[1]

Die Befestigungsanlagen und die weitestgehend unbeschädigt gebliebenen militärischen Gebäude der ehemaligen Garnisonsstadt boten Raum für Werkstätten und Ersatzteillager. Die Beschaffung von Wohnraum für die Mitarbeiter war das eigentliche Problem; die Stadtväter von Ingolstadt, und das verdient Anerkennung, trugen ihren Teil zur Lösung des Wohnraumproblems bei.

Aus der »Kernzelle« der Auto Union GmbH in Ingolstadt, dem Ersatzteildepot, in der ehemaligen Standortverwaltung am Schrannenplatz und im ehemaligen Heeresproviantamt in der Proviantstraße entwickelten sich die Produktionsstätten. Weitere Gebäude kamen hinzu: Die ehemalige Heeresbäckerei nahm die Ersatzteilfertigung auf, Teile des Zeughauses dienten zur Unterbringung der mechanischen Abteilung, der Versuchsabteilung, der Konstruktion und eines Lagers.

Im April 1949 wurden der Auto Union GmbH seitens der Stadtverwaltung zwei Grundstücke hinter der Friedenskaserne und auf dem ehemaligen Kohlehof (heute Hauptfeuerwache) zur Verfügung gestellt, auf denen Hallen für die Produktion der Schnellaster DKW Typ F 89 L errichtet wurden. Nur wenige Monate später, nämlich im August 1949, lief die Serienfertigung an.

Die Motorradfertigung erfolgte zunächst im ehemaligen Festungskornspeicher. Anfangs der fünfziger Jahre erstellte die Auto Union GmbH auf dem Gelände der ehemaligen MG-Kaserne an der Esplanade weitere Hallen, in denen Motorräder produziert wurden. Durch einen Tunnel unter der Kreuzung Esplanade-Dreizehnerstraße wurden die vom Fließband kommenden Motorräder zur Auslieferungshalle auf der anderen Straßenseite gefahren.

Die Planung und Durchführung der genannten Erweiterungsbauten oblag dem Architekten Theophil Quayzin, der schon 1934 die Leitung der Bauabteilung der Auto Union AG in Chemnitz übernommen hatte. In Anbetracht der ungenügenden Eigenkapitaldecke der jungen Unternehmung mußte damals viel improvisiert werden. Ein rationeller Fertigungsfluß war kaum möglich. Die im Stadtgebiet verstreut liegenden Betriebs-

---

[1] *Stellungnahme des damaligen Oberbürgermeisters Runte zur Bedeutung des Ersatzteildepots für Ingolstadt. Donau-Kurier Nr. 23 vom 24. 2. 1946.*

Oben: Die Montage der DKW RT 125 W, mit der in Ingolstadt nach dem Kriege die Motorradherstellung begann.
Unten: Ein Blick auf die Motorenfertigung.
Rechts: Eine neue DKW RT 125 W verläßt das Werk.

stätten der Auto Union GmbH wurden oftmals scherzhaft als »Vereinigte Hüttenwerke« bezeichnet.

Auf den Anlauf der Serienfertigung des Schnellasters DKW Typ F 89 L im August 1949 wurde bereits hingewiesen; hier muß noch nachgetragen werden, daß die serienmäßige Herstellung des DKW-Motorrades Typ RT 125 W im November 1949 begann.

Am 31. Dezember 1949 waren 1676 Mitarbeiter im Werk Ingolstadt der Auto Union GmbH tätig.

Für die technische Leitung des Werkes war Direktor Franz Ferber verantwortlich, die kaufmännische Abteilung wurde von Direktor Werner Kratsch geleitet.

Schon am 24. Januar 1950 lief die 1000ste DKW Typ RT 125 W vom Band, wenige Wochen später, am 14. Februar 1950, verließ der 1000ste DKW-Schnellaster das Ingolstädter Werk.

Am 4. Juli 1950, acht Monate nach Aufnahme der Motorradproduktion, wurde die 10000ste DKW Typ RT 125 W hergestellt und am 19. Dezember 1950 konnte die Herstellung des 25000sten DKW-Motorrades in Ingolstadt gemeldet werden. Die allgemeine Nachfrage sowohl nach leichten Nutzfahrzeugen als auch nach Motorrädern war groß.

Die Belegschaft zählte am 31. Dezember 1950 4479 Mitarbeiter. Die Stadt an der Donau war jetzt in aller Munde, sie war zur Heimat der Fahrzeuge mit den Vier Ringen geworden ...

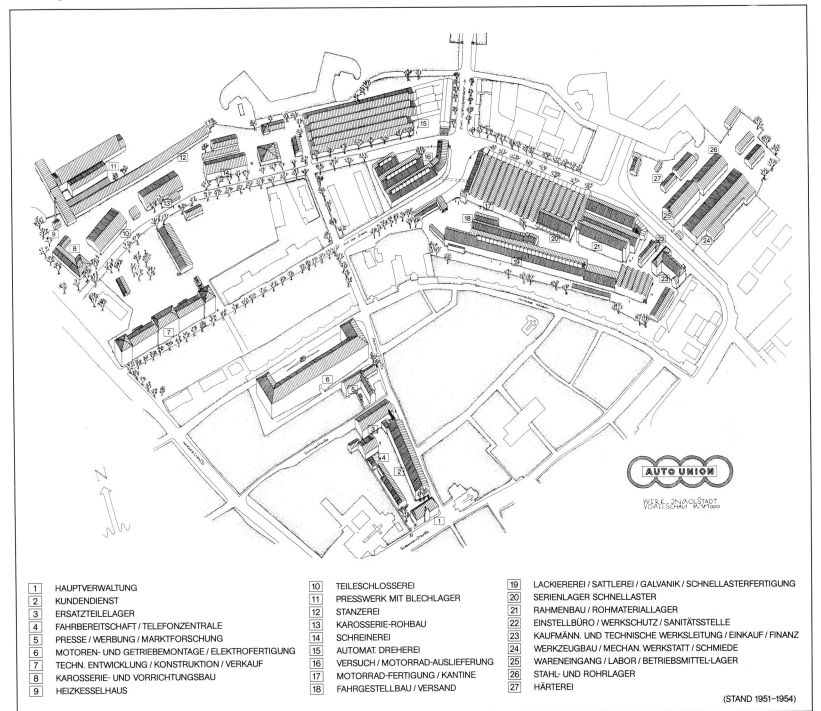

1	HAUPTVERWALTUNG	10	TEILESCHLOSSEREI	19	LACKIEREREI / SATTLEREI / GALVANIK / SCHNELLASTERFERTIGUNG
2	KUNDENDIENST	11	PRESSWERK MIT BLECHLAGER	20	SERIENLAGER SCHNELLASTER
3	ERSATZTEILELAGER	12	STANZEREI	21	RAHMENBAU / ROHMATERIALLAGER
4	FAHRBEREITSCHAFT / TELEFONZENTRALE	13	KAROSSERIE-ROHBAU	22	EINSTELLBÜRO / WERKSCHUTZ / SANITÄTSSTELLE
5	PRESSE / WERBUNG / MARKTFORSCHUNG	14	SCHREINEREI	23	KAUFMÄNN. UND TECHNISCHE WERKSLEITUNG / EINKAUF / FINANZ
6	MOTOREN- UND GETRIEBEMONTAGE / ELEKTROFERTIGUNG	15	AUTOMAT. DREHEREI	24	WERKZEUGBAU / MECHAN. WERKSTATT / SCHMIEDE
7	TECHN. ENTWICKLUNG / KONSTRUKTION / VERKAUF	16	VERSUCH / MOTORRAD-AUSLIEFERUNG	25	WARENEINGANG / LABOR / BETRIEBSMITTEL-LAGER
8	KAROSSERIE- UND VORRICHTUNGSBAU	17	MOTORRAD-FERTIGUNG / KANTINE	26	STAHL- UND ROHRLAGER
9	HEIZKESSELHAUS	18	FAHRGESTELLBAU / VERSAND	27	HÄRTEREI

(STAND 1951–1954)

Das Werk Düsseldorf, die Produktionsstätte für Personenkraftwagen

Die Arbeitsgemeinschaft Auto Union hatte im Frühjahr 1948 – wie bereits berichtet wurde – die Aufgabe erhalten, die DKW RT 125 dem neuesten Stand der Motorradtechnik anzupassen, den DKW Personenkraftwagen in Konstruktion und Ausführung zu verbessern und einen Schnellaster zu entwickeln. Die weiterentwickelte DKW RT 125 – jetzt DKW RT 125 W genannt – und der neu entwickelte DKW-Schnellaster Typ F 89 L wurden seit Ende 1949 im neuen Werk Ingolstadt produziert. Für die Herstellung des DKW-Personenkraftwagens fehlte es jedoch in Ingolstadt an Raum und Arbeitskräften.

Als ein für die Personenwagenproduktion geeigneter Standort erwies sich nach eingehender Prüfung Düsseldorf, die Industriemetropole am Niederrhein. Dort gab es genügend qualifizierte Arbeitskräfte und im benachbarten Ruhrgebiet hatten eine Reihe von Materiallieferanten ihren Sitz.

Seit dem 1. Januar 1949 hatte Dr. Richter in langwierigen Verhandlungen mit der Stadt Düsseldorf, mit dem Land Nordrhein-Westfalen und mit der britischen Besatzungsmacht erreicht, das im Bombenkrieg zu 80 Prozent zerstörte Werk II der einstigen Waffenschmiede der Rheinmetall-Borsig AG vor der Demontage und Zerstörung zu bewahren. Das Areal, unmittelbar am Schienenstrang, der Düsseldorf mit dem Ruhrgebiet verbindet, gelegen, umfaßte rd. 175 000 qm.

Am 13. März 1950 wurden zwei Verträge abgeschlossen: Auf Grund des Pacht-Kaufvertrages zwischen der Auto Union GmbH und der Rheinmetall-Borsig AG übernahm die Auto Union GmbH das Werk II der Rheinmetall-Borsig AG pachtweise und verpflichtete sich zugleich, das Werk später zu kaufen. 1954 wurde das inzwischen wieder aufgebaute Werk für den im Vertrag vom 13. März 1950 vereinbarten Preis von DM 6 000 000 gekauft.

Die Auto Union GmbH erhielt auf Grund der zwischen ihr und dem Lande Nordrhein-Westfalen am gleichen Tage getroffenen vertraglichen Vereinbarung einen zu tilgenden Wiederaufbaukredit von DM 5 000 000, einen verlorenen Baukostenzuschuß von DM 2 000 000 sowie einen Remontagekredit von DM 3 000 000.

Weitergehende Pläne, auch die Werke I und IV der Rheinmetall-Borsig AG zu erwerben, scheiterten an den eigenen industriellen Plänen des Eigentümers, deren Realisation auf Grund der inzwischen gewandelten politischen Konstellation möglich wurde.

Während auf dem Gelände noch Schutt und Trümmer weggeräumt wurden, lief in den ersten Augusttagen des Jahres 1950 im Werk Düsseldorf der Auto Union GmbH die Serienfertigung des neuen DKW-Personen-

Links: Vom Bombenkrieg zerstörte Hallen auf dem Gelände des Werkes II der Rheinmetall-Borsig AG in Düsseldorf. Das Bild entstand Anfang 1950.

Oben und unten: Bau der großen Halle auf dem Werksgelände in Düsseldorf. Sie erstreckte sich über eine Grundfläche von 21 000 m².

Oben: Blick auf das Werk Düsseldorf der Auto Union GmbH. In der linken oberen Hälfte ist die große Halle erkennbar, die am 25. Juni 1951, an seinem 65. Geburtstag, »Dr.-Richard-Bruhn-Halle« benannt wurde.

Links unten: Das Lager für Rohkarosserien des DKW F 89 P.
Unten: Karosseriebau am Fließband in Düsseldorf. Es handelt sich um Aufbauten für die Modelle F 93 bzw. F 94. Im Hintergrund ein Band Universal-Kombiwagen.

kraftwagens Typ F 89, genannt »Meisterklasse«, an. Bereits am 28. November, dreieinhalb Monate nach Aufnahme der Produktion, rollte der 1000ste Wagen vom Fließband.

Am 14. Februar 1951 wurde im Werk Düsseldorf Richtfest gefeiert. Die Mitarbeiter aller am Bau beteiligten Firmen nahmen daran teil; zu den Ehrengästen dieses Richtfestes gehörte u. a. der damalige Düsseldorfer Oberbürgermeister Gockeln. Er schloß seine Rede mit den Worten: »Die Arbeit, die hier in einer kurzen Zeit vollbracht wurde, zeugt nicht nur von dem beharrlichen Aufbauwillen, sondern auch von der starken Lebenskraft der wiedererstandenen Auto Union!«

Bis zu diesem Zeitpunkt waren Hallen und Gebäude mit einer Grundfläche von 75 000 m² fertig oder im Rohbau; die größte der Hallen hatte eine Grundfläche ca. 21 000 m². Sie war – wie der Fachausdruck lautet – im Shedbau errichtet worden und 160 m lang und 135 m breit. Das zackenförmige Dach bestand zum großen Teil aus Glas und gewährte das Arbeiten bei natürlichem Licht. Die Halle wurde am 25. Juni 1951, am 65. Geburtstag von Dr. Richard Bruhn, ihrer Bestimmung übergeben und erhielt den Namen »Dr.-Richard-Bruhn-Halle«. In dieser Halle erfolgte die Hauptmontage. Die Karosserie wurde mit dem fertig montierten Chassis vereinigt.

Der Werkzeugbau und die Vormontage waren in anderen kleineren Hallen untergebracht. Eine Halle im Düsseldorfer Werk der Auto Union GmbH beherbergte eine Fertigungsstätte, in der noch die handwerkliche Arbeit dominierte und die gar nicht so recht zu einem modernen Automobilwerk paßte. Es war die Halle, in der die DKW-Universal-Karosserien aus Spezialholz gefertigt wurden. Hier wurden die Erfahrungen, die das Werk Berlin-Spandau bei der Herstellung der Holzkarosserien für die »klassischen« DKW-Automobile in den Vorkriegsjahren gesammelt hatte, genutzt. Die Fertigung der Karosserien aus Spezialholz wurde 1953 eingestellt (die außenliegenden Holzteile waren aus Eschenholz, die Füllungen aus kunstharzgetränktem Spezialholz). Dann wurde die Universalkarosserie »verblecht«, d. h., das Holzgerippe aus Eschenholz erhielt eine Blechbeplankung.

In der zweiten Hälfte des Jahres 1951 gingen die Bauarbeiten im Werk Düsseldorf weiter; Erweiterungs- und Ausbauten bestimmten das Bild. Am Jahresende konnte der Abschluß des zweiten Bauabschnittes des Werkes Düsseldorf gemeldet werden.

Der technische Direktor des Werkes Düsseldorf der Auto Union GmbH war Konrad Schulz, die kaufmännische Leitung oblag Direktor Dr. phil. Kurt Richter.

Links: Ein immer wieder faszinierendes Bild: Die Karosserie senkt sich aufs Chassis.

Rechts: Die Fahrzeuge vor dem Verlassen des Fließbandes.

Rechts: Am 15. Dezember 1954 verließ der 100 000. DKW Personenwagen der Nachkriegsproduktion das Fließband des Werkes Düsseldorf. Im Vordergrund die Herren Konrad Schulz, Technischer Direktor des Werkes Düsseldorf, Dr. phil. Kurt Richter, Kaufmännischer Direktor des Werkes, Dr. rer. pol. Dr.-Ing. E. h. Richard Bruhn, Vorsitzender der Geschäftsführung der Auto Union GmbH sowie sein Stellvertreter, Dr.-Ing. Carl Hahn.

Ganz rechts: Montage des Dreizylinder-Motors.

Das Werk Spandau der Auto Union Berlin GmbH, Hersteller von elektrischen Anlagen und Getrieberädern

Der Krieg hatte die Berliner Betriebe der Auto Union AG hart getroffen. Die Werksanlagen in Berlin-Spandau und die Reparaturbetriebe und Verkaufsräume in der Innenstadt waren in den Bombennächten nahezu vollständig zerstört worden. Und die noch erhalten gebliebenen Anlagen fielen der Demontage zum Opfer. Dann folgte eine Zeit aufreibender politischer Spannungen, eine Zeit chaotischer wirtschaftlicher Verhältnisse.

Die Arbeit konnte nur schrittweise aufgenommen werden: Die Trümmer mußten beseitigt werden, die Werkshallen wurden wieder hergerichtet. Dann begann man im Werk Spandau mit der Fertigung von Haushaltsgeräten und Kraftfahrzeuganhängern. Später – von 1948 bis 1950 – wurden wieder Holzkarosserien gebaut, Einheitslimousinen-Karosserien für die DKW-Baumuster F 5, F 7 und F 8 sowie Lieferwagenkarosserien für die DKW-Baumuster F 7 und F 8.

Mit der Währungsreform vom 20. Juni 1948 trat auch für West-Berlin eine Stabilisierung der wirtschaftlichen Verhältnisse ein; aber den Berliner Betriebsstätten der Auto Union fehlte das tragende Fundament – die hinter dem Ganzen stehende produzierende Automobilfirma. Die Einbeziehung der Berliner Betriebsstätten in das Produktions- und Vertriebsprogramm der Auto Union GmbH Ingolstadt erforderte Investitionen größeren Umfangs. Um die dafür notwendigen ERP- und Bankkredite zu erhalten, war eine Verselbständigung der Berliner Betriebe erforderlich[1]. Daher wurde am 20. März 1950 die Auto Union Berlin GmbH mit dem Sitz in Berlin gegründet und mit einem Stammkapital von DM 1 000 000 ausgestattet. Am 7. Februar 1951 wurde das Stammkapital verdoppelt; die Auto Union AG war an dieser Kapitalausstattung mit DM 1 835 000 und der Magistrat von West-Berlin mit DM 165 000 beteiligt. Zur Auto Union Berlin GmbH gehörten die Auto Union-Filiale mit dem Verkauf, der Kundendienstabteilung und dem Ersatzteillager in der Cicerostraße 34 in

---

[1] *ERP = European Recovery Program; im Rahmen dieses Programmes wurden an die Bundesrepublik Deutschland 4,2 Mrd Dollar für den Wiederaufbau in Form von Krediten gegeben.*

Rechts: Der bei einem Bombenangriff 1944 schwer beschädigte Ausstellungsraum der Auto Union AG in der Cicereostraße in Berlin-Halensee wurde notdürftig hergerichtet und diente dann als Ersatzteillager.

Mitte: Der Lageplan des Spandauer Werkes im Jahre 1955 zeigt die räumliche Aufteilung der anfangs der fünfziger Jahre eingerichteten Elektro- und Zahnradfertigung.

Unten links: Im Kammerofen wurden die Zahnrad-Rohlinge geglüht und vergütet. Daneben: Vorgeformte Metallzylinder wurden an den Trennähten von Schweißautomaten zusammengeschweißt; daraus entstanden Gehäuse für DKW-RT-Zündlichtanlagen und Gehäuse für Lichtmaschinen sowie Anlasser.

Berlin-Halensee, der Reparaturbetrieb am Juliusturm 42–46 in Berlin-Spandau, die im Herbst 1952 erworbenen Ausstellungsräume in der Bundesallee in Berlin-Wilmersdorf und das Werk in Berlin-Spandau.

Das Werk in Berlin-Spandau hat den Ruf Berlins als ein Zentrum des deutschen Automobilbaues mitbegründet, eine Tatsache, auf die an dieser Stelle hingewiesen werden muß.

In den zwanziger Jahren hatte Jörgen Skafte Rasmussen einen der von der Berliner Firma Slaby & Beringer hergestellten Elektrowagen mit einem DKW-Motor ausgestattet. 1924 erwarb Rasmussen die Firma Slaby & Beringer und führte seine Kleinwagenexperimente weiter. Drei Jahre später, 1927, verlegte Rasmussen den Betrieb von der Markgrafenstraße in Berlin nach Spandau und begann hier 1928 mit dem Automobilbau in größerem Stile: Der DKW Typ P 15, ein Automobil mit einer aus Sperrholzplatten und einem Holzgerippe bestehenden selbsttragenden Karosserie, die mit Kunstleder bezogen war, wurde im Werk Berlin-Spandau gebaut. Der Wagen hatte Hinterradantrieb, sein Zweizylindermotor mit einem Hubraum von 584 cm^3 leistete 15 PS. Später wurden in Spandau die DKW Typen »Schwebeklasse« und »Sonderklasse« hergestellt (bis 1937) und bis zum Kriegsausbruch für die Frontantriebsmodelle von DKW die mit Kunstleder bezogenen Karosserien in Sperrholzbauweise.

Ganz links: Der Gleisanschluß des Spandauer Werkes. Von hier wurden täglich mehr als 200 Karosserien mit der Deutschen Reichsbahn nach Zwickau transportiert. Daneben: Die im Spandauer Auto Union-Werk vor dem II. Weltkrieg hergestellten Karosserien für die Frontantriebswagen hatten ein Holzgerippe, das mit Sperrholz beplankt war; die Stabilität dieser Karosseriebauform wird hier eindrucksvoll demonstriert.

1950 wurde das Werk Spandau technisch-organisatorisch in die Werksabteilungen »Elektrofertigung« und »Getrieberäderfertigung« aufgeteilt. Die Planungen hierzu waren bereits im Frühjahr 1950 abgeschlossen worden. Bevor die erste Ausbaustufe im Herbst 1950 vollendet werden konnte, war bereits im August die Fertigung angelaufen! Mit der Fertigung von Dynastartanlagen für die neue DKW »Meisterklasse« und mit der Herstellung von Zündlichtanlagen für DKW-Motorräder sowie von Zündspulen, Spannungsreglern und Zündverstellern übernahm die Werksabteilung »Elektrofertigung« in Berlin-Spandau die Funktion innerhalb der Auto Union GmbH, die bei der Auto Union AG im ehemaligen Chemnitz das Werk Rößlerstraße hatte.

Die in der Werksabteilung »Getrieberäderfertigung« hergestellten Zahnräder wurden an den Getriebebau in Ingolstadt und in Düsseldorf geliefert. Geschäftsführer der Auto Union Berlin GmbH war Direktor Karl Nitsche.

Das Werk Berlin-Spandau war Zulieferant des Werkes Ingolstadt bis 1965.

Oben: Die Zahnstoßmaschinen – in einer Reihe angeordnet – arbeiteten die Zähne aus dem vollen Material heraus. Rechts daneben: Zarte Hände stellten die Zünd- und Feldspulen her...

Rechts: Ein DKW F 5 als Cabriolimousine. Ein zeitgenössisches Foto aus dem Jahre 1937, aufgenommen in Neuburg an der Donau.

Die Entwicklung des Inlandabsatzes von DKW-Fahrzeugen

In den ersten Augusttagen des Jahres 1950 lief, wie bereits berichtet, im Werk Düsseldorf der Auto Union GmbH die Serienfertigung des DKW-Personenkraftwagens Typ F 89 »Meisterklasse« genannt, an.

Die Händlerschaft erwartete dieses Automobil schon seit längerer Zeit; viele ihrer Kunden hatten zwischenzeitlich einen VW gekauft, Absatzchancen für den neuen DKW waren vertan. Jetzt galt es, verlorenes Terrain wiederzugewinnen.

Der neue Wagen, eine Weiterentwicklung der noch zu Tausenden in allen Ländern laufenden DKW Meisterklasse der Vorkriegszeit, fand überall Anklang. Von seinem sächsischen Ahnen hatte er den Zweizylinder-Zweitaktmotor; er trug jetzt ein anderes Kleid, eine Stahlblechkarosserie, die nicht nur aerodynamischen Forderungen entsprach, sie wirkte auch elegant. Das Cabriolet war – das kann gesagt werden – ein automobilistischer Höhepunkt jener Jahre.

Der neue DKW war kein Kleinwagen, er sprach eine andere Zielgruppe an als seine Vorgänger, die Reichsklasse und die Meisterklasse. Der Preis der Limousine betrug 1950 DM 5830, der Preis des Cabriolets DM 7585.

Damals, 1950, mußte man für den VW Export mit Sonnendach DM 5700 zahlen; der jungen Händlerschaft der Wolfsburger Unternehmung wurden die neuen Wagen förmlich aus den Händen gerissen, die Händler hatten eine Verteilerfunktion.

Die Händlerschaft der Auto Union GmbH, die sich im wesentlichen aus der Vertreterorganisation der Vorkriegszeit gebildet hatte, mußte dagegen den DKW verkaufen. Dann boten andere deutsche Automobilhersteller Kleinwagen an: Die Bremer Borgward-Werke den unvergeßlichen Lloyd, die in Plochingen am Neckar ansässigen Gutbrod-Werke ihren Superior.

Die Absatzorganisation der Auto Union GmbH hatte zu Beginn große Schwierigkeiten zu überwinden. Das Verkaufsprogramm wurde erst im März 1953 mit dem DKW Typ F 91 Sonderklasse ergänzt. Dieser Wagen war mit einem Dreizylinder-Zweitaktmotor ausgerüstet. 1954 wurde die Produktion der DKW Meisterklasse eingestellt und ein Jahr später, 1955, erschien der Nachfolger der Sonderklasse, der als »Großer DKW« bezeichnete Typ F 93.

Auf der Internationalen Automobil-Ausstellung in Frankfurt am Main im Herbst 1957 zeigte die Auto Union GmbH drei Neuheiten:

Den mit einem 44 PS leistenden Motor von 980 cm^3 ausgerüsteten Auto Union 1000, das dem zeitgenössischen Geschmack entsprechende Auto Union 1000 Coupé mit Panoramascheibe und Heckflossen und den vielbeachteten Prototyp DKW 660, der 1959 in modifizierter Form als DKW Junior in Serie ging. Der DKW Junior erreichte – auch als Junior de Luxe bis 1963 – große Verkaufszahlen. DKW Typ F 11, F 12 und F 102 hießen die letzten in Ingolstadt gebauten Automobile mit Zweitaktmotor.

Die von der Auto Union GmbH gebauten Automobile waren Fahrzeuge für den Alltag, aber es waren auch Fahrzeuge für den anspruchsvollen Individualisten. Einzelne Modelle, so die Cabriolets der Meisterklasse und der Sonderklasse gehören ebenso wie die Coupé-Ausführungen des Auto Union 1000 zu den schönsten Automobilen der Nachkriegszeit.

Die Absatzzahlen der Auto Union GmbH reichten nie an die der Volkswagen AG heran; auch andere deutsche Automobilhersteller, die das Marktsegment der unteren Mittelklasse ansprachen, konnten mehr Wagen verkaufen.

Der Verfasser kommt zu dem Schluß, daß in Anbetracht der schon genannten Charakteristika der Düsseldorfer und Ingolstädter Automobile – sowohl Fahrzeuge für den täglichen Gebrauch als auch Wagen mit individueller Note – eine bestimmte Zielgruppe angesprochen wurde, die vielleicht auch auf Grund ihrer Erfahrung in der Kriegs- und Nachkriegszeit dem anspruchslosen und immer mehr kultivierten Zweitaktmotor die Treue hielt. Das galt sowohl für den Inlandsmarkt als auch für den Weltmarkt.

Die Entwicklung des Absatzes im Inland von DKW-Personenkraftwagen und DKW-Schnellastern wird durch die folgende Statistik und graphische Darstellung veranschaulicht.

Sowohl die Zahlen als auch die Graphik zeigen – vom Einbruch im Jahre 1957 einmal abgesehen – ein ständiges Ansteigen der Verkaufszahlen für DKW-Automobile auf dem Inlandsmarkt bis zum Jahre 1962. Analysiert man die Absatzzahlen der einzelnen Jahre ab 1960, so kommt man zu dem Ergebnis, daß der DKW Junior bzw. der DKW Junior de Luxe in den Jahren 1960, 1961 und 1962 der meistverkaufte Wagen der Auto Union GmbH war. Ab 1963 übernahm der Typ F 12 die Rolle des Favoriten auf dem Inlandsmarkt. 1965 stand der Typ F 102 an der Spitze auf dem Inlandsmarkt, wenngleich von ihm nur 15272 Wagen verkauft wurden gegenüber 16956 im Jahre 1964. Aber es war schon das Jahr der Wende, der Bau von Automobilen mit Zweitaktmotor wurde in Ingolstadt eingestellt.

Der Inlandsabsatz von DKW-Schnellastern war wesentlich geringer als der

Sportlich-adrett: Das Cockpit des DKW F 12 Roadsters von 1964.

Inlandsabsatz von DKW-Fahrzeugen von 1949–1969				
Jahr	Personen-kraftwagen	Schnell-laster	Munga	Motor-räder
1949		471		100
1950	1 225	5 994		18 197
1951	12 580	5 880		34 940
1952	22 391	5 359		51 434
1953	20 527	4 316		56 896
1954	24 316	3 256		54 906
1955	26 234	5 263		38 875
1956	32 815	5 151	172	22 332
1957	21 368	2 421	5 393	14 009
1958	30 380	2 825	377	4 414
1959	40 331	2 488	5 663	632
1960	68 992	857	5 042	
1961	73 860	769	4 196	
1962	76 291	236	3 683	
1963	56 876		2 579	
1964	43 433		2 089	
1965	26 907		2 971	
1966	3 951		3 163	
1967	58		2 121	
1968			2 324	
1969			4	
Seit Produktionsbeginn	582 535	45 286	39 777	296 735

Einem Export von insgesamt 325 570 DKW-Personenkraftwagen stand ein Export von nur 13 506 DKW-Schnellastern gegenüber; das Verhältnis betrug hier nur 1 zu 24. Der Urahn der Ingolstädter Automobilfertigung hatte keine ökonomische Bedeutung.

Insgesamt wurden 667 598 DKW-Automobile im Inland zwischen 1949 und 1969 verkauft.

Die Zahlen der im Inland verkauften DKW-Motorroller »Hobby« sind in der nebenstehenden Tabelle nicht enthalten; von diesem Fahrzeugtyp wurden abgesetzt:

1954	416
1955	11 144
1956	9 434
1957	5 058
1958	608

Unten: Er wurde nicht nur ans Militär geliefert, der Geländewagen namens »Munga«, fast 40 000mal gebaut. Darunter: DKW F 12 von 1963.

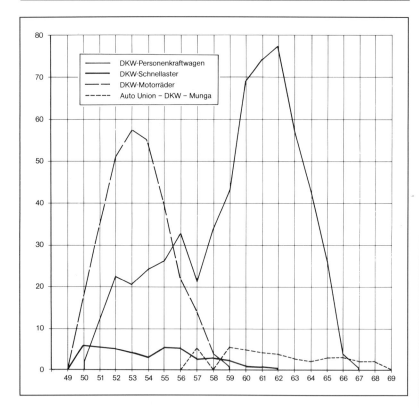

von DKW-Personenkraftwagen. Insgesamt wurden 45 286 Schnellaster im Inland verkauft gegenüber 582 535 Personenkraftwagen. Das Verhältnis der verkauften Schnellaster zu den verkauften Personenkraftwagen im Inland war 1 zu 12.

Der Weg zum Weltmarkt

Die ersten Schritte der Auto Union GmbH ins Ausland waren schwer. Die Konkurrenz hatte bis 1950, als die Ingolstädter den Export aufzubauen begannen, beachtliches Terrain gewonnen. Beharrliches und nachhaltiges Handeln war notwendig; dabei konnte sich die Auto Union auf zwei Aktivposten stützen.

Die Fahrzeuge mit den Vier Ringen erfreuten sich vor dem Zweiten Weltkrieg eines guten Rufes in vielen Ländern der Welt. Dieser gute Ruf hatte sich in den Kriegs- und Nachkriegsjahren insbesondere für den »kleinen DKW-Wagen« weiter gefestigt. Unter oftmals schweren Betriebsbedingungen und ohne nennenswerte Versorgung mit Original-Ersatzteilen waren die Fahrzeuge einsatzbereit geblieben. Hinzu kam – und das war ein weiteres, entscheidendes Aktivum für die Ingolstädter Unternehmung – die Firmentreue der Händler im Ausland. In den ersten Nachkriegsjahren hätte mancher Händler die Interessen einer anderen europäischen oder auch außereuropäischen Automobilherstellerfirma übernehmen können; er hat es aber nicht getan, er wartete ab. Das war auch in den Ländern der Fall, deren Bevölkerung auf Grund der Kriegsereignisse alles aus Deutschland kommende ablehnte.

Den Aktivposten standen auch Passivposten gegenüber: Die Auto Union AG hatte vor dem Zweiten Weltkrieg in einigen Ländern eigene Vertriebsorganisationen, deren Vermögen 1945 als deutsches Vermögen im Ausland konfisziert oder unter Sequester gestellt worden war. In diesen Ländern – Spanien, Brasilien und Südafrika – mußten neue Stützpunkte geschaffen werden. Mit Rücksicht auf die Devisenknappheit dieser Länder und auf die Bemühungen ihrer Regierungen um Industrialisierung konnte man nicht den Export fertiger Automobile und Motorräder aufnehmen, man mußte vielmehr mit dem Export von Teilesätzen beginnen. Infolgedessen war es notwendig, Montagewerke zu suchen oder zu schaffen, um die Auto Union-Fahrzeuge aus in Deutschland gefertigten Teilen zu montieren. Das bedeutete ein Umdenken im Exportbereich: Nicht nur Produkte, sondern auch Fertigungstechnologien mußten bei der Schaffung neuer Märkte eingesetzt werden. Welche Schritte unternommen und welche Entscheidungen im einzelnen getroffen werden mußten, verdeutlicht das Beispiel des Eintrittes in den spanischen Markt durch die Beteiligungsgesellschaft IMOSA und das Beispiel des Eintrittes in den brasilianischen Markt mit dem Montagewerk VEMAG.

Zunächst sollen die Anfänge des Exportes von Auto Union-Fahrzeugen ins europäische Ausland nach dem Zweiten Weltkrieg in Erinnerung gebracht werden.

Rechts: Inserat des Auto-Union-Importeurs Philipsons aus dem Jahre 1938.

Links: Die ersten nach dem II. Weltkrieg nach Schweden importierten DKW Automobile auf dem Hof des Automobil-Palotset der Philipson A. B., Oktober 1950. Unten: Zwei Karmann-Cabriolets im Ausstellungsraum der Nordisk Autoimport A. B., Tochterfirma der Gunnar V. Philipsons Automobil-Aktiebolag.

Erste Schritte in die europäischen Länder

Die ersten großen Bestellungen für DKW-Automobile kamen 1950 aus Schweden. Die Nordisk Autoimport A.-B., eine Tochtergesellschaft der Gunnar V. Philipsons Automobilaktiebolag in Stockholm, führte 1950 nach Schweden 185 DKW-Automobile ein.

Die Firma Gunnar V. Philipsons, die schon seit 1932 die Vertretung für die Produkte der Auto Union AG – also Audi, DKW, Horch und Wanderer – innehatte, konnte bis 1939 nicht weniger als 10000 DKW-Automobile in Schweden verkaufen. Einer ihrer großen Kunden war die schwedische Armee. 1950, im Jahre der Wiederaufnahme des Importes von DKW-Automobilen, waren von den 10000 Wagen mit dem weiß-grünen Firmenemblem aus der Vorkriegszeit noch 8000 im Verkehr.

In den folgenden Jahren konnten von Ingolstadt und Düsseldorf immer mehr DKW-Wagen nach Schweden exportiert werden. Zwischen 1950 und 1966 nahmen insgesamt 49231 DKW-Automobile ihren Weg nach Norden. Das Königreich Schweden nahm den Platz eins unter den europäischen Abnehmern für DKW-Automobile ein.

Nach Dänemark wurden 1950 nur 24 DKW-Automobile exportiert. In den folgenden Jahren stieg die Ausfuhr an, wenn auch in bescheidenem Rahmen. 1961 wurden erstmals mehr als 1000 DKW-Wagen, nämlich 1260 exportiert. Von 1950 bis 1966 gingen 8787 DKW in unser nördliches Nachbarland.

Der Verkauf von DKW-Fahrzeugen nach den Niederlanden gestaltete sich anfangs schwierig. 1950 konnten dort nur 185 DKW-Fahrzeuge abgesetzt werden. 1953 stieg der Absatz auf 808, 1954 wurden dann vom dortigen Importeur Hart Nibbrig & Greeve N. V. in Den Haag 2032 DKW-Automobile verkauft. 4500 Motorräder aus Ingolstadt gingen im gleichen Zeitraum nach dort.

Die Firma Hart Nibbrig & Greeve N. V. errichtete in Sassenheim, an der Autobahn zwischen Amsterdam und Den Haag gelegen, ein Montagewerk für DKW-Automobile, das am 20. Januar 1956 den Betrieb aufnahm. Dort wurden die aus dem Werk Düsseldorf der Auto Union GmbH importierten Teilesätze für Fahrgestelle montiert und mit den ebenfalls aus Düsseldorf angelieferten, bereits vormontierten Karosserien vereinigt. Schon am 30. Oktober 1956 wurde der 1000. DKW im Montagewerk Sassenheim fertiggestellt. Bis 1966 wurden 35606 DKW-Automobile in den Niederlanden verkauft.

Im Nachbarland Belgien entwickelte sich der Absatz ähnlich. Auf dem in der Zeit vom 13. bis 24. Januar 1951 durchgeführten »Salon de l'Auto et du Cycle« in Brüssel wurde dem belgischen Publikum zum ersten Male die neue DKW-Meisterklasse vorgestellt. Dieses Automobil aus Deutschland fand sofort seine Käufer; das war um so bemerkenswerter, als zu diesem Zeitpunkt in Belgien noch den großen amerikanischen Wagen der Vorzug gegeben wurde. 1951 wurden 779 DKW-Automobile in Belgien verkauft, 1952 waren es 775. Dann wurde der Import aus arbeitsmarktpolitischen Gründen seitens des Staates gedrosselt: Belgien hatte zu diesem Zeitpunkt eine hohe Zahl von Arbeitslosen, in der Bundesrepublik Deutschland dagegen herrschte wirtschaftliche Hochkonjunktur. Zwei Montagewerke wurden errichtet.

Monsieur Petit, seit 1936 Vertreter für DKW-Automobile, errichtete in Lüttich ein Montagewerk, in dem vom April 1953 an die von Düsseldorf in Teilesätzen gelieferten Fahrgestelle und Karosserien montiert wurden. Der Tagesausstoß betrug damals 10 Automobile. Das in Brüssel eingerichtete Montagewerk von M. Deprez und von M. Marik erhielt Teilesätze für die Fahrgestelle, die Karosserien dagegen wurden im vormontierten Zustand – ähnlich wie in Holland – importiert. 32214 DKW-Automobile bzw.

Ganz oben: Seine Königliche Hoheit, Prinz Bertil von Schweden, am Lenkrad eines DKW 3=6, Typ F 93, in Begleitung von Gunnar Philipsons bei der Einweihung einer Großgarage.

Oben: Schlüsselübergabe bei einem schwedischen Auto-Union-Händler um 1960. Unten: Vormontierte Karosserien auf dem Wege von Düsseldorf nach Sassenheim.

Oben: Der Stand des niederländischen Importeurs Hart Nibbrig & Greeve N. V. auf dem Amsterdamer Automobil-Salon 1954. Die Firma war auch Importeur der Automobile und Motorräder der Bayerischen Motoren Werke AG.

Links: Montage von DKW Fahrzeugen in Sassenheim.

Teilesätze wurden von 1949 bis 1968 nach Belgien und Luxemburg exportiert.

Die Schweiz gehörte vor dem Zweiten Weltkrieg zu den wichtigsten Exportländern der Auto Union AG. Der DKW-Wagen insbesondere erfreute sich bei den Eidgenossen großer Beliebtheit, der Einfuhr waren jedoch Grenzen gezogen. Der schweizerische Bundesrat hatte nämlich zur Erhaltung einer ausgewogenen Handelsbilanz und zum Schutz der Arbeitsplätze scharfe Importrestriktionen erlassen, die die Einfuhr von Fahrzeugen erschwerten. Auf Montageteile wurden jedoch Präferenzzölle gewährt. Ernst Göhner nutzte die sich hier bietende Möglichkeit: Er importierte DKW-Chassis aus Zwickau und karosserierte diese.

1934 hatte Ernst Göhner in Altstätten, St. Gallen, die Holka AG gegründet. Die Firmenbezeichnung »Holka« war die Abkürzung für Holz-Karosserien. Die von der Generalvertretung der Auto Union AG in Zürich importierten DKW-Chassis erhielten in Altstätten eine mit Kunstleder bespannte Sperrholzkarosserie nach Spandauer Vorbild; später – vom Typ F 5 an – wählte man statt des witterungsempfindlichen Kunstlederüberzuges der Sperrholzkarosserie eine Blechbeplankung. Die Holka AG baute auch später Cabriolet-Karosserien. 1942 übernahm Göhner die Generalvertretung sowie das Zürcher Verkaufsbüro der Auto Union AG und importierte die letzten 200 DKW-Chassis aus Zwickau.

Im Oktober 1943 verlegte Göhner seine Unternehmung in die leerstehende Fabrik »Zum Meierhof« nach St. Margrethen. 1945 mußte der Karosseriebau eingestellt werden.

Zwei Bilder aus der Vorkriegszeit – oben links: In Altstetten/St. Gallen stellte die Holka AG Karosserien her, die auf die aus Zwickau importierten DKW-Chassis gesetzt wurden. Die Holzgerippe wurden mit Sperrholz, später mit Stahlblech beplankt. Mitte: Eine DKW-Meisterklasse Typ F 7 mit Holka-Karosserie, bei der die Rückseite hochgeklappt werden konnte.
Unten: Der Stand der Auto Union GmbH auf dem Genfer Automobil Salon 1950, auf dem erstmals der DKW Typ F 89 L gezeigt wurde.
Oben: Die neue Generation der DKW Meisterklasse auf dem Genfer Automobilsalon 1951.

Auf ein interessantes Vorhaben sollte an dieser Stelle hingewiesen werden: Nach dem Zweiten Weltkrieg wurde in der Schweiz eine verbesserte Ausführung des DKW F 8 angekündigt. Der Wagen sollte in der Schweiz auf Grund eines »mit der in der russischen Zone liegenden Auto Union AG ... mit der offiziellen Zustimmung der zuständigen Behörden« abge-

Rechts: Auf dem Automobilsalon in Paris 1951 wurde den Fahrzeugen der wiedererstandenen Auto Union große Aufmerksamkeit geschenkt. Vertreten durch die France Union Automobile, präsentierte man als Hauptanziehungspunkt ein zweisitziges Cabriolet der DKW Meisterklasse.

schlossenen Lizenzvertrages von der zu diesem Zweck gegründeten »Autobau-Genossenschaft« mit dem Sitz in Zürich hergestellt und vertrieben werden. Der Preis des Ende 1948 zu erwartenden Wagens »mit neuer Ganzstahlkarosserie und modernem Kühlergesicht in Schweizer Qualitätsarbeit« wurde mit SFr. 7700 angegeben. »Audax« (Lizenz DKW) – der Kühne – so lautete der Name des Wagens, der eine Renaissance der schweizerischen Personenwagen-Industrie einleiten sollte, blieb jedoch nur ein Projekt.

Die Holka Auto Union Verkaufs AG in Zürich importierte ab 1949 wieder Automobile aus Ingolstadt und Düsseldorf in die Schweiz. Der Erfolg der DKW-Automobile verdient insofern Beachtung, als die Schweizer als sehr anspruchsvolle Automobilisten gelten. Mit Genugtuung wurde in Ingolstadt die stetige Aufwärtsentwicklung des Exportes von DKW-Automobilen in die Schweiz verfolgt. Von 1950 bis 1967 fanden 32 934 DKW-Automobile ihren Weg in die Eidgenossenschaft.

Die Errichtung von Montagewerken

Industrias del Motors, S. A. – IMOSA – in Vitoria, Spanien

Am 17. November 1950 wurde die Industrias del Motors, S. A., eine Aktiengesellschaft spanischen Rechtes mit dem Sitz in Barcelona, gegründet und mit einem Grundkapital von 5 Millionen Peseta ausgestattet. Später wurde der Sitz der Gesellschaft nach Vitoria verlegt und das Grundkapital schrittweise, zunächst auf 40 Millionen, später auf 90 Millionen und schließlich auf 486 Millionen Peseta erhöht.

Neben der Auto Union GmbH, die zu 25 Prozent am Grundkapital der Industrias del Motors, S. A., beteiligt war, gehörten zum Kreis der Gesellschafter die Banco de Vizcaya und die Banco de Bilbao, die zu den fünf größten spanischen Banken gehören, und spanische Industriegruppen im Baskenland und in Navarra sowie in Katalonien. Führende Persönlichkeiten der Auto Union GmbH waren im Aufsichtsrat der IMOSA vertreten; in den ersten Jahren nach der Gründung des spanischen Unternehmens vertraten Dr. Bruhn und Dr. Schüler die Interessen der Ingolstädter Unternehmung.

Am 18. Oktober 1951 wurde zwischen der Auto Union GmbH und der IMOSA ein Lizenzvertrag abgeschlossen, in dem der spanischen Unternehmung das ausschließliche Fabrikations-, das Verkaufs- und das Importrecht für den damals hergestellten DKW-Schnellaster Typ F 89 L der Auto Union GmbH übertragen wurde. In dem Vertrag war auch festgelegt worden, daß die Auto Union GmbH technische Unterlagen dem spanischen Vertragspartner zur Verfügung stellt und sich zugleich verpflichtete, spanischen Fachkräften Einblick in die Ingolstädter Produktion der Schnellaster zu gewähren und andererseits eigene Fachkräfte als Berater zur IMOSA zu entsenden. Der Vertrag, dessen Laufzeit 15 Jahre dauern sollte, sah außerdem einen gegenseitigen Erfahrungsaustausch vor.

In einem Zusatz-Lizenzvertrag vom 18. April 1956 erhielt die IMOSA auch das ausschließliche Fabrikations-, das Verkaufs- und das Importrecht für DKW-Zweiradfahrzeuge.

Zweiradfahrzeuge im Sinne dieses Vertrages – und das wurde in einer Note kurze Zeit später festgelegt – waren DKW-Motorroller vom Typ Hobby. 1953 wurde der Grundstein für das Werk der Industrias del Motors, S. A., in Ali bei Vitoria in Nordspanien gelegt. Nach zweijähriger Bauzeit lief im Spätsommer 1955 die Fertigung des DKW-Schnellasters F 89 L an; bis zum 31. Dezember 1955 verließen 882 Fahrzeuge das Werk. Anfang 1956 wurde bereits der 1000. Schnellaster mit dem grün-weißen Markenzeichen – Made in Spain – fertiggestellt. 1956 wurden insgesamt 2310 Fahrzeuge gebaut, 1957 waren es 3221 (die Planung hatte 3000 Einheiten vorgesehen), und 1958 waren es 4022 Schnellaster, denen 1959 weitere 5231 folgten.

Die Dynamik der Ingolstädter Automobilbauer und das Temperament ihrer spanischen Tochter wurden 1960 durch eine spanische Wirtschaftsflaute gebremst: Am Jahresende konnte man nur 4126 Fahrzeuge als Produktionsergebnis melden und damit 21 Prozent weniger als im Vorjahr. Der DKW Typ F 89 L – von IMOSA 700 P genannt – wurde überarbeitet und das Nachfolgemodell DKW 800 S setzte die Erfolgsserie fort. Mit berechtigtem Stolz wies der Vorstand der IMOSA in einer Note vom 13. Juli 1961 darauf hin, daß es gelungen sei, alle Aggregate für den Schnellaster selbst herzustellen, daß lediglich »Übergrößenbleche« importiert werden müßten, da solche im eigenen Lande nicht hergestellt würden. Die finanzielle Seite wurde als glänzend bezeichnet »als Folge industrieller Bemühungen und einer gesunden und vernünftigen Verwaltung«.

Die Auto Union GmbH war zu diesem Zeitpunkt am Grundkapital der IMOSA von 144 Millionen Peseta mit 36 Millionen Peseta, also mit 25 Prozent beteiligt. 29 250 Millionen Peseta waren durch Sachanlagegüter

Fertigung des Schnellasters Auto Union DKW F 1000 im Werk der spanischen Firma IMOSA in Vitoria.

(Maschinen und Werkzeuge) eingebracht, 5770 Peseta resultierten aus der Verrechnung angefallener Lizenzgebühren und 0,980 Millionen Peseta betrugen die Forderungen der Auto Union GmbH auf Grund von Warenlieferungen und Leistungen. Bis 1963 wurden von der IMOSA insgesamt 34465 DKW-Schnellaster hergestellt.

In Ingolstadt war die Schnellasterfertigung – bedingt durch rückläufigen Absatz – reduziert worden. Die Produktion betrug:

| 1958 | 4667 | 1960 | 856 | 1962 | 74 |
| 1959 | 2807 | 1961 | 935 | | |

Die Fertigung von DKW-Schnellastern wurde im Werk Ingolstadt eingestellt; die Unternehmungsleitung entschied sich für eine Fortsetzung der Schnellaster-Herstellung bei der spanischen Tochtergesellschaft IMOSA.

Deutsche und spanische Ingenieure entwickelten gemeinsam den Schnellaster F 1000 L; es handelte sich dabei letztlich um eine Weiterentwicklung des Vorgängermodells 800 S.

Die Serienproduktion des F 1000 L lief am 1. Juli 1963 im Werk in Ali bei Vitoria an; es wurden mehrere Karosserievarianten angeboten:

F 1000 L Capitoné   Lieferwagen,
F 1000 L Furgoneta   Pritschenwagen,
F 1000 L Microbús   Kleinbus mit 8 Sitzen
F 1000 L Doble Cabina   Pritschenwagen mit Doppelkabine.

Die elegante Linienführung der Karosserien des F 1000 L hob sich wohltuend von den Konkurrenzmodellen ab. Später wurde auch der Pritschenwagen unter der Typenbezeichnung F 1000 D mit Dieselmotor – der Baureihe OM 636 von Daimler-Benz, der in Spanien von der Enmasa in Lizenz hergestellt wurde – angeboten. Auch das Diesel-Fahrzeug trug an der Stirnseite die Vier Ringe. Ein Teil der Produktion des F 1000 L wurde exportiert; in der Bundesrepublik Deutschland wurde der Auto Union-DKW-Schnellaster – Made in Spain – als Kastenwagen und als Pritschenwagen über das Händlernetz der Auto Union GmbH angeboten. Das Fahrgestell mit Führerhaus für unterschiedliche Sonderaufbauten war ebenfalls erhältlich.

Veículos e Máquinas Agrícolas – VEMAG S. A. – in Sao Paulo, Brasilien

Die Auto Union AG in Chemnitz hatte vor dem Zweiten Weltkrieg in Brasilien eine eigene Vertriebsgesellschaft, die »Auto Union de Brazil Limitada« mit dem Sitz in Rio de Janeiro.
Das Vermögen dieser Gesellschaft wurde nach dem Kriege als deutsches Vermögen im Ausland beschlagnahmt und veräußert.
Als die Auto Union GmbH in Ingolstadt anfangs der fünfziger Jahre sich dem Export zuwandte, mußte sie in Brasilien einen neuen Stützpunkt schaffen, um von dort aus den brasilianischen Markt mit ihren Erzeugnissen zu beliefern. Auf Grund der bestehenden Gesetze war es jedoch nicht mehr möglich, fertige Automobile in nennenswertem Umfang nach Brasilien zu exportieren; die Fahrzeuge mußten vielmehr in zerlegtem Zustand nach Brasilien geliefert und dort unter Zulieferung brasilianischer Teile montiert und komplettiert werden.
Der erste Schritt zur Schaffung eines Stützpunktes in Brasilien erfolgte am 21. August 1953 mit der Gründung der »Industria è Comercio Auto Union S. A.« mit dem Sitz in Rio de Janeiro. Das Grundkapital dieser Aktiengesellschaft brasilianischen Rechtes betrug eine Million Cruzeiros. Der Vorsitzende des Vorstandes war Walter Krug, der frühere Geschäftsführer der »Auto Union de Brazil Limitada«; den Vorsitz des Aufsichtsrates übernahm Octavio Mendes da Silva Guimaraes. Der Handel, der Import und der Export von Automobilen sowie deren Zubehör wurden in der Gründungsurkunde als Zweck der Gesellschaft angegeben.

Am Grundkapital der »Industria e Comercio Auto Union S. A.« wurde die VEMAG S. A. zu 48 Prozent beteiligt; die verbleibenden 52 Prozent des Grundkapitals wurden von Herrn Walter Krug als Treuhänder der Auto Union GmbH, Ingolstadt, verwaltet.
Bei der VEMAG S. A. handelte es sich um die 1945 unter dem Namen »Distribuidora de Automóveis Studebaker Limitada« gegründete Unternehmung, die seit 1955 als »Veícolus e Máquinas Agrícolas S. A. – VEMAG« firmierte. Ursprünglich war sie – das kam im Firmennamen zum Ausdruck – die Vertriebsgesellschaft der amerikanischen Automobilfirma Studebaker, später – 1946 – übernahm sie auch den Vertrieb der kanadischen Traktoren- und Landmaschinenfirma Massey-Harris und der amerikanischen Lastkraftwagenfirmen Massey-Harris und Kenworth. Ihre Angebotspalette erweiterte die VEMAG S. A. 1951 mit dem Vertrieb der Ferguson-Traktoren, die in den USA und in England hergestellt wurden.
Das Grundkapital der VEMAG S. A. befand sich ursprünglich im Besitz der brasilianischen Banken- und Versicherungsgruppe Fernandez, Banco Novo Mundo.
Später waren neben der Auto Union GmbH auch die Fritz Müller Pressenfabrik in Eßlingen und die Stanzenfabrik August Läpple in Heilbronn, wenn auch nur in bescheidenem Umfang, am Grundkapital durch geleistete Sacheinlagen beteiligt.
Im Zeitpunkt der Übernahme von 75,3 Prozent des Stammkapitals der Auto Union GmbH durch die Volkswagenwerk AG im Jahre 1965 verfügte die Ingolstädter Unternehmung über eine Beteiligung von rd. 21 Prozent am Grundkapital der VEMAG.

Eine auf Basis des Auto Union 1000 von der VEMAG entwickelte zweitürige Limousine. Das Design der Karosserie stammte von dem italienischen Firma Fissore SAS.

Gennaro Malzoni entwarf dieses Coupé auf DKW-Basis, das 1965 erstmals vorgestellt und 1966 offiziell Puma GT hieß. Die dreisitzige Karosserie war aus Kunststoff. Angeboten wurde es über die brasilianische Firma VEMAG.

Nach dieser vorausschauenden Betrachtung der Entwicklung der finanziellen Verhältnisse bis Mitte der sechziger Jahre sollen die weiteren Aktivitäten der Auto Union GmbH in Brasilien näher betrachtet werden. Zwischen der »Industria è Comercio Auto Union S. A.« in Rio de Janeiro – im folgenden INA genannt – und der VEMAG in Sao Paulo wurde ein Montagevertrag geschlossen, in dem sich die VEMAG verpflichtete, die von der INA im halbzerlegten Zustand – SKD = Semi Knocked Down – oder ganz zerlegtem Zustand – CKD = Completely Knocked Down – importierten Auto-Union-Fahrzeuge zu montieren. Es wurde bereits anfangs darauf hingewiesen, daß der Import fertiger Automobile damals nicht gewünscht wurde; eine eigene Industrie sollte aufgebaut werden. Nur so ist die vertragliche Vereinbarung verständlich, wonach die an die Auto Union GmbH zu entrichtende Lizenzgebühr um so höher war, je geringer der Zulieferwert für das einzelne Fahrzeug aus Deutschland war. Der wirtschaftspolitischen Zielsetzung der brasilianischen Regierung entsprechend sollte die einheimische Zubehörindustrie bei der Fertigmontage von ausländischen Automobilen weitestgehend beteiligt werden. Offensichtlich konnte das nicht in allen Fällen realisiert werden, denn die einheimische Industrie verfügte nicht über das entsprechende Know-how.

Die brasilianische Firma »Eletro-Industria Walita S. A.« in Sao Paulo, die bereits Lizenzverträge mit der Bendix Aviation Corp. und der Electric Auto Lite Co., Toledo USA abgeschlossen hatte, erwarb von der Auto Union Berlin GmbH »das ausschließliche Fabrikations- und Verkaufsrecht von elektrischen Anlassern, Lichtmaschinen, Zündspulen und Reglern, wie sie bei Kraftfahrzeugen verwendet und von der Auto Union in Berlin-Spandau zur Zeit hergestellt werden« mit Vertrag vom 8. Februar 1957.

Die Auto Union GmbH verpflichtete sich in diesem Vertrag, alle notwendigen Unterlagen wie Zeichnungen, Stücklisten etc. der brasilianischen Firma zur Verfügung zu stellen; darüber hinaus mußten Fachleute des Spandauer Werkes eine beratende Funktion bei der Fabrikationsvorbereitung übernehmen.

Bevor die Auto Union GmbH in den fünfziger Jahren mit dem Export von Fahrzeugen und Teilesätzen nach Brasilien beginnen konnte, mußten eine Reihe von Schritten unternommen und Entscheidungen getroffen werden, die alle Bereiche der eigenen Unternehmung – Beschaffung, Produktion und Absatz – betrafen. Finanzierungsfragen hatten damals Priorität.

Die Produktion von DKW-Automobilen durch die VEMAG entwickelte sich wie folgt:

1957	1 184	1959	6 265	1966	14 800
1958	5 005	1960	10 024		

Da das Fertigungsprogramm der VEMAG keine Entwicklungsmöglichkeiten mehr bot, wurde es Ende 1967 eingestellt und die geschäftliche Aktivität in eine Zusammenarbeit mit der Volkswagen do Brasil S. A. mit dem Sitz in Sao Bernardo do Campo übergeleitet. Die Volkswagen do Brasil S. A. übernahm wesentliche Vermögensteile der VEMAG im Wege des Kaufes oder der Pacht. Die Händler- und Werkstättenorganisation der VEMAG wurde in das VW-Kundendienstnetz eingegliedert.

Ein neuer Partner – die älteste Automobilfabrik der Welt

Die Daimler-Benz AG hatte nach dem Wiederaufbau der im Zweiten Weltkrieg zerstörten Werke die Produktion von Personenkraftwagen der gehobenen Mittelklasse und die Herstellung von hochwertigen und repräsentativen Reisewagen neben Lastkraftwagen und Omnibussen wieder aufgenommen. Neu im Produktionsprogramm der Stuttgarter Unternehmung war das 1948 erstmals gezeigte »Universale Motorgerät«, kurz Unimog genannt, eine Verbindung von Schlepper, Arbeitsmaschine und Transporter. Schon im Jahre 1950 verließen 33 000 Personenkraftwagen die Fließbänder des schwäbischen Automobilwerkes, 1957 waren es bereits 80 900 Wagen. Ein Grund zur Unzufriedenheit bestand nicht, aber der Markt der kleinen Wagen und der Automobile der unteren Mittelklasse wies eine noch größere Dynamik auf. Sollte die Daimler-Benz AG hier abseits stehen? Oder sollte die Untertürkheimer Unternehmung selbst ein kleineres Automobil entwickeln, um der italienischen und französischen Konkurrenz, die durch den Abbau der Zollmauern im Rahmen der Europäischen Wirtschaftsgemeinschaft stärker werden würde, Einhalt zu gebieten? Welche Investitionssummen waren erforderlich, um die entsprechenden Produktionseinrichtungen zu schaffen? Und wie sollten diese Investitionen finanziert werden? Die Entscheidungen hierüber brauchte die Daimler-Benz AG nicht selbst zu treffen – sie wurden ihr abgenommen. Friedrich Flick verfügte, wie bereits an anderer Stelle ausgeführt wurde, neben Ernst Göhner über einen Anteil von 41,07 Prozent am Stammkapital der Auto Union GmbH. Flick hatte wiederholt für ein Zusammengehen der Daimler-Benz AG, deren Aktien er seit 1952 an der Börse zu kaufen begonnen hatte, so daß er 1955 über 25 Prozent des Grundkapitals verfügte, mit der Auto Union GmbH plädiert.

Am 14. Januar 1958 führte Flick in dieser Frage ein Gespräch mit dem damaligen Vorstandsvorsitzenden der Daimler-Benz AG, Dr. Dr. h.c. Fritz Könecke, und brachte den Stein ins Rollen[1]. Friedrich Flick wurde in seinen Plänen von dem Schweizer Industriellen Ernst Göhner unterstützt, der in der Vorkriegszeit die Interessen der Auto Union AG wahrgenommen und sich beim Aufbau der Auto Union GmbH engagiert hatte. Die Daimler-Benz AG übernahm 1958 zum Kurs von 156 ⅔ 88 Prozent der Geschäftsanteile der Auto Union GmbH und mußte dafür 43 Millionen DM aufbringen.

Mit der Übernahme der Mehrheit des Stammkapitals durch die Daimler-Benz AG kam es am 6. Mai 1958 zu Veränderungen im Aufsichtsrat der Auto Union GmbH. Aus diesem Gremium schieden die Herren
Dr. E. h. Freiherr Friedrich Carl von Oppenheim, Bankier, Köln,
Ernst Göhner, Fabrikant, Zürich,
Dr. Carl Ewers, Staatssekretär, Düsseldorf,
Dr. Odilo Burkart, Direktor, Sulzbach Rosenberg und
Dr. Dr.-Ing. E. h. Richard Bruhn aus.
Zu neuen Mitgliedern des Aufsichtsrates wurden berufen die Herren
Dr. Dr.-Ing. E. h. Fritz Könecke, Vorstandsvorsitzender der Daimler-Benz AG, Stuttgart,
Prof. Dr.-Ing. E. h. Fritz Nallinger, Mitglied des Vorstandes der Daimler-Benz AG, Stuttgart,
Dr. Dr. Alfred Jamin, Präsident der Bayerischen Staatsbank, München,
Dr. Josef Bogner, Direktor der Deutschen Bank AG, München.

Zu Vertretern der Arbeitnehmer im Aufsichtsrat waren bestellt die Herren
Fritz Schiffer, Düsseldorf, und
Fritz Böhm, Ingolstadt.
Die Geschäftsführung der Auto Union GmbH lag in den Händen der Herren
Dr.-Ing. William Werner und
Dr. Werner Henze.
Ein Jahr später, 1959, gingen die restlichen 12 Prozent der Geschäftsanteile der Auto Union GmbH an die Daimler-Benz AG.
Die Umsätze der Auto Union GmbH entwickelten sich in jenen Jahren – wie die Betriebsergebnisse – zufriedenstellend:

1958	503,2 Millionen DM	1962	812,0 Millionen DM
1959	550,1 Millionen DM	1963	675,5 Millionen DM
1960	740,9 Millionen DM	1964	614,3 Millionen DM
1961	730,3 Millionen DM		

Im Herbst 1959 war im Werk Ingolstadt die Produktion des DKW Junior angelaufen, von dem bis Jahresende 9843 Stück die Fließbänder verlassen hatten. 1960 wurden 61 938 DKW Junior hergestellt und im Werk Düsseldorf 58 139 Typ 1000. Die Gesamtproduktion an Personenkraftwagen der Auto Union GmbH war gegenüber dem Vorjahr um 83,6 Prozent – nämlich von 65 400 im Jahre 1959 auf 120 077 im Jahre 1960 – gestiegen. Produktion und Absatz liefen nicht im Gleichklang; im Winter bildeten sich Lagerbestände. Der Umsatz stieg im Geschäftsjahr 1960 auf 740,9 Millionen DM und lag damit um 34,7 Prozent über dem des Vorjahres.
Im Juli 1960 wurde eine Kapitalerhöhung von 30 auf 60 Millionen DM notwendig, der am 1. März 1963 eine weitere Kapitalerhöhung um 20 Millionen DM auf 80 Millionen DM folgte.
1961 erreichte der Umsatz – so der Geschäftsbericht der Daimler-Benz AG über das Geschäftsjahr 1961 – »mit 730,3 Millionen DM nicht ganz die Vorjahreshöhe von 740,9 Millionen DM, wobei sich das Schwergewicht des Absatzes – der allgemeinen Tendenz in der Automobilindustrie folgend – im Jahre 1961 noch mehr auf den Inlandsmarkt verlagert hat. Neben der DM-Aufwertung verursachten Importbeschränkungen einzelner Länder einen Rückgang des Exportes, dessen Anteil am Umsatz sich auf 22,7 Prozent ermäßigte (i. V. 27,9 Prozent)«.
Auf das Geschäftsergebnis wirkte sich auch die in 1961 durchgeführte Verlagerung der Produktion des Auto Union 1000 vom Werk Düsseldorf zum Werk Ingolstadt aus.
Im folgenden Geschäftsjahr 1962 war ein Umsatzanstieg von 11,2 Prozent zu verzeichnen, er betrug 812 Millionen DM. Das Betriebsergebnis wurde als durchaus zufriedenstellend bezeichnet; die Konzentration der Produktion in Ingolstadt hatte zu den gewünschten Rationalisierungs- und damit zu Kostensenkungseffekten geführt. Die arbeitstägliche Produktion betrug jetzt 480 Fahrzeuge, während vor der Zusammenlegung der Produktion je Arbeitstag nur 420 Automobile hergestellt wurden. Die Hauptverwaltung der Auto Union GmbH war 1962 ebenfalls nach Ingolstadt verlagert

---
[1] *Kruk, M. und Lingnau, G.: 100 Jahre Daimler-Benz AG – Das Unternehmen*, Mainz 1986, S. 207.

worden. Im Herbst 1962 wurde mit dem weiteren Ausbau der Ingolstädter Werksanlage begonnen, um die Produktionsfläche um 30 Prozent zu vergrößern.

Dann entwickelten sich die Umsätze rückläufig: 1963 wurde ein Umsatz von 675,5 Millionen DM erzielt, 1964 konnte nur ein Umsatz von 614,3 Millionen DM erreicht werden.

Die Produktion des DKW Typ F 102, der erstmalig der Öffentlichkeit auf der Internationalen Automobil-Ausstellung in Frankfurt am Main 1963 vorgestellt wurde und der den Auto Union 1000 ablöste, lief in 1964 nur zögernd an. Erst in der zweiten Jahreshälfte konnten die Produktionskapazitäten voll genutzt werden. Hierdurch traten Absatzeinbußen und mithin Umsatzrückgänge ein.

Schon Ende 1963 waren Produktionsumstellungen in Ingolstadt vorgenommen worden: An die Stelle des DKW Junior de Luxe war der DKW Typ F 11 getreten.

Die wirtschaftliche Entwicklung der Auto Union GmbH zwischen 1958 und 1965, jenes Zeitraumes, in dem die Daimler-Benz AG über die gesamten Geschäftsanteile verfügte, stellt sich wie folgt dar:

Jahr	Umsätze in Mio DM	Exportanteil %	Produzierte Pkw	Produzierte Liefer- und Geländewagen	Teilesätze
1958	503,2	–	–	–	–
1959	550,1	26,9	65 400	8 612	–
1960	740,9	27,9	120 077	6 160	3 820
1961	730,3	22,7	105 275	5 678	15 454
1962	812,0	22,4	103 754	3 934	2 606
1963	675,5	23,2	90 521	3 721	2 546
1964	614,3	27,3	75 355	3 435	–
1965	–	–	33 174	3 265	–

Während die Produktionszahlen der Auto Union GmbH sich seit 1962 rückläufig entwickelten, konnte die deutsche Automobilindustrie eine positive Entwicklung und damit Zuwachsraten verzeichnen.

1963 waren in der Bundesrepublik Deutschland 2 414 107 Personen- und Kombinationswagen (ohne Teilesätze) hergestellt worden, in 1964 verließen 2 650 183 – und damit 9,8 Prozent mehr als im Vorjahr – die Fließbänder. 1965 stieg die Produktionszahl auf 2 733 732; das bedeutete gegenüber dem Jahre 1964 eine Zunahme von 3,2 Prozent.

Die Zuwachsraten der schwäbischen Muttergesellschaft der Auto Union GmbH, der Daimler-Benz AG, lagen (damals) unter dem Branchendurchschnitt. Die Daimler-Benz AG konnte aber steigende Produktions- und Absatzziffern aufweisen, während die Ingolstädter Tochter sinkende Verkaufsziffern meldete ... Produktionsumstellungen waren eine Ursache. War das Produktionsprogramm nicht mehr zeitgemäß?

Die Konzentration der Produktion in Ingolstadt

Die Auto Union GmbH hatte seit 1949 Betrachtungen über ein kleines und modernes Automobil angestellt, dessen Herstellungskosten niedrig sein sollten und das demzufolge zu einem für breite Bevölkerungsschichten annehmbaren Preis hätte angeboten werden können.

Niedrige Herstellungskosten bedingen den Einsatz moderner technischer Mittel und die Ausbringung großer Serien; und letzteres hat entsprechend große Produktionskapazitäten zur Voraussetzung.

Um 1955, im Entwicklungsstadium des Kleinwagens der Auto Union GmbH, der später den Namen DKW Junior tragen sollte, wurde die Frage nach entsprechenden Fertigungsstätten gestellt. Die Fertigungsanlagen des Werkes Düsseldorf waren voll ausgelastet, sie wurden für die Herstellung der großen DKW-Wagen benötigt. Grund und Boden für Erweiterungsbauten war im Raum Düsseldorf nicht vorhanden. Es mußte nach einem Standort für ein neues, »auf der grünen Wiese« zu errichtendes Werk gesucht werden.

Anfangs der fünfziger Jahre waren schon einmal ähnliche Überlegungen angestellt worden. Damals war als Standort für ein neues Werk die kleine Stadt Zons am Niederrhein, unweit von Dormagen, im Gespräch. Dr. Carl Hahn, stellvertretender Vorsitzender der Geschäftsführung der Auto Union GmbH, und Dr. E. h. Freiherr Friedrich Carl von Oppenheim, Vorsitzender des Aufsichtsrates der Auto Union GmbH bis 1958, waren Befürworter des Standortes Zons. 1957 entschied man sich indessen für

Ingolstadt. Dort, im Norden der Stadt, war entsprechender Baugrund vorhanden, der mit Schiene und Straße in die Infrastruktur eingebunden werden konnte. In den in der Stadt an der Donau gelegenen Betriebsteilen der Auto Union GmbH lief ohnehin die Fertigung der DKW-Schnellaster; und schließlich zeichnete sich zu diesem Zeitpunkt bereits ab, daß die DKW-Zweiradfertigung eingestellt werden würde – was auch 1958 geschah – und mithin Arbeitskräfte in Ingolstadt zur Verfügung stehen würden. Im Juli 1958 wurde mit dem Bau des neuen Werkes in Ingolstadt begonnen. Am 17. Dezember 1958 wurde das letzte Schiff der Hallen betonvergossen. Wenige Wochen später begannen die Handwerker mit dem Innenausbau; im März 1959 erfolgte die Aufstellung der Lackieranlage, im April wurden die Pressen und Fließbänder installiert. Kurze Zeit später gaben Paul Günther, Leiter des Werkes Ingolstadt der Auto Union GmbH, und der Chefarchitekt Karl Kohlbecker die Bauschlußmeldung ab, die »Null-Serie« des »DKW Junior« konnte anlaufen.

Gegenüberliegende Seite: Bilder von der Herstellung der Nullserie des DKW Junior in den neuen Ingolstädter Werksanlagen.

Oben: Die ersten fertiggestellten DKW Junior der Null-Serie.

75 000 m³ Erde mußten von den Baggern bewegt werden, um die Hallen mit 43 000 m² Fläche im Untergeschoß und 38 000 m² Fläche im Obergeschoß bauen zu können. Das Kernstück der baulichen Anlagen bildete die 300 m lange und 150 m breite Halle. Auf der Baustelle waren insgesamt 12 000 t Zement, 5000 t Baustahl und 40 000 t Beton verbraucht worden. Das Bauwerk zeichnete sich durch eine einfach gegliederte Frontseite und durch eine geradezu elegante Dachkonstruktion aus. Funktionalität und Ästhetik waren glücklich miteinander vereint.
Bereits bei der Planung des Bauwerkes war an eine Erweiterungsmöglichkeit gedacht worden; der notwendige Baugrund war vorhanden. Diese vorsorgliche Planungsmaßnahme erwies sich kurze Zeit später als richtig, da man sich für eine Konzentration der Produktion in Ingolstadt entschied und die Fertigung der großen Wagen von Düsseldorf nach Ingolstadt verlagert wurde.
Nach Abschluß der zweiten Baustufe standen im Ingolstädter Werk 162 000 m² Fläche zur Verfügung.
Für den Bau des neuen Werkes in Ingolstadt wurden 1959 insgesamt 76,3 Millionen DM und 1960 insgesamt 51,1 Millionen DM investiert. Die Finanzierung der Investitionen erfolgte durch Abschreibungen und durch die Aufnahme langfristiger Darlehen.
Ende 1961 begann die Verlegung der Produktion und der Hauptverwaltung der Auto Union GmbH von Düsseldorf nach Ingolstadt; im März 1962 konnte diese organisatorische Maßnahme abgeschlossen werden. Das Werk Düsseldorf war ab April 1962 für die Produktion der Daimler-Benz AG eingesetzt.
Die Zusammenlegung der Produktion der Auto Union GmbH in Ingolstadt führte bereits im Geschäftsjahr 1962 zu erkennbaren Erfolgen: Die arbeitstägliche Produktion von 420 Fahrzeugen im Dezember 1961 war auf 480 Fahrzeuge im Dezember 1962 gestiegen; die Zahl der Mitarbeiter konnte im gleichen Zeitraum von 13 788 auf 12 450 gesenkt werden.
Die Produktion des DKW Junior betrug 1961 insgesamt 64 799 Wagen, im Jahre 1962 verließen 83 778 Junior die Ingolstädter Fließbänder.
Durch die Verlagerung der Produktion von Düsseldorf nach Ingolstadt war andererseits die Ausbringung des Auto Union 1000 in 1962 auf 19 936 gegenüber 1961 mit 40 476 Wagen gesunken.
Die in den Geschäftsjahren 1963 und 1964 durchgeführten Investitionen von insgesamt 135,6 Millionen DM wurden wiederum durch Abschreibungen und aus Gesellschaftsmitteln finanziert. Als Finanzierungsmittel dienten auch die Einnahmen aus der Übertragung des Werkes Düsseldorf an die Industriemotorenbau GmbH in Stuttgart, einer hundertprozentigen Tochtergesellschaft der Daimler-Benz AG.

Das Produktionsprogramm der Auto Union GmbH zwischen 1958 und 1965

Im Zeitpunkt der Übernahme der Kapitalmehrheit der Auto Union GmbH durch die Daimler-Benz AG am 1. Januar 1958 wurden in den Werken Düsseldorf und Ingolstadt der Auto Union GmbH die folgenden Personenwagenmodelle hergestellt:
DKW F 93,
DKW F 94,
Auto Union 1000 und
Munga (Mehrzweck-Universal-Geländewagen mit Allradantrieb).
Daneben lief im Ingolstädter Werk die Produktion des DKW-Schnellasters Typ 3=6.
Die DKW-Typen F 93 und F 94 wurden bereits seit 1955 bzw. seit 1956 gebaut, der Auto Union 1000 war seit 1957 im Produktionsprogramm und vom Geländewagen Munga hatte man schon 1956 insgesamt 249 Stück produziert, bevor der Serienanlauf 1957 mit 6083 Stück erfolgt war. Der DKW-Schnellaster 3=6 war eine Weiterentwicklung der bewährten Schnellaster, die ja den Grundstock des Ingolstädter Automobilbaus bildeten.
Die technischen Details der Personenwagen und Schnellaster sind später Gegenstand der Betrachtung. Im Rahmen dieses Abschnittes werden nur die wesentlichen technischen Merkmale der einzelnen Modelle herausgearbeitet, um die Entwicklungslinien des Produktionsprogrammes zwischen 1958 und 1965 aufzuzeigen. Die DKW-Automobile Typ F 93 und Typ F 94 des Modelljahrganges 1958 waren auf der in der Zeit vom 19. bis 29. September 1957 in Frankfurt am Main stattfindenden Internationalen Automobil- und Motorrad-Ausstellung gezeigt worden. Sie wiesen gegenüber ihren Vorgängern nur geringfügige Änderungen auf: Die Leistung der Zweitaktmotoren war von 38 auf 40 PS – zugleich Dauerleistung – erhöht worden, die Zahnstangenlenkung war ebenso verbessert worden wie die Hinterradaufhängung. Eine Überraschung auf dem Stand der Auto Union GmbH 1957 waren das Auto Union 1000 Coupé de Luxe sowie der Auto Union 1000 als zweisitziges Coupé und als zweisitziger Roadster.
Und schließlich die größte Überraschung der Auto Union GmbH auf der IAA 1957: der DKW 660. Dieser Wagen ging jedoch erst im August 1959

in modifizierter Form als DKW Junior in die Serie und wich in seinem konstruktiven Aufbau von dem 1957 gezeigten Prototyp ab.

Der 1957 präsentierte Prototyp hatte einen wassergekühlten Zweizylinder-Zweitaktmotor mit einem Hubvolumen von 660 cm^3 und einer Leistung von 30 PS bei 4200/min.

Der Serienwagen des Jahres 1959 besaß einen wassergekühlten Dreizylinder-Zweitaktmotor mit einem Hubvolumen von 741 cm^3, der bei 4300/min 34 PS leistete. Der neue Kleinwagen besaß – ganz der Art des Hauses entsprechend – Frontantrieb und hatte, wie alle Wagen der Auto Union, als Fundament für Fahrwerk, Motor und Karosserie einen mehrfach verstrebten Ganzstahl-Kastenprofilrahmen. Eine technische Besonderheit war die Drehstabfederung.

Die Karosserie des DKW Junior entsprach in ihrer Formgebung dem Geschmack der ausklingenden fünfziger Jahre und war maßgeblich von Dr.-Ing. E. h. William Werner, dem damaligen technischen Geschäftsführer der Auto Union GmbH, gestaltet worden.

Das Produktionsprogramm für 1960 der Auto Union GmbH enthielt nicht mehr die DKW-Typen F 93 und F 94. In das Produktionsprogramm 1961 wurde der DKW Junior de Luxe aufgenommen.

führung der getrennten Frischölschmierung beim DKW Junior de Luxe und beim Auto Union 1000 S.

Das Schmieröl wurde von nun an nicht mehr beim Tanken dem Kraftstoff beigemischt, sondern im Vergaser getrennt vom Kraftstoff fein zerstäubt und so dem Kraftstoff-Luftgemisch beigefügt.

Im Modelljahrgang 1962 wurde die Produktion des Auto Union 1000 S de Luxe aufgenommen, der in seinem konstruktiven Aufbau dem Auto Union 1000 S entsprach.

Das Jahr 1963 stand im Zeichen der Aufnahme der Serienproduktion der Neukonstruktionen, des DKW Typ F 11 und des DKW Typ F 12. Die Herstellung des DKW Junior de Luxe und die des Auto Union 1000 S wurde eingestellt.

Der DKW Typ F 11 entsprach in seinem konstruktiven Aufbau dem DKW Junior de Luxe und verfügte über den gleichen Motor, während der Typ F 12 einen Motor mit 889 cm^3 Hubraum hatte, der bei 4300/min 40 PS leistete.

1963 wurde – folgerichtig – die Produktion des DKW Junior de Luxe, der identisch war mit dem DKW Typ F 11, beendet. Das Produktionsprogramm der Auto Union GmbH umfaßte jetzt die Modelle DKW Typ F 11,

Links: Serienfertigung des DKW F 12 von 1963.

Der DKW Junior de Luxe hatte einen Motor mit einem Hubvolumen von 796 cm^3, während der Hubraum des Motors vom DKW Junior nur 741 cm^3 betrug. Beide Motoren verfügten über die gleiche Leistung, 34 PS bei 4300/min, aber das bisher schon gute Drehmoment des DKW Junior-Motors konnte von 6,5 auf 7,25 mkg, also um über 11 Prozent gesteigert werden.

Die bemerkenswerteste Neuerung im Produktionsjahr 1961 war die Ein-

DKW Typ F 12 und den schon ein wenig antiquierten, seit 1958 gebauten Auto Union 1000 Sp. Neu hinzugekommen war im Jahr 1964 der DKW Typ F 102, ein Automobil mit selbsttragender Karosserie, der an die Stelle des Auto Union 1000 trat. Dieser Wagen hatte wiederum Frontantrieb und den Dreizylinder-Zweitaktmotor. Es fehlte damals nicht an kritischen Stimmen, die diesen Wagen im Zeitpunkt seines Erscheinens als automobiltechnischen Anachronismus bezeichneten: »Motorisch steht auch der

Links: Der Anlauf der Großserie des DKW F 102 erfolgte am 26. März 1964. Unten: 1961 entwarf Paul Robert Bracq, damals Designer der Daimler-Benz AG, diesen avantgardistisch gestalteten DKW, der die Typenbezeichnung F 101 tragen sollte. Die asymmetrisch geformte Coupé-Karosserie sollte ein pagodenförmiges Dach tragen, wie es später – ab 1963 – bei der SL-Reihe der Untertürkheimer Wagen Verwendung fand. Paul Robert Bracq, 1932 in Bordeaux geboren, war später bei BMW als Designer tätig und ist heute Styling-Chef bei der Peugeot SA in Paris.

Das Produktionsprogramm der Auto Union GmbH zwischen 1958 und 1965

Typ / Jahr	1958	1959	1960	1961	1962	1963	1964	1965
DKW F 93[1]	■	8.						
DKW F 94[2]	■	7.						
Auto Union 1000[3]	■	■	■	■	■	11.		
Auto Union 1000 Sp[4]	4.	■	■	■	■	■	■	3.
DKW-Junior		8.	■	■	■	12.		
DKW-Junior de luxe				7.	■	■	10.	
DKW F 11						9.	■	4.
DKW F 12						1.	■	12.
DKW F 12 Roadster							1.	12.
DKW F 102[5]							3.	■
Munga	■	■	■	■	■	■	■	■
Schnellaster	■	■	■	■	■	12.		
DKW F 12 (45 PS)							11.	5.

[1] produziert bereits vom 9. 1955 an
[2] produziert bereits vom 1. 1956 an
[3] produziert bereits vom 11. 1957 an
[4] vom 4. 1958 bis 3. 1965 Coupé, vom 9. 1961 bis 3. 1965 Roadster
[5] vom 3. 1964 bis 3. 1966 (nicht mehr in der obigen Darstellung erfaßt die im I. Quartal 1966 produzierten 351 Stück)

Zweitakter der Auto Union in der heutigen Technik etwas offside, doch sie haben ihre treue Gemeinde…«[1]
Und diese Gemeinde der treuen Anhänger war groß: 1964 wurden in Ingolstadt vom Typ F 102 insgesamt 32 265 Stück gebaut, 1965 waren es 20 427 und 1966 liefen noch 351 Automobile dieses Typs von den Fließbändern in Ingolstadt.

[1] *»Große und kleine Neuerungen auf allen Fronten« in: »Automobil Revue Katalognummer 64«, Bern 1964.*

Faszination Motorsport

Die motorsportliche Tradition der Wagen mit den Vier Ringen am Kühler reicht bis in die frühen dreißiger Jahre zurück – die der damaligen Auto Union-Marken Audi und Horch sogar bis in die Zeit vor dem Ersten Weltkrieg. In guter Erinnerung sind vielen die Motorschlachten im Grand-Prix-Geschehen der dreißiger Jahre, als die Boliden mit 12 und 16 Zylindern gegen die Silberpfeile aus Stuttgart antraten und so manchen aufsehenerregenden Sieg davontrugen.

So entstand in den fünfziger Jahren auch wieder eine Sportabteilung im Hause Auto Union, die anfangs den Zweiradsport förderte, sich nach Aufgabe dieses Produktionszweiges aber ganz dem Automobilsport widmete. Unter Karl-Friedrich Trübsbach und dem Leiter des DKW-Club-Verbandes, Otto Bittrich, wurden umfangreiche Aktivitäten entwickelt. Aber auch Privatfahrer waren auf DKW immer wieder erfolgreich. In Rundstreckenrennen und auf Rallyes in ganz Europa – zum Teil auch auf anderen Breitengraden – errangen DKW-Fahrer eine unendliche Zahl von Gesamt- und Klassensiegen. Auch in der Formel-Junior-Klasse verhalf so manches Zweitakt-Aggregat aus Ingolstadt den Namen DKW und Auto Union zu hohen Ehrungen; die Karriere vieler prominenter Fahrer hat am Lenkrad eines DKW ihren Anfang genommen...

Oben: Start zur Rallye Akropolis 1956.

Große motorsportliche Tradition haben die Wagen mit den Vier Ringen. Links Bernd Rosemeyers Rekordwagen von 1937, rechts der 1936 ebenfalls von Rosemeyer gefahrene Auto Union 16-Zylinder.

Links: Walter Schatz mit seinem DKW bei der Bergprüfung am Forchenstein/Semperit-Rallye 1957. Er wurde Klassensieger.

Unten: Parcours auf einer Strecke im Tessin. Die Klasse bis 1200 cm³ beherrscht DKW…

Oben: Österreichische Alpenfahrt 1954, Bergprüfung Klippitztörl. Ein Münchner Teilnehmer am Lenkrad eines F 89 nimmt die unbefestigte Steigung mit Rasanz.

Oben: Rallye Akropolis 1956. Zahlreiche DKW – nicht nur aus Deutschland gemeldet – nahmen teil.
Unten: Ein schwedisches Team als Teilnehmer an der Mitternachtssonne-Rallye 1958.

Rechts ganz oben: Eine norwegische Equipe, die 1958 in Monte Carlo Klassensieger wurde. Darunter: DKW-Fahrer Manfred König mit einer Solo-Einlage. Rechts: Rallye Monte Carlo 1958.

Oben: Einer der zahlreichen DKW, die auch 1959 an der »Monte« teilnahmen. Rechts daneben: Ehrung des 1959er Klassensiegers vor dem monegassischen Fürstenpaar (im Hintergrund).

Rechts: Gerhard Mitter zählte zu den exponiertesten DKW-Rennfahrern der sechziger Jahre. Sein eigener Formel-Junior-Monoposto war mit einem DKW-Dreizylinder bestückt, den er auf 100 PS Leistung gebracht hatte.

Links: DKW-Silberschildrennen auf dem Nürburgring 1965. Friedrich Nösel aus Frankfurt fährt im AU 1000 Sp die erste Rechtskurve der Südschleife an.

Unten: Blick auf den 100-PS-Zweitaktmotor in Gerhard Mitters Formel Junior.

Oben: Start der Ausweisfahrer in der 850-cm³-Klasse zum traditionellen Silberschild-Rennen auf dem Nürburgring, 1965. Unten: Ein 1962er DKW Junior de Luxe bei der Rallye Monte Carlo.

Rechts: Der gleiche Wagen wie links bei der obligaten Sonderprüfung am Zielort in Monaco.

Oben: Ein DKW Junior, gefahren von Heinz Würfel, auf der Nordkurve der Avus – 1959 Schauplatz einer internationalen Sternfahrt. Rechts: Rennen um den Hansa-Pokal 1965.

Unten: Ein DKW Junior – auf zwei Rädern durch die nördliche Kurve der Nürburgring-Südschleife gejagt... Rechts daneben ein DKW F 102 an der gleichen Stelle.

Der große Umbruch:

Die Volkswagen AG übernimmt die Auto Union GmbH

Im Hause der schwäbischen Muttergesellschaft, der Daimler-Benz AG, kamen Zweifel auf, ob die Übernahme der Auto Union GmbH 1958 richtig gewesen war. Die Automobile mit Zweitaktmotor der sächsisch-bayerischen Tochter waren im unteren Marktsegment angesiedelt, während die Automobile aus Untertürkheim das obere Marktsegment innehatten. Die Produktpaletten der beiden Automobilhersteller paßten nicht zueinander. Das Ingolstädter Automobilwerk hatte technische Probleme, die den Ruf ihrer Wagen in Mitleidenschaft gezogen hatten; die Frischöl-Automatik hatte sich nicht bewährt. Die Auto Union GmbH war in die Verlustzone geraten. Bis 1964 waren Verluste von 60 Millionen DM aufgelaufen, 1965 belief sich das Minus auf 120 Millionen DM.

Die Leitung des Untertürkheimer Unternehmens kam zu dem Schluß, daß es richtiger sei, sich von der Auto Union GmbH zu trennen und sich verstärkt dem Nutzfahrzeugbau, der im Hause der Daimler-Benz AG eine lange Tradition hat, zuzuwenden. Zu diesem Zweck sollte ein neues Werk für die LKW-Montage in Wörth errichtet werden. Die Realisierung dieser Pläne erforderte entsprechende finanzielle Mittel.

Den Intentionen der Untertürkheimer Unternehmung kam der Wunsch der Volkswagen AG, die vorhandenen Fertigungskapazitäten zu vergrößern, entgegen. Im Ingolstädter Werk der Auto Union GmbH waren zweifellos solche zusätzlichen Fertigungskapazitäten vorhanden. Zwischen Untertürkheim und Wolfsburg wurden Gespräche aufgenommen, die letzlich zur bedeutendsten Transaktion in der Wirtschaftsgeschichte der sechziger Jahre führten: Die Auto Union GmbH ging in das Eigentum der Volkswagen AG über.

Unternehmerische Entscheidungen werden heute vielfach von steuerrechtlichen Überlegungen bestimmt; das war auch bei der im folgenden darzustellenden Transaktion zwischen der Daimler-Benz AG und der Volkswagen AG der Fall.

Der Bundesfinanzhof hatte im Dezember 1958 ein Gutachten erstellt über den Tausch von Anteilsrechten und darin den Standpunkt eingenommen, daß in den Fällen, »in denen bei wirtschaftlicher Betrachtung wegen der Wert-, Art- und Funktionsgleichheit der getauschten Teile die Identität bejaht werden kann«, die stillen Reserven, die im Buchwert der hingegebenen Anteile enthalten sind, nicht offen gelegt werden müssen, sie unterliegen nicht der Besteuerung.

Das bedeutete: Die Stuttgarter Unternehmung durfte nicht verkaufen, sondern sie mußte identische Anteile von VW tauschen. Für die Wolfsburger mußten solche für einen Tausch geeigneten Anteile zunächst beschafft werden.

Anfang 1965 wurde das Stammkapital der Auto Union GmbH um 80 Millionen DM auf 160 Millionen DM erhöht. Diese Kapitalerhöhung übernahm VW zum Nennwert und war damit am Stammkapital der Ingolstädter Automobilunternehmung zu 50 Prozent beteiligt.

Die Daimler-Benz AG verkaufte dann Anteile von 452 000 DM an die Volkswagen AG, so daß die letztgenannte Unternehmung mit 80,452 Millionen DM, d. h. mit 50,28 Prozent am Stammkapital der Auto Union GmbH beteiligt war.

Und schließlich gingen 1965 über eine Anlagegesellschaft, die die Investionen für das LKW-Werk in Wörth, für die Transporterfertigung in Düsseldorf und für die Personenkraftwagen-Produktion im schwäbischen Raum getätigt hatte, weitere 24,97 Prozent Kapitalanteile an die Wolfsburger Unternehmung, die dann in ihrem Bericht über das Geschäftsjahr 1965 die Höhe ihrer Beteiligung bei der Auto Union GmbH zum 31. 12. 1965 mit 75,3 Prozent ausweisen konnte. Als Erwerbspreis für die Beteiligung wurde im Geschäftsbericht der Betrag von 230 Millionen DM genannt. Die verbleibenden 24,7 Prozent erwarb VW im Jahr 1966 über eine zweite Anlagegesellschaft.

Die genannte stufenweise Erwerbung der Anteilsrechte an der Auto Union GmbH durch die Volkswagenwerk AG war an sich nichts bemerkenswertes. Bemerkenswert waren die während der Transaktion eingetretenen, komplizierten Beteiligungsverhältnisse bei den Anlagegesellschaften und deren Finanzierungsmodalitäten; auch VW war bei den Kapitalerhöhungen der Anlagegesellschaften beteiligt und dadurch wurde letzlich dem Gutachten des Bundesfinanzhofes insofern entsprochen, als Kapazitäten in Ingolstadt gegen solche im Nutzwagenbereich getauscht wurden. In einem Abschlußkommunique der Daimler-Benz AG hieß es treffend: »An die Stelle der bisher durch die Auto Union repräsentierten Produktionskapazität ist eine gleichwertige Produktionskapazität auf unserem spezifischen Produktionsgebiet...« entstanden.

In der Bilanz der Auto Union GmbH wurden zu diesem Zeitpunkt auf der Passivseite mittelfristige Bankverbindlichkeiten in Höhe von 300 Millionen DM ausgewiesen; die auf der Aktivseite zum Ausweis gelangenden Fertigerzeugnisse betrugen 400 Millionen DM. Dabei handelte es sich um noch nicht verkaufte DKW-Automobile, die schwer absetzbar waren. Bei diesen lange auf der Halde stehenden, so behaupteten Spötter, würde das Gras unten durchwachsen. Das Werk Ingolstadt der Auto Union wurde umorganisiert; Rudolf Leiding übernahm die Regie, Ludovicius Dekkers, ein Mann der ersten Stunde bei der Volkswagen AG und enger Vertrauter von Heinrich Nordhoff, zeichnete als Geschäftsführer der Auto Union GmbH verantwortlich für den Vertrieb.

Das Ende der Zweitaktmotoren-Epoche im Automobilbau in Ingolstadt

Die Produktion von DKW-Personenwagen wurde 1966 in Ingolstadt eingestellt. Zwei Jahre später, Ende 1968, verließ der letzte Munga, der Mehrzweck-Universal-Geländewagen mit Allradantrieb, die Fließbänder des Ingolstädter Werkes. Damit gehörten die Automobile mit Zweitaktmotoren einer vergangenen Epoche des Automobilbaues im Zeichen der Vier Ringe an.

Die Zschopauer Motorenwerke J. S. Rasmussen AG, deren Motoren, Motorräder und Automobile das Markenzeichen DKW trugen, baute Zweitaktmotoren mit Querstromspülung und Ablenker-(»Nasen«-)kolben bis 1932, dann wurde die Umkehrspülung »Patent Schnürle« eingeführt. Auf dem Gebiet des Zweitaktmotorenbaues wurde vor dem Kriege in Zschopau Pionierarbeit geleistet. Diese Enwicklungsarbeit wurde nach dem Kriege in den Versuchsabteilungen der Auto Union GmbH fortgesetzt. Noch in den fünfziger Jahren war man von der Zukunft des Zweitaktmotors überzeugt. Dann kam die Entscheidung zur Einstellung des Zweitaktmotorenbaues, für viele überraschend, von manchen erwartet. Bevor den Gründen für diese Entscheidung nachgegangen wird, sollten die Kriterien, die für die Entwicklung des Zweitaktmotors sprachen und auch einige Probleme, aufgezeigt werden.

Der Zweitaktmotor wurde früher als ein einfaches Konstruktionsprinzip hingestellt, die Entwicklung leistungsfähiger und betriebssicherer Zweitaktmotoren war jedoch schwierig und mühevoll.

verließ.[2] Die ersten 500 DKW-Automobile mit diesem Motor wurden am 27. Dezember 1932 zum Serienanschluß ab 25. Januar 1933 freigegeben.[3] Mit der Einführung der Schnürle Umkehr-Spülung nach D. R. P. 511102 vom 24. Juni 1924 und D. R. P. 520834 vom 13. Dezember 1925 im Fahrzeugmotorenbau trat an die Stelle des schweren Ablenker-(»Nasen-«)kolbens, den die Querspülung benötigt, der glatte und leichte Kolben. Dadurch konnte der Verbrennungsraum günstig gestaltet und ein geringes Laufspiel

Das Auto Union-Programm des Modelljahrgangs 1964, zwei Jahre vor der Einstellung der Zweitakt-Personenwagen-Fertigung. Zwölf Typen umfaßte das Programm einschließlich Munga und Schnellaster, wovon acht auf dem Foto – aufgenommen in einem Münchner Großstudio – zu sehen sind.

Beim Viertaktmotor mit seinen präzise abgeschlossenen Arbeitstakten – Ansaugen, Verdichten, Verbrennen und Ausstoßen – stand die Frage der bestmöglichen Verbrennung des Kraftstoff-Luftgemisches jahrzehntelang im Mittelpunkt aller Forschung und Entwicklung. Beim Zweitaktmotor mußte das schwierige Problem der Ausspülung der verbrannten Gase ohne besonderen Auspufftakt gelöst werden. Ab 1910 führten die Hersteller der stationären Motoren planmäßige, experimentelle Untersuchungen an Modellen über Spülvorgänge durch, die später durch wissenschaftliche Untersuchungen verschiedener Hochschulinstitute ergänzt wurden. Querspülung, Kreuzspülung und Umkehrspülung hießen die Spülverfahren, die dann im einzelnen weiterentwickelt wurden.[1]

Für die Einführung des letztgenannten Spülverfahrens, der Umkehrspülung, bei langsam laufenden Großdieselmotoren haben die MAN, die Maschinenfabrik Augsburg-Nürnberg AG, und beim schnellaufenden Ottomotor die frühere Auto Union AG grundlegende Arbeit geleistet. Die Auto Union AG hat Ende 1932 – wie eingangs bereits erwähnt wurde – die Umkehrspülung »Patent Schnürle« im Fahrzeugmotorenbau eingeführt; die Umkehrspülung dieses Systems beruht auf dem Gedanken, daß die Kanäle des ventillosen Zweitaktmotors so ausgerichtet sind, daß das einströmende Gasgemisch systematisch das gesamte Zylinderinnere füllt und die verbrannten Gase nahezu restlos verdrängt werden.

Das erste DKW-Motorrad, dessen Zweitaktmotor nach dem Schnürle Umkehr-Spülsystem arbeitete, war eine Maschine vom Typ SB 350, die im Oktober 1932 das Fließband des Werkes Zschopau der Auto Union AG

sowie ein geräuschloser Gang des Motors erreicht werden. Venediger nannte als Vorteile der Schnürle Umkehr-Spülung gegenüber den bis dahin üblichen Querspülmotoren u. a.[4]

die wesentliche Erhöhung der Hubraumleistung,

die beträchtliche Senkung des spezifischen Kraftstoffverbrauches als Folge der höheren Spülwirkungs- und Ladegrade,

die Möglichkeit der Verdichtungssteigerung als Folge der günstigeren Brennraumform, der verkleinerten, wärmeaufnehmenden Kolbenfläche und der besseren Zylinderspülung und

die Gewichtsverminderung des Arbeitskolbens und damit Drehzahlsteigerung.

Die von Venediger genannten Vorteile waren offensichtlich: Der von Ingenieur Ruppe 1919 für Jörgen Skafte Rasmussen entwickelte Einzylinder-Zweitaktmotor hatte einen Hubraum von 30 cm^3 und leistete 0,25 PS. Der Urahn der DKW-Zweitaktmotoren verfügte damit über eine Literleistung von 8,33 PS.

---

[1] *Venediger, H. J.: Grundsätzliche Betrachtungen zum Zweitaktverfahren, A. T. Z., Jahrg. 39, Heft 11, S. 273 ff, Stuttgart 1936.*
[2] *Venediger, H. J.: Zweitaktspülung, insbesondere Umkehrspülung, Stuttgart 1947, S. 58.*
[3] *Kirchberg, P.: Autos aus Zwickau, Berlin 1985, S. 120.*
[4] *Venediger, H. J.: Zweitaktspülung, insbesondere Umkehrspülung Stuttgart 1947, S. 16.*

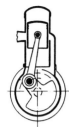

Normal-(Serien-)Motor. Umkehrspülung System Schnürle. Ladung durch Gehäusepumpe, keine Überlademöglichkeit, Ein- und Auslaßsteuerung durch Arbeitskolben.

250 ccm Geländesport. Umkehrspülung System Schnürle, Ladung durch Gehäusepumpe und zusätzliche Ladepumpe, Ein- und Auslaßsteuerung durch Arbeitskolben.

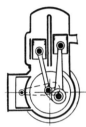

S. S. 250 ccm Rennsport. U-Motor, Ladung durch Gehäusepumpe und zusätzliche Ladepumpe, Überlademöglichkeit vorhanden, Ein- und Auslaßsteuerung durch Arbeitskolben.

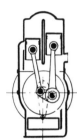

U. L. 500 ccm Rennmotor. Doppel-U-Motor, Ladung durch Gehäusepumpe und zusätzliche doppelt wirkende Ladepumpe, Überlademöglichkeit vorhanden, Ein- und Auslaßsteuerung durch Arbeitskolben.

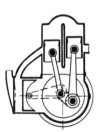

U. Re. 250 ccm Rennmotor. U-Motor, Ladung durch besondere Ladepumpe, Überlademöglichkeit vorhanden, Einlaßsteuerung durch Membrane, Überström- und Auslaßsteuerung durch Arbeitskolben.

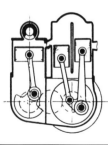

U. L. D. 250 ccm Rennmotor. U-Motor, Ladung durch besondere Ladepumpe, Überlademöglichkeit vorhanden, Einlaßsteuerung durch Drehschieber, Überström- und Auslaßsteuerung durch Arbeitskolben.

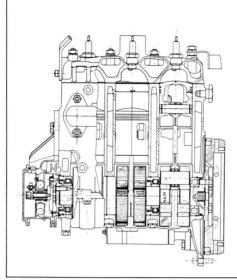
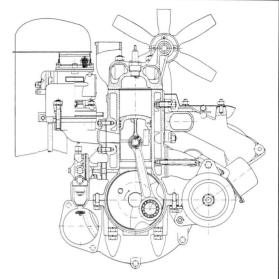

Ganz oben: Schnittbild des DKW Dreizylinder-Zweitaktmotors. Darunter Blick in den Motorraum des DKW F 102; mit 1,2 Liter war dieses Aggregat der hubraumstärkste Zweitaktmotor für Personenkraftwagen.

In einem im September 1954 in Düsseldorf gehaltenen Vortrag führte Prof. Dr.-Ing. Robert Eberan von Eberhorst zwei Beispiele an, die die Entwicklung dieser Motorenbauart bis dahin erkennen lassen:

Der Motor des DKW-Rollers Hobby leistete 2,98 PS bei 4500/min; dies entsprach einer Literleistung von 39,7 PS. Der Motor des DKW-Schnellasters gab bei 3800/min eine Leistung von 30 PS ab, die Literleistung betrug 38,4 PS.

Der DKW Typ F 102, die letzte Konstruktion auf automobiltechnischem Gebiet in Ingolstadt, hatte einen Dreizylinder-Zweitaktmotor mit einem Hubraum von 1175 cm³, der bei 4500/min 60 PS leistete. Dieser Wert entsprach einer Literleistung von 51 PS und konnte durchaus neben Viertaktmotoren bestehen.

Eberan von Eberhorst wies in seinem zitierten Vortrag darauf hin, daß die Einzylinderkolben-Verbrennungskraftmaschine mit den Grundelementen

des Kurbeltriebs und der Gaswechselsteuerung beim Viertaktverfahren 29 Teile und beim Zweitaktverfahren mit Kurbelkastenspülung nur 9 Teile benötigt.[1] In Anbetracht dieser Tatsache – das Fehlen drehzahlempfindlicher Steuerteile – ist der Zweitaktmotor relativ drehzahlfest.
Helmut Werner Bönsch, der auch auf den Vergleich zwischen Zweitaktmotor und Viertaktmotor und dabei wieder auf den einfachen Aufbau und die geringe Zahl der bewegten Triebwerksteile hinweist, betont die eindeutige Überlegenheit des Zweitakters bei einem Vergleich der Höchstdrehmomente, der für die Beschleunigung und Bergsteigefähigkeit so entscheidenden Werte.[2] In diesem Zusammenhang geht Bönsch auf die beim Zweitaktmotor verwendete Mischungsschmierung ein und führt u. a. hierzu aus:

»Von der ersten Umdrehung wird das Öl in der richtigen Menge und in der richtigen, gleichbleibenden Verdünnung gleichmäßig über alle verschleißgefährdeten Schmierstellen verteilt... Die Ölförderung ist völlig unabhängig von der Betriebstemperatur, aber auch die Konsistenz des Öles ändert sich mit der Temperatur kaum – das Öl wird aus der Mischung immer neu geboren.«

Neben den zitierten gibt es auch noch andere Fundstellen in der Literatur, in denen der Zweitaktmotor durchweg positiv beurteilt wird. Schließlich wurden von der Auto Union GmbH seit 1949 insgesamt 992 822 Automobile und 518 784 Motorräder mit Zweitaktmotor hergestellt. Und vor dem Kriege hatte man von 1932 bis 1938, bis zum letzten Friedensjahr, 185 247 Automobile und 219 788 Motorräder mit Zweitaktmotor System Schnürle gebaut.

Wo waren die Gründe für die Aufgabe eines so bewährten Motorenprinzips zu suchen?

Auf diese Frage erhielt der Verfasser unterschiedliche Antworten, aus denen unschwer zu erkennen war, ob der Gesprächspartner ein Befürworter des – vor mehr als zwei Jahrzehnten – eingestellten Zweitaktmotorenbaues im Automobilbau war oder nicht.

Das Resumé dieser Gespräche führt zu folgendem Ergebnis: Beim Zweitaktmotor treten Spülverluste ein, eine Vermischung des einströmenden Kraftstoff-Luftgemisches mit den verbrannten Gasen kann nicht vermieden werden.

Der Hubraum wird nicht völlig ausgenützt, die Kompression des im Zylinder befindlichen Kraftstoff-Luftgemisches beginnt erst oberhalb des Auslaß-Kanales. Die Kurbelkastenspülung ist unvollkommen.

Im Vergleich zum Zweitaktmotorenbau der Vorkriegszeit hatte man bei der Auto Union GmbH in Ingolstadt in den fünfziger Jahren die Spülverluste erheblich reduzieren und damit den Verbrauch senken können. Die spezifische Literleistung konnte gesteigert werden. Aber der Drehmomentverlauf des Zweitaktmotors konnte nur für einen schmalen Bereich günstig beeinflußt werden; beim plötzlichen Beschleunigen in kritischen Situationen »verschluckte« sich der Motor. Der Zweitaktmotor war – als Folge seines einfacheren Aufbaues (Wegfall des Ventilsteuerungsmechanismus) – relativ kostengünstig herzustellen, wenngleich die Kurbelwelle aus vollbearbeiteten Einzelteilen mit hoher Paßgenauigkeit zusammengebaut werden mußte. Dieser Zusammenbau der Kurbelwelle wird notwendig durch die Verwendung von Wälzlagern in den Pleuelstangen; das Schmierverfahren – Gemischschmierung – des Zweitaktmotors bedingt die Verwendung von Wälzlagern.

[1] Eberan von Eberhost, R.: Der Zweitaktmotor im Kraftfahrzeug, Unveröffentlichtes Manuskript eines im September 1954 gehaltenen Vortrages.
[2] Bönsch, W.: Vom Sinn des Zweitakters – Eine Betrachtung, DKW-Nachrichten, Nr. 46, S. 18, Düsseldorf 1957.

Die Kurbelwelle des Viertaktmotors wird dagegen maßhaltig aus dem Vollen geschmiedet und erfordert anschließend eine weniger zeitaufwendige Bearbeitung des Lagerzapfens. Die Herstellungskosten der Kurbelwelle eines im Hubraum vergleichbaren Viertaktmotors sind niedriger als die der Kurbelwelle eines Zweitaktmotors. Die gesamten Herstellungskosten des Viertaktmotors konnten somit gesenkt werden.

Anfang der sechziger Jahre war der Zweitaktmotor – nach dem damaligen Stand der Motorentechnik – an die Grenzen seiner Entwicklung gestoßen. Im europäischen Automobilbau bestand zu diesem Zeitpunkt die Tendenz, sich vom Kleinwagen abzuwenden und den Bau von Fahrzeugen mit Motoren größeren Hubraumes und höherer Leistung zu favorisieren.

Seinerzeit mußte man in Ingolstadt noch mit einem weiteren Problem fertig werden: Die 1961 eingeführte »getrennte Frischölschmierung«, bei der das Schmieröl nicht mehr beim Tanken dem Kraftstoff beigegeben, sondern im Vergaser fein zerstäubt und dann dem Kraftstoff-Luftgemisch hinzugegeben wird, hatte nicht die in sie gesetzten Erwartungen erfüllt. Voraussetzung zur Funktion der neuen Technik war das Vorhandensein eines Motoröles mit entsprechender Viskosität. Im strengen Winter 1962/63 erstarrte bei Temperaturen von mehr als 25 Grad unter Null das Öl mit der Folge, daß die Frischöl-Automatik versagte. Kolbenfresser traten ein. Der gute Ruf von DKW war angeschlagen...

Ein alter Name erhält neuen Glanz: Audi

Im September 1965 wurde ein neuer Personenwagen der Auto Union GmbH vorgestellt, der in seinem Äußeren dem DKW Typ F 102 weitestgehend entsprach. Der neue Wagen trug den Namen Audi und knüpfte damit an die Tradition der Auto Union AG an, von der einst Automobile mit den Markennamen Audi, DKW, Horch und Wanderer gebaut worden waren.

Zwei charakteristische Merkmale kennzeichneten den neuen Audi: Frontantrieb und Mitteldruckmotor.

Mit dem erstgenannten Merkmal, dem vom DKW Typ F 102 übernommenen Frontantrieb, wurde zugleich die technisch-konstruktive Tradition der Audi-Wagen der dreißiger Jahre gewahrt. Der 1933 herausgekommene Audi Typ UW hatte ebenso wie der von ihm abgeleitete Typ UW 225 der Jahre 1935 bis 1938 Frontantrieb und entsprach den damaligen DKW-Frontantriebswagen in ihrem konstruktiven Aufbau. Der letzte vor dem Kriege gebaute Audi Typ 920 hatte jedoch Hinterradantrieb.

Ein Novum im Automobilbau war der beim neuen Audi eingebaute Mitteldruck-Motor, der von der Daimler-Benz AG entwickelt und in Zusammenarbeit mit der Auto Union GmbH zur Serienreife gebracht worden war. Es ist allgemein bekannt, daß bei Erhöhung der Verdichtung eines Motors seine Leistung und sein Verbrauch und damit sein Gesamtwirkungsgrad verbessert werden. Die Frage, bis zu welchem Punkt der Verdichtungsgrad erhöht werden kann, um noch eine nennenswerte Verbesserung des Gesamtwirkungsgrades zu erzielen, wurde experimentell beantwortet: Die Erhöhung der Verdichtung von 11:1 auf 12:1 führt bei einem Otto-Motor noch zu einer merklichen Leistungsverbesserung.

Bei hochverdichteten Motoren besteht aber die Gefahr, daß das im Zylinderkopf befindliche Kraftstoff-Luftgemisch ohne Zündfunken, also unkontrolliert, verbrennt: der Motor klingelt und klopft. Auf Grund dieser Erkenntnis entwickelte man für den Audi – mit der internen Bezeichnung M 118 – einen Motor mit einer soweit wie möglich gesteigerten Verdichtung bei gleichzeitiger Begrenzung der Drehzahlen im norma-

len Bereich unter Anwendung eines neuen Wirbel-Verfahrens bei der Verbrennung des Kraftstoff-Luftgemisches, das der Daimler-Benz AG patentiert worden war:
Beim Passieren der schneckenförmigen Ansaugkanäle wird das Kraftstoff-Luftgemisch in eine starke Rotation versetzt und nach Eintritt in die Verbrennungsräume verwirbelt. Eine unkontrollierte Verbrennung und ein Klopfen werden dadurch verhindert.
Der Verbrennungsraum – und das ist das zweite Merkmal des Mitteldruck-Motors – liegt in einer Mulde im Kolbenboden; Wärmeverluste und Verringerung des Gesamtwirkungsgrades werden vermieden.
Der Motor des Audi hatte einen Hubraum von 1696 cm^3 und leistete 72 PS bei 5000/min; die Verdichtung betrug 1:11,2 und lag damit wesentlich höher als bei anderen Otto-Motoren.

Ursprünglich hatte man – und darauf muß hingewiesen werden – den Einbau eines Boxermotors erwogen, der jedoch die Anordnung des Kühlers vor dem Motor oder oberhalb des Differentials erforderlich gemacht hätte. Mit Rücksicht auf Gewicht und Preis wurde ein wassergekühlter Reihen-Vierzylinder-Motor mit Graugußblock gewählt, dessen Baulänge besonders kurz gehalten wurde. Der Motor wurde um 40° nach rechts gegen die Vertikale geneigt und aus Raumgründen wurde er – von oben gesehen – um 40° schräg zur Fahrzeugachse angeordnet.
Der neue Motor bedingte einen neuen Vorbau, der etwas länger war; infolgedessen wurde der Radstand des Audi gegenüber dem DKW Typ F 102 um 10 mm auf 2490 mm erhöht und die vordere Spurweite um 11 mm auf 1341 mm vergrößert. Ansonsten entsprach der Audi in seinem konstruktiven Aufbau dem DKW Typ F 102.

Oben: Berühmte Namensträger einer früheren Epoche – rechts der Audi-Front, Typ UW, aus dem Jahre 1934 (Sechszylinder-Reihenmotor, 1950 cm^3, 40 PS bei 3500/min und Frontantrieb) mit einer viersitzigen Cabriolet-Karosserie von Gläser, Dresden. Links der Audi Typ 920 aus dem Jahre 1938 mit einer von Erdmann & Rossi, Berlin-Halensee, gebauten zwei-/dreisitzigen Cabriolet-Karosserie (Sechszylinder-Reihenmotor, 3281 cm^3 75 PS bei 3000/min, Hinterradantrieb).

Links: Am 14. September 1965 lief die Serienfertigung des Audi 72 im Werk Ingolstadt an. Damals wurden dort auch VW-Käfer – im Hintergrund auf dem Fließband sichtbar – hergestellt.

Das neue Automobil aus Ingolstadt wurde ein Erfolg; schon bis zum Ende des Jahres 1965 verließen 15768 Wagen das Fließband. Das äußere Erscheinungsbild des Audi gefiel, und mit an Sicherheit grenzender Wahrscheinlichkeit wurde die Entscheidung des Käufers mitbestimmt von der Überlegung, er kaufe einen Wagen mit einem in Untertürkheim entwickelten Motor.

Ein Blick zurück – oder die Duplizität der Ereignisse

Schon einmal war – und darauf hinzuweisen ist des Chronisten Pflicht – ein Audi aus einem DKW entstanden. Damals waren indessen andere Gründe für die Wandlung bestimmend.

Die 1910 in Zwickau in Sachsen gegründete Audi Automobil-Werke GmbH, die mit Wirkung vom 1. Januar 1915 in Audiwerke AG mit dem Sitz in Zwickau umgewandelt wurde, hatte Ende der zwanziger Jahre eine verfehlte Typenpolitik betrieben. J. S. Rasmussen, der die Aktienmehrheit des Zwickauer Automobilwerkes besaß, hatte aus der Konkursmasse der in Detroit früher ansässigen Automobilfirma Rickenbaker die Fertigungseinrichtungen für Sechs- und Achtzylindermotoren erworben.

Der Sechszylinder-Rickenbaker-Motor wurde in den Audi Typ Dresden eingebaut. Zwischen 1929 und 1932 wurden von diesem Modell 76 Exemplare verkauft. Vom Achtzylinder-Wagen Typ Zwickau konnten 457 Automobile abgesetzt werden.

Rasmussen wollte ursprünglich den von ihm hergestellten Rickenbaker-Motor auch an andere Automobilhersteller liefern, stieß jedoch mit seiner Idee auf Ablehnung. Nunmehr beschritt er den umgekehrten Weg. Er bezog von der französischen Automobilfirma Peugeot S. A. einen Vierzylindermotor und baute diesen in den in Berlin-Spandau hergestellten DKW Typ P 15 ein. Der Wagen wurde verfeinert, und auf dem Kühlergrill trug er das Schild mit dem Schriftzug AUDI.

Der »kleine Audi« – seine offizielle Bezeichnung lautete Typ P – hatte einen wassergekühlten Vierzylinder-Viertaktmotor mit einem Hubraum von 1122 cm^3, der 30 PS leistete; die Ventile waren stehend angeordnet. Die elektrische Ausrüstung des Wagens stammte von Bosch. Das Getriebe hatte drei Vorwärts- und einen Rückwärtsgang.

»Jeder, der etwas von Automobilen versteht, weiß, daß hinter dem Namen Audi das Endergebnis unermüdlicher Forschungsarbeiten auf dem Gebiet des Kraftfahrwesens, die ausgereifte Konstruktion eines Automobils steht, das zufolge seiner hervorragenden Fahreigenschaften die Gewähr bietet, ein unübertroffenes Produkt seiner Klasse zu sein... Die Karosserie dieses Modells ist nach dem bewährten Flugzeugprinzip konstruiert und aus unzerbrechlichem, schalldämpfendem Material hergestellt.« Mit dieser Aussage schossen die Werbefachleute wohl über das Ziel hinaus.

Denn der Audi Typ P wurde kein Erfolg, im Gegenteil: Zwischen Mai und Oktober 1931 wurden nur 327 Automobile dieses Typs gebaut; am Jahresende waren noch 47 im Werk, die erst im Jahre 1932 ihre Käufer fanden. Der Audi Typ P stellt entwicklungsgeschichtlich eine Wendemarke dar; aus einem Automobil mit Zweitaktmotor war ein Automobil mit Viertaktmotor geworden, ein Prozeß, der sich vierunddreißig Jahre später – wenn auch unter ganz anderen Voraussetzungen und in ganz anderen Dimensionen – wiederholen sollte. Das ist das Bemerkenswerte.

Ganz oben: Der neue Audi auf dem Band. Auch hier sind im Hintergrund noch die VW-Käfer erkennbar. Darunter: Der erste neue Audi verläßt mit eigener Kraft das Band. Links – im hellen Anzug – Dr.-Ing. E. h. Ludwig Kraus, daneben Dr.-Ing. E. h. Rudolf Leiding.

Links: Der Audi Typ P aus dem Jahre 1931. Die Bilder sind aus einem zeitgenössischen Prospekt.

Ein Blick über die Grenzen: die Entwicklung des Zweitaktmotors im schwedischen Automobilbau

Eine technik-geschichtliche Parallelentwicklung vollzog sich in Schweden. Bei der 1937 gegründeten Firma Svenska Aeroplan Aktiebolaget – abgekürzt SAAB, später Saab – mit dem Sitz in Trollhättan liefen bereits gegen Ende des Zweiten Weltkrieges Vorbereitungen zur Aufnahme einer Automobilproduktion in Anbetracht der zu erwartenden Auftragsrückgänge für Militärflugzeuge. Die eigentliche Entwicklung setzte 1945 ein; verantwortlich für dieses Projekt war Gunnar Ljungström, Absolvent der Königlich-Technischen Hochschule (KTH) in Stockholm.

Im Januar 1950 wurde die Serienproduktion des Wagens mit der Bezeichnung »SAAB 92« aufgenommen. Der wassergekühlte Zweizylinder-Zweitaktmotor mit Kurbelgehäusespülung konnte seine technisch-konstruktive Verwandtschaft mit dem Zschopauer Motor nicht verbergen. Getriebe und Einbauweise waren jedoch völlig anders. Der Motor verfügte über einen Hubraum von 764 cm³ und leistete 25 PS bei 3800/min.

Am 1. Dezember 1955 wurde in den Ausstellungsräumen von Philipsons in Stockholm der mit einem Dreizylinder-Zweitaktmotor ausgerüstete »SAAB 93« vorgestellt. An der Entwicklung dieses »trecylindriga«-Motors war maßgeblich Ingenieur Hans Müller aus Andernach beteiligt, der früher in der technisch-wissenschaftlichen Abteilung der Zentral-Versuchsabteilung (ZVW) der Auto Union AG in Chemnitz unter Leitung von Professor Dr.-Ing. Endres tätig gewesen war und nach dem Kriege ein eigenes Konstruktionsbüro in Andernach eröffnet hatte.

Die Auto Union GmbH hatte ihren Wagen mit Dreizylinder-Zweitaktmotor, DKW Typ F 91 Sonderklasse, bereits im März 1953 präsentiert. Saab führte anfangs 1962 die Getrenntschmierung ein, der mit der Frischöl-Automatik ausgerüstete DKW Junior de Luxe war im Juli 1961 auf den Markt gekommen.

Während jedoch die von Bosch entwickelte Ölpumpe des DKW mit einem Riemen angetrieben wurde, hatte Saab eine zahnradgetriebene Ölpumpe installiert, die aus einem Dreiliter-Tank das Öl in die Kanäle des Zylinderblocks drückte: Nachdem das Öl die vier Hauptlager geschmiert hatte, wurde es zu den Pleuel-Fußlagern gepumpt und spritzte von dort an die Zylinderwände. Der obere Teil der Zylinder wurde über besondere Kanäle versorgt.

Das exakte Gießen der Ölkanäle in den Motorblöcken war jedoch schwierig und zeitaufwendig und demzufolge kostenintensiv. Mit der Einführung der Getrenntschmierung konnte man bei Saab den Ölqualm im Abgas reduzieren, eine mit Rücksicht auf die amerikanischen Abgasbestimmungen notwendige Maßnahme; denn die schwedische Firma exportierte bereits zu diesem Zeitpunkt unverhältnismäßig viele Wagen in die USA. Saab experimentierte mit weiteren Zweitaktmotor-Varianten, so auch mit einem V4-Motor und mit einem von Müller-Andernach entwickelten V6-Motor. Aber der Zweitakter hatte auch nach Auffassung von Gunnar Ljungström keine Zukunft mehr im modernen Automobilbau…

Am 2. August 1966 stellte die schwedische Firma den »SAAB 96« mit Viertaktmotor vor, elf Monate später als die Auto Union GmbH ihren Audi. Der Viertaktmotor war jedoch keine eigene Konstruktion, er stammte von Ford und war weitestgehend mit der »Taunus«-Ausführung identisch (Hubraum 1498 cm³, 65 PS). Der 42 PS leistende Saab-Zweitaktmotor wurde noch einige Jahre als Triebwerk für die Typen 95 und 96 angeboten. Auch bei der Auto Union GmbH wurde der Zweitaktmotor noch geraume Zeit weitergebaut; Ende 1968 verließ der mit Zweitaktmotor ausgestattete Munga, der »Mehrzweck-Universal-Geländewagen«, das Ingolstädter Werk.

Parallelentwicklungen sind in der Technik nichts Außergewöhnliches. Hier waren zwei Firmen um die Weiterentwicklung eines Motorprinzipes bemüht. Beide Firmen warteten mit Verbesserungen auf und beide mußten um die Mitte der sechziger Jahre zu der Erkenntnis kommen, daß der Zweitaktmotor nicht mehr geeignet ist für den Antrieb moderner Automobile. Beide Firmen nahmen fast zum gleichen Zeitpunkt den Bau von Automobilen mit Viertaktmotor auf und gehören heute zu den Herstellern von vergleichbaren Wagen der Oberklasse.

Links: Der Saab 92, der 1949 erstmals auf der St.-Eriks-Messe in Stockholm vorgestellt wurde, besaß einen Zweizylindermotor-Zweitaktmotor mit Kurbelgehäuse-Spülung, bei dessen Entwicklung der Motor des Vorkriegs-DKW offensichtlich Pate gestanden hatte. Oben: Saab 93 des Modell-Jahrganges 1956.

Die Fusion der Auto Union GmbH mit der NSU Motorenwerke AG zur Audi NSU Auto Union AG

Am 10. März 1969 wurde in Neckarsulm der Verschmelzungsvertrag zwischen der Auto Union GmbH, Ingolstadt, und der NSU Motorenwerke AG, Neckarsulm, unterzeichnet. In diesem Vertrag wurde – vorbehaltlich der Zustimmung der Gesellschafterversammlung der Auto Union GmbH und der Hauptversammlung der NSU Motorenwerke AG – folgendes vereinbart:

Die Auto Union GmbH überträgt mit Wirkung vom 1. Januar 1969 ihr gesamtes Vermögen mit allen Rechten und Verbindlichkeiten im Wege der Verschmelzung auf NSU.

NSU als aufnehmende Gesellschaft ändert ihre bisherige Firma »NSU Motorenwerke Aktiengesellschaft« in »Audi NSU Auto Union Aktiengesellschaft« und erhöht gleichzeitig das Grundkapital von 87 Millionen DM um 128 Millionen DM auf 215 Millionen DM durch Ausgabe neuer, auf den Inhaber lautende Aktien, die ab 1. Januar 1969 dividenden- und stimmberechtigt sind.

Als Gegenleistung für das übertragene Auto Union-Vermögen werden dem Alleingesellschafter der Auto Union GmbH, der Volkswagen AG, von der NSU Motorenwerke AG die Übernahme der auf den Inhaber lautenden Aktien im Gesamtbetrag von DM 128 Millionen gewährt (Zur Bemessung von Leistung und Gegenleistung war ein Tauschgutachten zweier Wirtschaftsprüfungsgesellschaften, nämlich der Deutschen Revisions und Treuhand AG und der Treuhand-Vereinigung, erstellt worden).

Am 26. April 1969 stimmten in der außerordentlichen Hauptversammlung der NSU Motorenwerke AG in Neckarsulm von den anwesenden 1 253 438 Stimmen 1 192 839 Stimmen dem Verschmelzungsvertrag zu. Die Ja-Stimmen entsprachen mehr als 75 Prozent des bei der Beschlußfassung vertretenen Grundkapitals. Diese außerordentliche Hauptversammlung dauerte mehr als zwölf Stunden, sie war ebenso sachlich wie – streckenweise – emotional geführt.

Auch in der Gesellschafterversammlung der Auto Union GmbH am 29. Mai 1969 wurde der Verschmelzungsvertrag mit der erforderlichen Stimmenmehrheit beschlossen.

Mit der dann am 21. August 1969 erfolgten Eintragung in das Handelsregister München wurde die Verschmelzung rückwirkend zum 1. Januar 1969 rechtswirksam. Am gleichen Tage wurde auch die neue Firma »Audi NSU Auto Union Aktiengesellschaft« in das Handelsregister des Gesellschaftssitzes, Neckarsulm, eingetragen. Damit war die Fusion der sächsisch-bayerischen mit der schwäbischen Unternehmung vollzogen.

Die Volkswagen AG war zu 59,5 Prozent am Grundkapital der neuen Unternehmung beteiligt.

Mit der Verschmelzung der Auto Union GmbH und der NSU Motorenwerke AG waren zwei traditionsreiche Unternehmungen der deutschen Kraftfahrzeugindustrie vereinigt worden. – Die Geschichte der Firmen, die 1932 zur Auto Union AG vereinigt worden waren, reicht zurück bis zur Jahrhundertwende, bis in die Anfangszeit des Automobiles. Die 1949 in Ingolstadt gegründete Auto Union GmbH knüpft an die Tradition der Auto Union AG an.

Die Geschichte der NSU Motorenwerke AG reicht noch weiter zurück, und zwar bis in die siebziger Jahre des vorigen Jahrhunderts, jene Zeit, als im Südwesten des damaligen Deutschen Reiches eine industrielle Gründungsphase einsetzte, in der der Textilmaschinenbau einen der Schwerpunkte bildete.

Im folgenden wird die Geschichte der NSU Motorenwerke AG Gegenstand der Betrachtung sein. Zuerst wird die Entwicklung der Unternehmung bis zum Zweiten Weltkrieg aufgezeigt, dann wird der Weg der Neckarsulmer Firma von 1945 bis zur Fusion mit der Auto Union GmbH im Jahre 1969 verfolgt.

Diese Teilung der Unternehmungsgeschichte erwies sich als notwendig, um mit dem zuletzt genannten Zeitabschnitt – die Zeit von 1945 bis 1969 – den gleichen Betrachtungszeitraum zu analysieren, der auch die »jüngere« Auto Union-Geschichte umfaßt. Dies erscheint um so notwendiger, als im zweiten Teil Ereignisse wirtschaftlicher und technischer Art eintraten, die mitbestimmend waren für die 1969 erfolgte Verschmelzung mit der Auto Union GmbH und auf die in diesem Zusammenhang näher eingegangen werden soll.

Die Geschichte der NSU Motorenwerke AG

Die Entwicklung von der Gründung bis zum Zweiten Weltkrieg

1873 hatten Christian Schmidt und Heinrich Stoll in Riedlingen an der Donau eine mechanische Werkstatt gegründet, in der sie Strickmaschinen herstellten. 1880 verlagerte Christian Schmidt, der sich von seinem Partner getrennt hatte, den Betrieb nach Neckarsulm. Schon vier Jahre später wurde die Einzelfirma in eine Aktiengesellschaft umgewandelt und mit einem Grundkapital von 140 000 Goldmark ausgestattet; die Eintragung der neuen Firma, der »Neckarsulmer Strickmaschinenfabrik AG«, erfolgte am 27. April 1884 in das Handelsregister.

1886, in jenem Jahr, als Carl Benz und Gottlieb Daimler ihre ersten Fahrten mit ihren Motorwagen unternehmen, begann man in Neckarsulm mit der Herstellung von Fahrrädern.

Und zwei Jahre später, 1888, wurden »dem Daimler in Cannstatt« Fahrgestelle für den sogenannten »Stahlradwagen« geliefert, die eine technische Besonderheit aufwiesen: die Rohre des Rahmens hatten nicht nur eine tragende Funktion, sondern zugleich eine thermische: durch sie floß das Kühlwasser des Motors… Die Fahrradproduktion nahm an Umfang zu, die Firmenleitung entschloß sich deshalb 1892 zur Aufgabe der Strickmaschinenherstellung.

Fünf Jahre später, am 24. September 1897, wurde der von der Gesellschafterversammlung beschlossene neue Firmenname in das Handelsregister eingetragen und lautete »Neckarsulmer Fahrradwerke AG«. Die Produkte trugen von nun an das erst im März 1899 eingetragene Markenzeichen »NSU mit dem Hirschhorn«.

Das Produktionsprogramm wurde 1901 erweitert: Die Herstellung von Motorrädern wurde aufgenommen, sie gewann in den folgenden Jahren immer mehr an Bedeutung. 1906 – und dieser Schritt war folgerichtig – entstand die erste Original-NSU-Automobilkonstruktion.

Das Werden von NSU entsprach der Entwicklung anderer Firmen der damals noch jungen Automobilindustrie: Die eine Gruppe kommt aus dem Motorenbau, die »anderen fabrizierten bisher Fahrräder oder Nähmaschinen; ihre Werkzeugmaschinen, ihre Arbeiterschaft waren auf Teilgebiete der neuen Aufgabe unschwer umzustellen.«[1]

Die Marke NSU kann auf eine lange Tradition im Motorsport zurückblicken. Ganz oben eine Aufnahme von der Startaufstellung zur Prinz-Heinrich-Fahrt 1908; vorn ein NSU 10/20 PS. Darunter: Großer Preis von Deutschland 1926. An der NSU-Box warten drei 1,5-Liter-Kompressor-Wagen auf ihren Einsatz.

Der Ausweitung der Produktpalette wurde 1913 durch eine erneute Umfirmierung entsprochen: Am 10. Februar 1913 wurde der Firmenname »Neckarsulmer Fahrzeugwerke AG« in das Handelsregister eingetragen und zugleich das Grundkapital auf 3,6 Millionen Mark erhöht. Das damals entwickelte Motorrad mit 3½ PS-Zweizylindermotor wurde zum meistgefahrenen Motorrad der deutschen Armee im Ersten Weltkrieg, der ein Jahr später, am 2. August 1914, ausbrach. Das damals auch entstandene NSU-Automobil vom Typ 5/15 PS wurde noch bis in die zwanziger Jahre gebaut.

Nach dem Ersten Weltkrieg bildete die Motorradproduktion den Schwerpunkt der Fahrzeugherstellung. Die Automobile machten auf besondere Art von sich reden: Beim Avus-Rennen 1923 in Berlin belegte NSU die ersten drei Plätze, 1926 nahmen die Neckarsulmer mit ihrem neuen Sechszylinder-Wagen beim »Großen Preis von Deutschland«, der auch auf der Avus ausgetragen wurde, die ersten vier Plätze ein. 1927 wurde bei NSU die Fließbandfertigung für Motorräder eingeführt.

Die Neckarsulmer Fahrzeugfirma befand sich zu diesem Zeitpunkt in einer schwierigen wirtschaftlichen Lage. Ein Jahr vorher, 1926, hatte die Carosseriewerke Schebera Aktiengesellschaft in Berlin-Tempelhof den Vertrieb von NSU-Automobilen, insbesondere Droschken, übernommen und sich zugleich am Grundkapital, das von 8 Millionen Reichsmark auf 12,5 Millionen Reichsmark erhöht worden war, beteiligt. – Die Firmenbezeichnung wurde geändert in »NSU Vereinigte Fahrzeugwerke AG« und am 16. März 1927 im Handelsregister eingetragen. Die Verbindung mit Schebera wirkte sich negativ aus, auf die Einzelheiten kann hier nicht näher eingegangen werden. NSU geriet in – vorsichtig formuliert – finanzielle Bedrängnis und mußte saniert werden. Die Produktionseinrichtungen für Automobile des neuen Werks Heilbronn wurden verkauft an die Fabbrica Italiana di Automobili Torino S. p. A. – kurz »Fiat« genannt. Fiat stellte von diesem Zeitpunkt an in dem neu erworbenen Werk Heilbronn Automobile mit dem Namen »NSU/Fiat« her. Außerdem übernahmen Fiat und die an der Sanierung beteiligte Dresdner Bank AG Aktien im Nennwert von 5 Millionen Reichsmark.

In Neckarsulm widmete man sich von nun an ausschließlich dem Bau von Fahrrädern und Motorrädern.

Auf zwei Ereignisse muß noch hingewiesen werden: 1930 wurde mit der Firma Wanderer-Werke vorm. Winklhofer & Jaenicke AG im damaligen Chemnitz-Schönau die NSU-Wanderer-Verkaufsgemeinschaft gegründet; die Automobil-Abteilung von Wanderer wurde 1932 in den Fusionskreis der Auto Union AG mit einbezogen.

1936 übernahm die NSU-D-Rad – Vereinigte Fahrzeugwerke AG – so lautete die Firmenbezeichnung auf Grund des Beschlusses der Hauptversammlung vom 12. August 1932 – die Fahrradproduktion der Adam Opel AG in Rüsselsheim.

Die Neckarsulmer Unternehmung war vor dem Zweiten Weltkrieg ein bedeutender Zweirad-Produzent.

1939 reichte die Produktpalette vom Motorfahrrad NSU-Quick, das einen Einzylinder-Zweitaktmotor mit einem Hubraum von 100 cm^3 besaß, bis zur NSU 601 OSL, der größten deutschen Einzylindermaschine, deren Hubraum 562 cm^3 betrug und die 24 PS bei 4950/min leistete.

Der Wiederaufbau und die Zeit bis 1968

Die Zweirad-Industrie der Bundesrepublik Deutschland erlebte in den ersten Jahren nach dem Zweiten Weltkrieg einen nicht für möglich gehaltenen Aufschwung.

Die Produktion von Fahrrädern und Motorfahrrädern, die bei näherem Hinsehen ein Zusammenbau noch vorhandener Teile in schwer beschädigten Werkstätten war, begann schon 1946. Im Wege der Kontingentierung erhielten »behördlich geprüfte Bedarfsträger« – Ärzte, Angehörige sozialer Berufsgruppen, einzelne Gewerbetreibende – ihr Fahrzeug zugeteilt.

---

[1] *Heuss, T.: Robert Bosch – Leben und Leistung, München 1975, S. 106.*

Sie zahlten einen fast symbolischen Preis, einen Preis in einer Währungseinheit, der Reichsmark, die kaum noch einen Wert besaß.

Mit der Währungsreform vom 20. Juni 1948 begann ein Sprung ins Ungewisse. Die Zeit der Kontingentierung und des staatlich verordneten Preisstops wurde abgelöst, an ihre Stelle trat die soziale Marktwirtschaft. Angebot und Nachfrage bestimmten von nun an den Preis. Das Vertrauen in die neue Währung und die Wiederherstellung geordneter Verhältnisse ließen die Wirtschaft – wenn auch langsam – wieder in Gang kommen. Der Wiederaufbau begann.

Die Zweirad-Fahrzeuge der NSU Werke Aktiengesellschaft erfreuten sich in jenen Jahren einer regen Nachfrage. Die seit 1946 laufende Produktion der Vorkriegsmodelle Quick, des schon 1936 herausgekommen Motorfahrrades mit einem 100 cm³-Zweitaktmotor, der 125 ZDB und der 251 OSL, konnte erhöht werden.

1949 brachte NSU seine erste Motorrad-Neukonstruktion heraus, die NSU Fox. Der Viertakt-Motor verfügte über einen Hubraum von 98 cm³ und leistete 5,2 PS bei 6000 min. Mit dem Zentralpreßrahmen und der Vorder- und Hinterradschwinge gingen die Neckarsulmer völlig neue Wege. 1950 ersetzte die 125 cm³ Zweitakt-Fox die aus der Vorkriegszeit stammende 125 ZDB in der Angebotspalette.

1950 machte NSU mit einer weiteren Neuerung auf sich aufmerksam: Auf Grund des mit der Firma Innocenti SpA in Mailand abgeschlossenen Lizenzvertrags wurde in Neckarsulm der NSU-Lambretta Autoroller gebaut. Das im Mai 1950 auf dem Markt erschienene Fahrzeug wurde aus angelieferten Teilen der lizenzgebenden Firma hergestellt und besaß einen Einzylinder-Zweitaktmotor mit einem Hubraum von 123 cm³ und einer Leistung von 4,5 PS.

Im folgenden Jahr wurde dann der im eigenen Werk vollständig selbst hergestellte NSU Lambretta Autoroller mit 5,1 PS-Motor angeboten, der bis 1956 im Programm blieb und dann vom neuen Motorroller NSU Prima abgelöst wurde.

1951 wurden in die Produktion aufgenommen die Motorräder
NSU Lux mit 200 cm³-Zweitaktmotor,
NSU Konsul I mit 350 cm³-Viertaktmotor und
NSU Konsul II mit 500 cm³-Viertaktmotor.

Die Dynamik der Neckarsulmer Motorradbauer war nicht zu bremsen; die aus den dreißiger Jahren stammende 250 OSL wurde 1952 durch die NSU-Max abgelöst:

Der Einzylinder-Viertaktmotor der NSU Max besaß einen Hubraum von 250 cm³ und leistete 17 PS bei 6500 min. Die obenliegende Nockenwelle wurde durch eine Schubstange angetrieben, die sogenannte »Ultramax-Steuerung«. Auf den klassischen Antrieb der obenliegenden Nockenwelle mittels Königswelle und Kegelräder hatte man verzichtet, da die Herstellkosten dieses Antriebs höher lagen als die des Schubstangenantriebs. Ein weiteres Merkmal der NSU Max war – wie bei allen NSU-Motorrädern der damaligen Zeit – das »System der beruhigten Luft«: Bevor die Luft den großen Filter des Vergasers passierte, wurde sie im Innern des Zentralpreßrahmens »beruhigt« und vorgereinigt.

Der Zentralpreßrahmen und die Vorder- und Hinterradschwinge waren von der Fox- und Lux-Baureihe übernommen worden. Die NSU Max war zweifellos das Meisterwerk von Albert Roder, dem NSU-Chefkonstrukteur der Nachkriegszeit. Die Fertigung der NSU Quick lief aus, und auf der Internationalen Fahrrad- und Motorrad-Ausstellung – IFMA – 1953 wurde die NSU Quickly vorgestellt: Ein Moped mit einem Motor von 50 cm³ Hubraum und einem Gewicht von 33 kg, das steuer- und zulassungsfrei war und (damals) ohne Führerschein gefahren werden konnte. Zentralpreßrahmen und die Vorderradabfederung mittels Kurzschwinge –

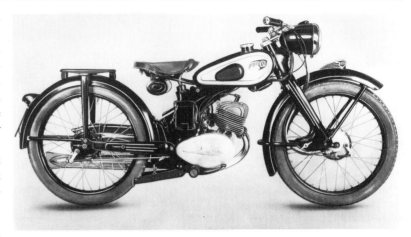

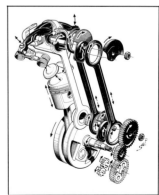

Ganz oben: Die 1949 herausgebrachte NSU Fox wurde eines der populärsten Viertakt-Motorräder der Nachkriegszeit. Darunter: NSU Konsul, ein Vertreter des klassischen Motorradbaues. Ganz unten: NSU Max, 1958. Die Abfederung des Hinterrades erfolgte mit hydraulisch gedämpften Federbeinen.

Rechts: die »Ultramax«-Ventilsteuerung. Der Antrieb der obenliegenden Nockenwelle erfolgte mittels Schubstangen – ein Antrieb, der später auch beim Motor der NSU Prinz zur Anwendung kam.

NSU-typische Konstruktionsmerkmale – und ein Motor, der 1,4 PS bei 5200 min leistete, zeichneten das Ur-Modell aus; aus der Quickly N wurden die Quickly S/2 und die Quickly TTS später entwickelt.
Ende 1954 wurde die Produktion der beiden Motorradtypen NSU Fox mit Viertaktmotor und NSU Fox mit Zweitaktmotor eingestellt; von beiden Modellen waren insgesamt 88 696 Stück hergestellt worden.
1954 war auch die Zeit der klassischen NSU Konsul abgelaufen: Die Serienfertigung der NSU Konsul II, die einen Einzylinder-Viertaktmotor mit einem Hubraum von 494 cm³ besaß, der 21 PS bei 5200 min leistete, wurde eingestellt, nachdem bereits im Jahr davor die Produktion der »kleineren« Maschine, der NSU Konsul I, ausgelaufen war. Die NSU Konsul I, das muß ergänzend gesagt werden, hatte auch einen Einzylinder-Viertaktmotor mit hängenden Ventilen im Leichtmetallzylinderkopf, er verfügte jedoch nur über einen Hubraum von 346 cm³ und leistete 17,5 PS bei 5500 min. Im gleichen Jahr erhielt der NSU-Lambretta Autoroller einen Motor mit 150 cm³ Hubraum; seit Juli 1953 (ab Fahrzeug-Nr. 1 942 871) war er bereits mit elektrischem Anlasser geliefert worden.
Super Fox (1955 bis 1957), Super Lux (1954 bis 1956) und Super Max (1956 bis 1963) hießen die Weiterentwicklungen der in den fünfziger Jahren entstandenen NSU-Motorräder. Im Februar 1957 lief die aus der Super Fox mit 125-cm³-Motor weiterentwickelte NSU Maxi mit 175-cm³-Motor vom Band; sie wurde bis 1964 gebaut. Das Rollerprogramm wurde im Jahre 1957 ebenfalls erweitert: Im Juni ging der Typ NSU Prima V mit einem Einzylinder-Zweitaktmotor und einem Hubraum von 175 cm³ in Serie, im Oktober folgte der – etwas einfacher ausgestattete – Typ NSU Prima III mit einem Einzylinder-Zweitaktmotor und einem Hubraum von 150 cm³. Die technische Entwicklung bei NSU konzentrierte sich aber 1957 nicht nur auf die Weiterentwicklung des zwischen 1949 und 1956 geschaffenen Motorrad- und Rollerprogramms, sondern – wie es im Geschäftsbericht von damals hieß – »auf das NSU-Vierrad-Fahrzeug...«.
Die Geschäftsberichte des damaligen schwäbischen Motorradherstellers enthielten Angaben, die über das vom Gesetzgeber geforderte Maß hinausgingen; bei aller »Publizitätsfreude« wurde aber ein Ereignis nicht genannt: Am 1. Februar 1957 zündete zum ersten Male der von Felix Wankel geschaffene Drehkolbenmotor auf einem Prüfstand von NSU und lief kurzzeitig mit eigener Kraft! Dieser Probelauf wurde später für die damalige »NSU Werke Aktiengesellschaft« geradezu schicksalhaft. (Die zuletzt genannte Firmenbezeichnung war am 8. Juni 1938 in das Handelsregister eingetragen worden, es war die sechste Umfirmierung seit Gründung des Unternehmens!)
Ein »Vierrad-Fahrzeug« war bei NSU in Entwicklung. Die Notwendigkeit

Unten links: Längsschnitt durch den NSU-Lambretta Autoroller. Der Stahlrohrrahmen wurde durch die Karosserie abgedeckt, die Kraftübertragung vom zentral angeordneten, gebläsegekühlten Zweitaktmotor erfolgte mittels Kardanwelle auf das ebenfalls abgefederte Hinterrad.

Oben: Fließbandfertigung der NSU Lux in Neckarsulm.

hierfür wurde durch die vorliegenden Zahlen begründet: Bis zum Jahre 1955 waren Produktion und Absatz von Zweirädern stetig gestiegen, dann entwickelten sie sich rückläufig. Die Gründe hierfür kennen wir, sie wurden bereits im Zusammenhang mit der Einstellung der Zweiradproduktion der Auto Union GmbH in Ingolstadt aufgezeigt.
Der rückläufige Absatz von Zweirad-Fahrzeugen bei NSU kam in der Umsatzentwicklung der Unternehmung zum Ausdruck.
Gegenüber 1955 – dem Geschäftsjahr mit dem bis dahin höchsten Umsatz seit der Währungsreform auf dem Zweiradsektor mit 185,0 Millionen DM – betrug der Umsatz 1957 nur 128,5 Millionen DM, d. h. er war um 31 Prozent gesunken!
1958 wurden NSU-Zweiräder für insgesamt 83,7 Millionen DM verkauft; das bedeutete gegenüber dem Vorjahr – 1957 – eine nochmalige Reduzierung des Umsatzes um 35 Prozent und gegenüber dem Spitzenjahres-Umsatz von 1955 sogar um 55 Prozent.
Die Neckarsulmer Unternehmung konnte sich dem Strukturwandel auf dem Kraftfahrzeugmarkt nicht entziehen: das Motorrad wurde entthront, an seine Stelle trat das Automobil.
NSU war gerüstet und präsentierte bereits auf der Internationalen Auto-

mobil-Ausstellung 1957, die vom 19. bis 29. September in Frankfurt am Main stattfand, den Thronnachfolger, den Prinz. Das Haus, aus dem der Prinz kam, durfte aber nicht genannt werden; eine in der Monarchie wohl einmalige Begebenheit...

1928 hatte NSU – wie erinnerlich – den Automobilbau an Fiat verkaufen müssen. Am 5. Januar 1929 hatte sich die schwäbische Unternehmung verpflichtet, »weder fertige Automobile noch Automobilbestandteile unter der Marke NSU noch Teile zu verkaufen, die verwendet werden könnten für Automobile der Marke NSU«.

Nach dem Zweiten Weltkrieg versuchte man zunächst im Wege von Besprechungen mit der Turiner Firma eine Rückgabe der Buchstabengruppe »NSU« zu erreichen. Man bot einen Rückkaufpreis von 2 Millionen DM; der Agnelli-Konzern verlangte jedoch das Doppelte. NSU lehnte ab und strebte eine gerichtliche Entscheidung an – ohne Erfolg. Man einigte sich schließlich: Die Fiat-Gruppe würde die Buchstabengruppe »NSU« nicht mehr in der Kombination »NSU/Fiat« oder »Neckar/vorm. NSU Heilbronn« führen; Fiat verwendete die Markenbezeichnung »Nekkar«.

Die Neckarsulmer Firma verpflichtete sich, in firmenmäßiger und warenzeichenmäßiger Hinsicht nur noch die Firma »NSU Motorenwerke Aktiengesellschaft« zu führen.

Der Vergleich mit Fiat kam am 1. September 1966 zustande. – Der Prinz des Jahres 1957 besaß einen luftgekühlten Zweizylinder-Viertaktmotor mit einem Hubvolumen von 583 cm³, die Leistung betrug 20 PS bei 4600 min. Mit 75 mm Bohrung und 66 mm Hub handelte es sich um einen extremen Kurzhubmotor. Die Zylinder waren bei dem quer zur Fahrzeuglängsachse im Heck des Wagens untergebrachten Motor schräg nach hinten geneigt. Die hängenden Ventile wurden durch die obenliegende Nockenwelle gesteuert, die ihrerseits durch Schubstangen angetrieben wurde. Der Ultramax genannte Schubstangenantrieb der NSU Max kam hier zur Anwendung.

Der Prinz hatte eine selbsttragende Karosserie, alle Räder waren unabhängig geführt. Die Spurweite mit 1200 mm – vorn und hinten – war relativ groß in Anbetracht eines Radstands von nur 2000 mm. Neben dem Prinz I, die Standardausführung des Neckarsulmer Kleinwagens, gab es auch einen Prinz II, der auf Grund seiner reichhaltigeren Ausstattung als Luxusausführung betrachtet werden konnte. – 1959 wurde der Sportprinz, ein zweisitziges Coupé, in das Automobil-Programm der NSU Werke Aktiengesellschaft aufgenommen. Die Karosserie hatte die Carrozzeria Bertone S. p. A. in Turin geschaffen. Nachdem bis August 1961 über 100 000 Prinz I, Prinz II und Prinz III sowie Sportprinz hergestellt worden waren, lief im September 1961 die Produktion des NSU Prinz 4 an, der eine formschöne und geräumige Karosserie besaß. Die Antriebs- und Fahrwerkskomponenten hatte er jedoch von seinen Vorgängern übernommen. – Dem NSU Prinz 4 folgten die Modelle 1000 im Jahr 1964, der TT und der Typ 110 im Jahr 1965, der 1200 ein Jahr später und schließlich 1967 der TTS. Alle Wagen hatten Vierzylinder-Reihenmotoren, die quer zur Fahrzeuglängsachse im Heck eingebaut waren.

In Anbetracht des damaligen Entwicklungsstandes der Motorentechnik in Neckarsulm muß die gemachte Aussage präzisiert werden: Alle Wagen hatten Vierzylinder-Hubkolbenmotoren... 1964 war das Jahr, in dem das erste serienmäßig hergestellte Automobil mit Kreiskolbenmotor vom Band rollte, der NSU Spider. Der im Heck des Wagens untergebrachte wassergekühlte Einscheiben-Kreiskolbenmotor mit einem Kammervolumen von 498 cm³ leistete 50 PS bei 6000 min; sein maximales Drehmoment wurde mit 7,2 mkg bei 2500 min angegeben.

Der Motor des NSU Spider bildete die Konstruktionsbasis für einen größeren Zweischeiben-Kreiskolbenmotor, der für ein von Grund auf neu entworfenes, größeres Nachfolgemodell gedacht war. Die Entscheidung, einen größeren Wagen zu bauen und damit in eine anspruchsvollere Wagenklasse einzusteigen, war in Neckarsulm bereits 1961 gefallen. Die Form des Fahrzeugs lag schon 1963 fest; der damalige Chefkonstrukteur

Links: NSU Prinz I, wie er im September 1957 vorgestellt wurde. Der Zweizylinder-Viertaktmotor im Heck hatte 583 cm³ Hubraum und leistete 20 PS bei 4600/min.

Rechts: NSU Spider – das erste serienmäßig hergestellte Automobil mit einem Kreiskolbenmotor!

Links: NSU Prinz 4 aus dem Jahre 1961, jetzt auf 30 PS bei 5600/min erstarkt. Zwölf Jahre blieb dieses Modell mit nur geringen Änderungen im Angebot.

Rechts: NSU TTS 1967/68, ein »heißer« Wagen mit 996-cm³-Vierzylindermotor (ohc) im Heck und einer Spitze von über 160 km/h. Der TTS wurde viel im Motorsport eingesetzt.

Oben: Der NSU Ro 80 – ein Wagen, der seiner Zeit nicht nur in formaler Hinsicht weit voraus war. Es gab ihn von 1967 bis 1977.

Links: Der NSU Ro 80 war kein Produkt einer Massenherstellung. Maximal-Stückzahl, erreicht im Frühjahr 1969: 30 Fahrzeuge pro Arbeitstag.

Rechts: Der Mantel des Kreiskolbenmotors wird aufs Seitenteil gesetzt. Gut zu erkennen sind Exzenterzapfen und Läufer. Auch hier: sorgfältigste Handarbeit.

und spätere Entwicklungsleiter, Dipl.-Ing. Ewald Praxl, realisierte das Projekt. Seine Präsentation erfolgte auf der Internationalen Automobil-Ausstellung im Herbst 1967 als NSU Ro 80.

Der NSU Ro 80 hatte einen wassergekühlten Zweischeiben-Kreiskolbenmotor; sein Kammervolumen betrug $2 \times 497{,}5$ cm³, seine Leistung 115 PS bei 5500 min. Er war das erste Neckarsulmer Automobil mit Frontantrieb und zeichnete sich – was das äußere Erscheinungsbild betraf – durch seine funktionelle Eleganz aus: Die flache Motorhaube wurde durch die geringe Bauhöhe des Kreiskolbenmotors ermöglicht. Die nach hinten ansteigende Karosserielinie führte zu einer insgesamt strömungsgünstigen Karosserieform; der Luftwiderstandsbeiwert wurde mit $c_w = 0{,}355$ angegeben.

Der NSU Ro 80 war ein Meilenstein im Automobilbau. Technische Entwicklungsaufgaben sind heute kaum personifizierbar, sie stellen im allgemeinen eine Gemeinschaftsarbeit dar. Anders jedoch beim Kreiskolbenmotor, er ist das Werk von Dr. h. c. Felix Wankel, der seit 1951 mit der Neckarsulmer Unternehmung zusammenarbeitete. Er verfügt über große Erfahrungen im Bau von Drehschiebern hinsichtlich deren Abdichtung und beschäftigt sich schon seit den zwanziger Jahren mit der Frage, wie ein Rotationskolbenmotor zu verwirklichen sei. Wankel ging das Problem von zwei Seiten an: Einerseits stellte er die Frage nach der Beherrschung der Abdichtung und andererseits stellte er die Frage, wie ein »viertaktendes« Rotationssystem zu realisieren sei.

Ohne an dieser Stelle auf die einzelnen Stufen der Entwicklung eingehen zu wollen – der Verfasser muß hier auf die umfangreiche Literatur verweisen –, muß auf die 1958 entstandene »vereinfachte« Motorenform hingewiesen werden: In einem feststehenden Motorgehäuse rotiert der dreieckförmige Kolben in planetenartig kreisenden Bewegungen, um größenveränderliche Kammern zu bilden.

Das Kreiskolbenprinzip zu einem reifen und betriebssicheren Ottomotor entwickelt zu haben, ist das Verdienst von Dr.-Ing. Froede, dem Leiter der Forschung und Vorentwicklung bei NSU jener Jahre.

Der NSU Ro 80 war ein Prestige-Erfolg für die junge Automobil-Marke NSU. In Anbetracht des erstaunlich konservativ eingestellten Autopublikums hatte man in Neckarsulm aber auch einen konventionellen Typ, den NSU K 70, entwickelt; das Triebwerk des K 70 war ein Vierzylinder-Hubkolbenmotor.

Oben: Schnittzeichnung des Zweischeiben-Kreiskolbenmotors und der Kraftübertragungsorgane des NSU Ro 80. Rechts daneben: Designstudie aus dem Hause Pininfarina – ein Ro 80 mit Schiebetüren, der 1971 als Einzelstück präsentiert wurde.

Rechts: Blick in die Fließbandfertigung des NSU Spider. Von 1964 bis 1967 rollten 2375 Wagen dieses Modells von den Neckarsulmer Bändern.

Unten: 1954 baute Gustav Adolf Baumm mit NSU eine Weltrekord-Maschine, die den niedrigsten Luftwiderstands-Beiwert, der bis dahin bei einem Einspurfahrzeug realisiert werden konnte, aufwies. Einer der »Baummschen Liegestühle« hatte einen 50-cm³-Motor von 3,4 PS Leistung, ein anderer, etwas größerer besaß einen 100-cm³-Motor mit 7 PS. Elf Weltrekorde konnte NSU damals mit diesen Fahrzeugen verbuchen. Rechts daneben: Werner Haas auf seiner 125er NSU-Renn-Fox, mit der er 1953 die deutsche Meisterschaft und die Weltmeisterschaft errang.

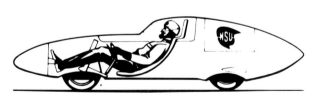

Gründe und Auswirkungen der Fusion

Fleiß, Ideenreichtum und Mut zum Risiko der Mitarbeiter und der Unternehmungsleitung hatten die NSU Motorenwerke AG zu einer Automobilfabrik werden lassen, die 1968 im Mittelpunkt des Interesses stand.

Zwei Jahrzehnte zuvor, 1948, hatte man noch die Trümmer des Krieges räumen müssen, um mit der Produktion des Motorfahrrades Quick und der Motorräder 125 ZDB und 251 OSL, mit Fahrzeugen, die aus dem NSU-Produktionsprogramm der Vorkriegsjahre stammten, beginnen zu können.

Die prägende Kraft jener Nachkriegsjahre war bei NSU Walter E. Niegtsch, der – zunächst von der Besatzungsmacht 1946 kommissarisch als Gesamtleiter der Unternehmung eingesetzt – am 1. Januar 1947 den Vorstandsvorsitz übernahm. Er hatte dieses Amt bis zu seinem Tode am 29. Mai 1951 inne. Als Nachfolger wurde Dr.-Ing. Gerd Stieler von Heydekampf gewählt. 1953 war die Neckarsulmer Unternehmung der größte Zweiradproduzent der Welt!

Die wirtschaftliche Situation im Jahre 1968 konnte bei der schwäbischen Firma als durchaus zufriedenstellend bezeichnet werden. Das seit der Währungsreform 1948 mehrfach erhöhte Grundkapital hatte die Finanzierung der Bauvorhaben weitestgehend mit Eigenkapital erlaubt, die Inanspruchnahme von Fremdkapital hielt sich in einem durchaus vertretbaren Rahmen. Noch für das letzte Geschäftsjahr der NSU Motorenwerke Aktiengesellschaft, 1968, wurde ein Gewinn von DM 6 080 000 ausgewiesen und eine Dividende von 8 Prozent auf das Grundkapital von DM 87 000 000 ausgeschüttet. Es war aber nicht zu übersehen, daß der prozentuale Anteil von NSU bei den Neuzulassungen von Automobilen mit einem Hubraum von 500 bis 999 cm^3 seit 1966 rückläufig war: Betrug im Jahre 1966 der Anteil noch 18,1 Prozent, so war er im Jahre 1967 auf 16,7 Prozent und 1968 auf 13,2 Prozent gesunken. An sich noch kein Grund zur Sorge, aber die Wettbewerber aus dem Raum der Europäischen Wirtschaftsgemeinschaft, aus Italien und Frankreich, drängten auf den deutschen Markt, »deren wirtschaftliche Stärke NSU mit seinen finanziell und produktionstechnisch begrenzten Möglichkeiten allein auf die Dauer nicht in entsprechendem Maß begegnen kann«, hieß es im Geschäftsbericht von NSU für das Geschäftsjahr 1968. Vorstand und Aufsichtsrat der NSU Motorenwerke AG waren von der Notwendigkeit des Zusammengehens mit einem anderen Automobilhersteller überzeugt. Der Vorstandsvorsitzende der Neckarsulmer Gesellschaft, Dr.-Ing. Gerd Stieler von Heydekampf, nahm bereits 1965 auf Anraten der Dresdner Bank AG, einem Mehrheitsaktionär der NSU Motorenwerke AG, Gespräche mit führenden Automobilherstellern im In- und Ausland auf. Die Verhandlungen mit der französischen Firma SIMCA strebten bereits dem Endstadium zu, als von Wolfsburg Bereitschaft zur Übernahme der Neckarsulmer Unternehmung signalisiert wurde.

Dem Vernehmen nach wurden die Gespräche von Dr. Hermann Richter, Vorsitzender des Aufsichtsrats der NSU Motorenwerke AG, und Dr. Josef Rust, Vorsitzender des Aufsichtsrats der Volkswagen AG, eingeleitet. Beide Herren waren Mitglieder des Aufsichtsrats der Brown, Boveri & Cie Aktiengesellschaft in Mannheim, bei der Firma, bei der Dr. h. c. Kurt Lotz Vorstandsmitglied gewesen war, bevor er am 1. Juni 1967 als stellvertretendes Vorstandsmitglied bei der Volkswagen AG in Wolfsburg tätig wurde. Nach dem Tode von Prof. Dr.-Ing. E. h. Heinrich Nordhoff übernahm Lotz den Vorstandsvorsitz der Wolfsburger Unternehmung. – Die von Dr. Richter und Dr. Rust eingeleiteten Gespräche gingen zügig voran; es kam zum Abschluß des Verschmelzungsvertrags vom 10. März 1969 zwischen der Auto Union GmbH und der NSU Motorenwerke AG, der zur Gründung der »Audi NSU Auto Union Aktiengesellschaft« führte. Das Ziel der Verschmelzung war der Ausbau notwendiger Produktionskapazitäten.

»Wir haben die Arbeit der Neckarsulmer seit langer Zeit mit Interesse verfolgt, und es hat uns imponiert, wie dieses Unternehmen die Schwierigkeiten gemeistert hat, die sich gerade kleineren Unternehmen auf dem hart umkämpften Automobilmarkt entgegenstellen. Wir haben vor allem den Einfallsreichtum der NSU-Ingenieure anerkannt, die den Automobilbau um originelle Lösungen bereichert haben«, sagte der damalige Vorstandsvorsitzende der Volkswagen AG Dr. h. c. Kurt Lotz am 3. Juli 1969 auf der Hauptversammlung der Unternehmung in Wolfsburg. Lotz begrüßte den jetzt stärker werdenden konzerninternen Wettbewerb, wies aber gleichzeitig mit Nachdruck darauf hin, daß es kein Gegeneinander geben dürfe.

Seit dem 26. August 1969 war Lotz Vorsitzender des Aufsichtsrats der neuen Unternehmung, der Audi NSU Auto Union AG. Zum Leiter des Vorstands war Dr.-Ing. Gerd Stieler von Heydekampf berufen worden.

Am Ende des ersten Geschäftsjahres, am 31. Dezember 1969, waren 26 595 Mitarbeiter bei der Audi NSU Auto Union AG tätig. Die Produktion war um 34 Prozent gegenüber dem Vorjahr gesteigert worden und lag damit wesentlich über der Steigerungsrate der deutschen Automobilindustrie im Jahre 1969.

Im einzelnen waren 1969 in den Werken Ingolstadt und Neckarsulm hergestellt worden:

Produktion von NSU-Automobilen zwischen 1957 und 1968			
Zweizylinder-Typen	davon	NSU Prinz	479 397
		NSU Sport-Prinz	20 831
			500 228
Vierzylinder-Typen	davon	NSU 1000	116 849
		NSU TT / TTS	24 579
		NSU 110 / 1200	109 462
			250 890
Automobile mit NSU/Wankel-Kreiskolbenmotor	davon	NSU Spider	2 375
		NSU Ro 80	6 420
			8 795
Insgesamt			759 913

	1969	1968
Audi (60 bis Super 90)	49 182	64 194
Audi Variant	3 465	3 280
Audi 100/100 S/100 LS	67 852	90
Munga	–	2 317
	120 499	69 881
NSU Prinz 4	61 240	53 351
NSU 1000 / TT / TTS / 1200	74 841	68 193
NSU Ro 80	7 811	6 066
Sonstige	23	–
	143 915	127 610
Insgesamt	264 414	197 491
Außerdem: Montage von Volkswagen	29 259	92 166

Ein sorgfältig strukturiertes Modellprogramm war es nicht, es war vielmehr eine in Kauf genommene Begleiterscheinung der Fusion und reichte vom Kleinwagen mit Heckmotorantrieb über den repräsentativen Mittelklassewagen mit Frontantrieb zum Prestigemodell Ro 80 mit Kreiskolbenmotorenantrieb. In Ingolstadt lief die Entwicklung des Audi 50 an, der die Nachfolge der NSU-Heckmotorwagen übernehmen sollte; im Herbst 1974 wurde der kleine Audi der Öffentlichkeit vorgestellt. Die Produktion der NSU-Heckmotorwagen war bereits 1973 eingestellt worden; 7801 Prinz 4 und 5 (!) »1200« rollten damals als letzte von den NSU-Fließbändern in Neckarsulm.

Ein Automobil mit dem Markenzeichen »NSU« wurde noch weitergebaut: der NSU Ro 80. Er brachte es auf insgesamt 37398 Exemplare.

Produktion des NSU Ro 80:

1967	354	1971	2916	1975	1311
1968	6066	1972	4203	1976	1795
1969	7811	1973	4074	1977	382
1970	7200	1974	1286		

Die wirtschaftliche Entwicklung der Audi NSU Auto Union AG von 1969 bis 1984

Wachstum und Expansion bestimmten das Geschehen in Ingolstadt und Neckarsulm in den siebziger und achtziger Jahren. – Bis zum Jahre 1973 stieg die Produktion von Audi- und NSU-Automobilen kontinuierlich.

Der im August 1972 herausgekommene Audi 80 der 1. Generation wurde vom Markt sehr gut aufgenommen. Infolgedessen mußten von diesem Wagen mehr als ursprünglich geplant produziert werden. 1973 wurden 238696 Audi 80 hergestellt und 159216 Audi 100; mit insgesamt 397912 Automobilen wurde eine Jahresproduktion von Audi-Automobilen erreicht, die erst 1987 überschritten werden konnte.

Im März 1973 lief der einmillionste Audi seit der Wiederaufnahme der Produktion von Audi-Automobilen nach dem Zweiten Weltkrieg vom Fließband, dieser Wagen war zugleich der hunderttausendste Audi 80 der 1. Generation. Im Herbst zeigten sich jedoch Vorboten der Konjunkturabschwächung: Das Rohöl aus den arabischen Ländern floß spärlicher, das Benzin wurde knapp und teuer. 1974 belasteten gestiegene Lohn- und Materialkosten die Herstellungskosten empfindlich; Preiserhöhungen waren die unausbleibliche Folge. Hinzu kam ein »Schwächeanfall« des Dollars, der wiederum die Exportaktivitäten der deutschen Industrie belastete. Die Ingolstädter Unternehmung konnte sich den Wechselwirkungen des Wirtschaftslebens nicht entziehen, die Produktion mußte gedrosselt werden. 1974 wurden bei der Audi NSU Auto Union AG 33 Prozent weniger Automobile gebaut als im Jahr davor. Die Zahl der Mitarbeiter mußte verringert werden.

Im September 1974 erlebte der »kleine Audi«, der Audi 50, sein Debut; er war im unteren Marktsegment angesiedelt und hatte die Nachfolge der bis 1973 produzierten NSU-Heckmotorwagen übernommen. Dieser Kleinwagen war ein durchaus marktkonformer Wagen, denn in jener Zeit wurde einem Automobil seiner Klasse der Vorzug gegeben. Zur besseren Auslastung der Neckarsulmer Produktionseinrichtungen wurde 1975 dort die Montage des Porsche Typ 924 aufgenommen; sechs Jahre später, 1981, konnte man in Neckarsulm die Montage des einhunderttausendsten Porsche Typ 924 feiern. – Das Jahr 1976 brachte die erhoffte konjunkturelle Belebung, die insbesondere der Automobilwirtschaft zugute kam. Im August 1976 wurde in Luxemburg der Audi 100 der 2. Generation der Presse vorgestellt. Auch er wurde ein großer Erfolg; im folgenden Jahr, 1977, konnten allein von diesem Typ 195012 Stück gefertigt werden. 1978, das darf an dieser Stelle schon gesagt werden, wurden vom Audi 100 der 2. Generation 198667 Wagen gebaut. – 1977 wurde die Produktion des letzten Automobils mit dem Markenzeichen NSU eingestellt, des NSU Ro 80. Die Absatzzahlen dieses Wagens waren in den vorausgegangenen Jahren erheblich zurückgegangen. Demzufolge mußte die tägliche Fertigung des Ro 80 reduziert werden, die Herstellungskosten je Wagen stiegen. Die Unternehmungsleitung entschied sich deshalb für die Einstellung der Produktion des Flaggschiffes des Hauses. Eine Entscheidung, die nicht leichtgefallen sein dürfte.

Die Aktivitäten auf dem Gebiet des Kreiskolbenmotors waren nach der Fusion 1969 fortgesetzt worden. 1971 waren 21 Lizenzverträge in Kraft. Bei der weiteren Entwicklung des NSU/Wankelmotors konzentrierte man sich insbesondere auf die Fragen der Reduzierung des Kraftstoffverbrauchs, der Verminderung der Abgasemission und der Senkung der Herstellungskosten. Der neu entwickelte Kreiskolbenmotor vom Typ KKM 871 wurde im Audi 100 eingesetzt und in mehrwöchigen Vorführaktionen den Lizenznehmern in den USA und in Japan präsentiert. Das Ziel der Entwicklung war die Schaffung eines wettbewerbsfähigen und marktgerechten Antriebsaggregates, das alle gesetzlichen Auflagen im In- und Ausland erfüllt und durchaus einem in der Leistungsklasse vergleichbaren Hubkolbenmotor ebenbürtig ist. Der Audi 80 der 2. Generation erschien im Herbst 1978, ein in seinem Erscheinungsbild elegant wirkender Wagen, der sich sofort die Gunst der Interessenten erwarb. Im folgenden Jahr, 1979, verließen 142496 Audi 80 die Ingolstädter Fließbänder; 176885 Audi 100 wurden im gleichen Jahr hergestellt. Und die Audi NSU Auto Union AG trat mit dem Audi 200 5E sowie mit der leistungsstärkeren Version Audi 200 5T in die Klasse der luxuriösen Automobile ein.

Auf dem Genfer Salon 1980 präsentierte das Ingolstädter Werk den vierradgetriebenen Audi quattro und setzte mit diesem Wagen neue Maßstäbe im Automobilbau. Die Audi NSU Auto Union AG beteiligte sich von nun an stärker auf motorsportlichem Gebiet mit Erfolg.

Ende 1982 überraschten die Ingolstädter die Automobilwelt mit einem völlig neu entwickelten Audi 100: Mit dem in seiner Klasse einmaligen Luftwiderstandsbeiwert von $c_w = 0,30$ dem sehr niedrigen Kraftstoffverbrauch und seinen korrosionsbeständigen Materialien sowie einer Reihe von Verbesserungen an Fahrwerk und Motor stellte der Audi 100 ein Novum im Automobilbau dar. Absatz und Produktion der Ingolstädter Unternehmung stiegen weiter. Im Dezember 1982 wurde der Audi 80 quattro vorgestellt und damit der Großserienbau eines Wagens mit permanentem Allrad-Antrieb eingeleitet. Die Produktion in 1982 sank geringfügig unter die des Jahres 1981; mit der regen Nachfrage nach dem Audi 100 der 3. Generation stieg in 1983 die Produktion wieder und erreichte mit 358213 Wagen einen neuen Spitzenwert.

Die Modellpalette wurde erweitert. Im November 1984 kam der Audi 90 auf den Markt, ausgestattet mit einem Fünfzylindermotor. Der Audi 80 wurde von nun an nur mit Vierzylindermotor geliefert. Seit Anfang des Jahres 1984 waren in der Bundesrepublik Deutschland die Modelle Audi 80 C, Audi 100 CC und Audi 200 Turbo mit Katalysator ausgerüstet; für das Modelljahr 1985 wurde das Katalysator-Programm auf acht Modelle erweitert. Alle Modelle konnten als quattro geliefert werden: Audi 80, Audi 90, Audi 100 und Audi 200.

Mit Stolz konnte man in Ingolstadt auf den gestiegenen Absatz in den USA verweisen; der Export in die Vereinigten Staaten von Nordamerika hatte 1984 um 50 Prozent gegenüber 1983 zugenommen.

Die Audi Aktiengesellschaft

Seit der 1977 erfolgten Produktionseinstellung des »NSU Ro 80« tragen die aus Ingolstadt und Neckarsulm kommenden Automobile den gemeinsamen Markennamen »Audi«.

Im Firmennamen Audi NSU Auto Union Aktiengesellschaft wurden die Ahnen der Unternehmung in Erinnerung gebracht, die NSU Motorenwerke AG und die Auto Union GmbH. Diese Firmen haben, jede auf ihrem speziellen Gebiet, ihren Teil zur Entwicklung des deutschen Automobilbaues beigetragen. Am 1. Januar 1985 wurde die von der Hauptversammlung der Unternehmung beschlossene Namensänderung in Audi Aktiengesellschaft vorgenommen. Automobilmarke und Firmenname sind von diesem Zeitpunkt an identisch. Mit dieser Namensänderung der Firma wird zugleich die Tradition der 1910 von dem Automobil-Pionier August Horch in Zwickau in Sachsen gegründeten Audi Automobil-Werke GmbH fortgesetzt, jener Firma, die am 29. Juni 1932 mit der ebenfalls in Zwickau beheimateten Firma Horch-Werke AG und den Zschopauer-Motorenwerken J. S. Rasmussen AG unter gleichzeitiger Übernahme der Automobil-Abteilung der Wanderer-Werke AG in Siegmar-Schönau zur Auto Union AG verschmolzen wurde. Unter dem Zeichen der Vier Ringe traten die vier sächsischen Unternehmungen, gestützt auf lange Erfahrung im Bau von wirtschaftlichen Motorrädern und hochwertigen Automobilen, an.

Diese Tradition führt die Audi AG weiter. Juristischer Sitz der Audi AG wurde am 1. Januar 1985 Ingolstadt an der Donau.

In ihrem ersten Geschäftsjahr wartete die Audi AG mit einer Überraschung auf: Mit Beginn des Modelljahrgangs 1986 laufen alle Audi 100 und Audi 200 mit Karosserien vom Band, die aus beidseitig feuerverzinktem oder elektrolytisch verzinktem Blech bestehen. Mit diesen äußerst wirksamen Korrosionsschutzmaßnahmen wird ein Höchstmaß an Langzeitqualität erreicht und der Zeitwert des Wagens erhöht.

Im Frühjahr 1985 präsentierte die Audi AG bereits 37 Automodelle mit Katalysator, zu einem Zeitpunkt, als die Politiker die Frage der Abgasgrenzwerte noch nicht beantwortet hatten; die Umweltminister der Europäischen Gemeinschaft legten erst im Juli 1985 die Abgasgrenzwerte fest.

Die damals kontrovers geführten Abgas- und Tempolimitdiskussionen hatten Auswirkungen auf Produktion und Absatz der deutschen Automobilindustrie. Der Inlandsabsatz von Audi ging um 7,5 Prozent auf 131 187 Fahrzeuge zurück; durch die Steigerung des Exports im Jahre 1985 auf 233 861 = 9,4 Prozent Wagen konnte der Rückgang des Inlandsabsatzes jedoch kompensiert werden.

Das Jahr 1986 stand im Zeichen des Modellwechsels: der Audi 80 der 3. Generation wurde präsentiert. Mit diesem Automobil wurden erneut Maßstäbe im Automobilbau gesetzt: Unübertroffen in seiner Klasse ist der c_w-Wert von 0,29; die Karosserie aus vollverzinktem Stahlblech mit einem großzügigen Raumangebot, das genial einfache Sicherheitssystem »procon-ten« und die Weiterentwicklung des Allrad-Antriebs durch das Torsen-Differential sind weitere Merkmale dieses fortschrittlichen Audi-Modells.

Umstrukturierungen im Preßwerk, im Karosserierohbau und in den Montagen waren für den fertigungstechnischen Anlauf des Audi 80 der 3. Generation notwendig. Mit der völlig neuen Aufbaulinie im Karosserierohbau wurde eine der modernsten Anlagen in der Automobilindustrie geschaffen. Die geplanten Produktionszahlen 1986 konnten trotz der durch den Serienanlauf des neuen Audi 80 erforderlichen produktionstechnischen Umstellungen nahezu gehalten werden.

Alle Anzeichen deuteten darauf hin, daß der neue Audi 80 ein erfolgreiches Modell der Ingolstädter Unternehmung werden würde. Der Verlauf des Geschäftsjahres 1987 sollte dies bestätigen. Die Nachfrage war groß; 255 636 neue Audi 80 – und damit 75,2 Prozent mehr als 1986 – wurden hergestellt. Auch der im Mai 1987 vorgestellte neue Audi 90 wurde vom Markt gut aufgenommen. Bis zum Jahresende verließen 34 662 Audi 90 die Ingolstädter Fließbänder.

Bei den großen Modellen, Audi 100 und Audi 200, mußten Absatzrückgänge hingenommen und infolgedessen die Fertigung auf 105 057 bzw. 10 467 Einheiten zurückgenommen werden. 1987 wurden insgesamt 417 234 Audi-Automobile und damit 64 499 = 18,29 Prozent mehr hergestellt als 1986.

Die bis dahin höchste Jahresproduktion, die des Geschäftsjahres 1973 der damaligen Audi NSU Auto Union GmbH mit 397 912 Einheiten, wurde um 19 322 Einheiten = 4,85 Prozent überschritten.

Die Auftragsfertigung der Typen 924 und 944 im Werk Neckarsulm für die Dr.-Ing. h. c. F. Porsche AG Stuttgart wurde im Geschäftsjahr 1987 reduziert, da der Absatz dieser Vierzylindermodelle im Jahre 1987 rückläufig war.

Die Fertigung je Arbeitstag entwickelte sich unterschiedlich: Während 1985 je Arbeitstag 1558 Audi-Automobile hergestellt wurden, sank die arbeitstägliche Ausbringung 1986 auf 1538. 1987 stieg die Tagesproduktion auf 1797, also um 16,8 Prozent. – Das moderne Automobil ist im Vergleich zu seinem Vorgänger fertigungsintensiver. Der Kunde verlangt – und das sollte in naher Zukunft in noch stärkerem Maße der Fall sein – eine anspruchsvollere Technik und eine hochwertigere, seinen persönlichen Wünschen entsprechende Ausstattung. Das bedeutet eine Modell- und Teilevielfalt, die nur mit einer hochwertigen Logistik zu realisieren ist: Die für die Produktion benötigten Teile müssen vom Vorlieferanten stundengenau beziehungsweise taktgenau angeliefert werden. Das gilt auch für die im Werk selbst hergestellten Teile.

Die Tatsache, daß die Fertigung höherwertiger Modelle mehr Personal erfordert, führte 1986 zu umfangreichen Neueinstellungen von Mitarbeitern. Ende 1986 waren bei der Audi AG 39 843 Mitarbeiterinnen und Mitarbeiter tätig gegenüber 36 393 Ende 1985. Im Werk Ingolstadt arbeiteten 28 054 Ende 1986 und im Werk Neckarsulm 11 789 Menschen. 14,9 Prozent der Mitarbeiter waren Frauen.

Diese Zahlen dürfen nicht isoliert betrachtet werden; denn die Unternehmung – und das gilt auch für die Audi AG – ist in eine vielschichtige, komplexe, gesellschaftliche Umgebung eingebettet. Da sind die Zulieferanten für Material und Teile, da ist die Absatzorganisation im In- und Ausland, deren Mitarbeiter nicht exakt erfaßt werden können. Die Bedeutung der Audi AG als Arbeitgeber strahlt weit über den Ingolstädter und Neckarsulmer Raum hinaus.

Die Dimensionen, in die die Audi AG hineingewachsen ist, zeigt auch ein Vergleich der Produktionszahl der Auto Union AG im letzten Friedensjahr, im Jahre 1938, mit der Produktionszahl des Jahres 1987 der Audi AG:

Entwicklung der Audi-Produktion seit 1985			
Modelle	1985	1986	1987
Audi 80	131 736	145 918	255 636
Audi 90	55 265	33 162	34 662
Audi Coupé	21 842	16 892	10 977
Audi quattro	1 530	774	435
Audi 100	131 156	137 488	105 057
Audi 200	17 083	18 501	10 467
	358 612	352 735	417 234
Porsche 924 / 944	33 440	30 784	25 833
Produktion insgesamt	393 052	383 519	443 067
davon im Werk Ingolstadt	269 064	259 951	315 730
im Werk Neckarsulm	122 988	123 568	127 337

Im Jahre 1938 wurden von der sächsischen Unternehmung insgesamt 52 169 Personenkraftwagen (39 839 DKW, 10 107 Audi und Wanderer sowie 2223 Horch) produziert.

Im Jahre 1987 stellte die Audi AG in den Werken Ingolstadt und Neckarsulm insgesamt 417 234 Automobile her.

Die Jahresproduktion der damaligen Auto Union AG betrug 12,5 Prozent der Audi AG. Es handelt sich – und das muß mit Nachdruck betont werden – um einen rein rechnerischen Vergleich, bei dem eine Vielzahl von Parametern, etwa die Entwicklung der Fertigungstechnologie, außer Ansatz bleibt.

Mit Beginn des Geschäftsjahres 1988 traten an der Spitze der Unternehmung Veränderungen ein.

Am 31. Dezember 1987 trat Dr. jur. Wolfgang Habbel als Vorsitzender des Vorstandes der Audi AG zurück. Der Aufsichtsrat bestimmte zu seinem Nachfolger den Porsche-Enkel Dr. techn. h. c. Diplom-Ingenieur E.T.H. Ferdinand Piëch. Habbel gebührt das Verdienst, die Ingolstädter Unternehmung zu dem gemacht zu haben, was sie heute ist: Ein Unternehmen mit eigenem Profil, dessen Produkte weltweit Anerkennung finden.

Ferdinand Piëch, der zum 1. Januar 1988 zum Vorstandsvorsitzenden berufen wurde, hat in der Ära Habbel als stellvertretender Vorstandsvorsitzender und Leiter der Technischen Entwicklung dem Hause eine Führungsrolle im deutschen Automobilbau zugewiesen, die mit Begriffen wie »5-Zylinder-Ottomotor«, »Abgas-Turbolader mit Ladeluftkühlung«, »permanenter Allrad-Antrieb«, »wirtschaftliche Aerodynamik«, »vollverzinkte Ganzstahl-Karosserie«, »Sicherheitssystem procon-ten« und »erste ABE für lambdageregelten Motor mit Dreiwege-Katalysator in der Bundesrepublik Deutschland« gekennzeichnet ist. Mit Piëch ist ein Ingenieur an die Spitze der Ingolstädter Unternehmung getreten, der den immer schärfer werdenden weltweiten Wettbewerb mit einer hochwertigen Automobiltechnik und Flexibilität der Produktionsverfahren aufnehmen muß.

Mehr als vier Jahrzehnte sind seit der Gründung des Zentraldepots für Auto Union Ersatzteile in Ingolstadt vergangen. Seine Gründer, die Herren Dr. rer. pol. et Dr.-Ing. E. h. Richard Bruhn und Dr.-Ing. Carl Hahn sowie die Herren Schittenhelm, Burghalter und Heckel, haben damals den Grundstein für die heutige Audi AG gelegt, deren Entwicklung in diesem Buch aufgezeigt wird.

Die Geschichte der Audi AG ist mehr als die Geschichte einer Unternehmung. Sie ist ein Stück deutscher Automobil-Geschichte und damit ein Stück Technik-Geschichte, aber auch ein Stück deutscher Wirtschaftsgeschichte und damit zugleich ein Stück deutscher Nachkriegsgeschichte.

*Viereinhalb Jahrzehnte
Verbundenheit
im Zeichen der Vier Ringe:
Ein Audi UW aus dem Jahre 1934
mit seinem
Urenkel aus Ingolstadt von 1979,
ein Audi 200 5E.*

70 Audi 200 quattro auf einem Streich. Soviele Wagen dieses Typs erwarb eine Münchner Mietwagenfirma kurz nach Erscheinen für ihre anspruchsvolle Kundschaft.

Audi 100 Turbo quattro, Modelljahrgang 1986, serienmäßig mit geregeltem Katalysator ausgestattet.

Dieses Röntgenbild zeigt die ausgeglichene und zweckvolle Verteilung von Gewicht und Raum. Vor der Vorderachse liegt leicht zugänglich und raumsparend angeordnet das gesamte Triebwerk. Der Tank befindet sich unfallsicher hinten. Zwischen den Achsen der kräftige Kastenprofilrahmen, das starke Rückgrat des DKW. Darüber, im bestgefederten Raum, die bequemen Polstersitze.

Der »röntgenologische« Vergleich des DKW F 89 P mit seinem sächsischen Ahnen zeigt deutlich die unterschiedliche Motoranordnung: Der Motor des F 89 P saß vor, der des F 8 jedoch hinter der Vorderachse.

Rechts: Titelseite eines Katalogs für den DKW 3=6 von 1955 – dynamisch im Stil seiner Zeit.

Links: Titelseite eines Prospektes für den DKW Meisterklasse Universal. Das Eschenholzgerippe, das mit kunstharzgetränkten Sperrholzplatten ausgefüllt war, ist gut erkennbar.

Unten links: DKW Monza vor historischer Kulisse, die Nürburg in der Eifel. Unten: DKW Meisterklasse des Modelljahrgangs 1953 als zweitürige Limousine; die Kühlermaske war aus einem Stück geformt. Darunter: Auto Union STM III aus dem Jahre 1956. Diese Limousine steht heute im Auto-Museum der Volkswagen AG in Wolfsburg.

DKW-MEISTERKLASSE LIMOUSINE

Oben: Aus einem VEMAG-Katalog von 1966. Der Belcar 66 ist die brasilianische Ausführung des Auto Union 1000, das Modell Vemaguett hieß in Europa Auto Union 1000 Universal.

Rechts: Mit besonders anspruchsvoll aufgemachten Katalogen warb man für den viertürigen Auto Union 1000 S (Frühjahr 1959).

Links: Titelseite eines Prospektes für den DKW Lieferwagen aus dem Jahre 1949.

Rechts: Auto Union-DKW Schnellaster F 1000 D vor einer Werkshalle der IMOSA in Vitoria, Spanien.

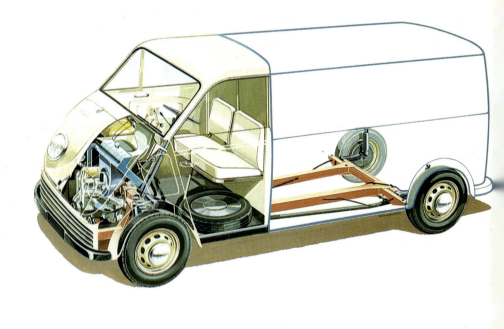

Unten links: Zeichnung vom Fahrerhaus des DKW Schnellasters 3=6, rechts daneben eine Röntgenzeichnung dieses Wagens.

Ganz links: Fahrerhaus des Dieselmodells. Neben den vier Ringen waren die Schriftzügen »Diesel« und »Motor Mercedes-Benz« angebracht. Der wassergekühlte Vierzylinder-Reihenmotor Typ OM 636 hatte 1767 cm³ Hubraum und leistete 40 PS bei 3500/min. Rechts daneben Darstellung der Aufbauten für dieses Fahrzeug.

SCHÖN WIE EIN AUTO · SPARSAM WIE EINE NSU

Lambretta AUTOROLLER

NSU-*Prinz* aus gutem Hause

- 600 ccm
- 20 PS
- ca. 105 km/h Spitze
- Normalverbrauch 5 Liter / 100 km
- Hervorragende Strassenlage
- Platz für 4 Erwachsene
- Rundumverglasung

Gegenüberliegende Seite: Oben links die Titelseite eines Prospektes für den NSU-Lambretta Autoroller, rechts daneben ein Werbeblatt für den NSU Prinz I von 1957.

Links: NSU Ro 80 – ein Automobil, das bei seinem Erscheinen im September 1967 in vieler Hinsicht für weltweites Aufsehen sorgte. Die Keilform seiner Karosserie – eine flachansteigende Motorhaube, ein hohes Stufenheck – eilte ihrer Zeit voraus.

Oben: Das umfangreiche Modellprogramm der Audi NSU Auto Union AG im Jahr 1969.

Das Werk Neckarsulm der Audi AG (Stuttgarter Luftbild Elsäßer GmbH, freigegeben durch den Reg.-Präsidenten Stuttgart, Lizenz-Nr. 9/77 663).

Rechts: Fertigungsstraße für NSU-Wankelmotorenteile mit 15 Arbeitsstationen – eine Werksaufnahme aus dem Jahre 1971.

Unten: Anderthalb Jahrzehnte später entstand hier ein neues Gebäude. Für die Audi AG ist Neckarsulm nach wie vor Standort wichtiger Betriebsstätten.

Die Motorräder und Automobile von DKW und Audi nach 1949

Die DKW-Motorräder aus Ingolstadt

Auf der Wiener Frühjahrsmesse im März 1940, wenige Monate nach Kriegsausbruch, präsentierte die Auto Union AG den 1 000 000sten DKW-Zweitaktmotor. Dieser Motor war in die neue DKW RT 125 eingebaut, die neben den beiden anderen, auf dieser Messe gezeigten Motorradneukonstruktionen, der Phänomen Bob 125 und der Puch 125, im Mittelpunkt des Publikumsinteresses stand. Friedlichen Zwecken konnte dieses Motorrad aus Zschopau leider nicht mehr dienen, es kam zum Kriegseinsatz und bewährte sich als anspruchsloses und robustes Fahrzeug.

Die Siegermächte des Zweiten Weltkrieges stellten dieser Motorradkonstruktion das beste Zeugnis aus: Das »War Reparation Board« machte die Konstruktionspläne anderen Herstellern zugänglich. So wurde die DKW RT 125 beispielsweise in Großbritannien von BSA (Bantam) und Royal Enfield, in den USA von Harley-Davidson, in Japan von Yamaha und in der Sowjet-Union kopiert. Es war naheliegend für die Auto Union GmbH, in Anbetracht der wirtschaftlichen Verhältnisse die Produktion dieses bewährten Motorrades wieder anlaufen zu lassen. Eine mit hohen Kosten verbundene Neuentwicklung ließ sich hierdurch vermeiden.

Um Mitte 1948 beauftragte Dr. Bruhn seinen Mitarbeiter Nikolaus Dörner, die DKW RT 125 konstruktiv zu überarbeiten und sie dem neuesten Stand der Motorradtechnik anzupassen.

Ein DKW-Händler in Regensburg besaß noch eine fabrikneue RT 125. Diese holte sich Dörner persönlich ab, ließ sie zerlegen und fertigte Zeichnungen an für die Zulieferanten der einzelnen Teile; denn in Ingolstadt standen anfangs noch keine entsprechenden Fertigungseinrichtungen zur Verfügung.

Die Rahmen wurden dann bei den Hoffmann Werken in Lintorf, die damals u. a. die Vespa in Lizenz bauten, hergestellt; die Leichtmetallgußteile wurden von den Aluminiumwerken Nürnberg GmbH (Nüral) und von den Heinkel-Werken in Stuttgart-Zuffenhausen geliefert. Von der Getrag, Getriebe und Zahnradfabrik GmbH in Ludwigsburg, Württemberg, wurden Getriebeteile bezogen.

Die Firmen Wizman und Küchen in Ingolstadt sowie die Westfälische Metallindustrie GmbH in Lippstadt lieferten die Kurbelwellen.

Der Motorradbau der Auto Union GmbH in Ingolstadt war anfangs ein Zusammenbau von Teilen, die bei Dritten hergestellt worden waren. Erst 1951 ließ die finanzielle Lage der Unternehmung größere Investitionen für entsprechende Fertigungseinrichtungen, wie Gießerei und Schmiede, zu. Von diesem Zeitpunkt an wurden die Bauteile weitestgehend im eigenen Hause hergestellt.

Die Leitung der Motorradproduktion lag von Anbeginn, vom Jahre 1949, bis zum Jahre 1955 in den Händen von Franz Ischinger.

Als die Auto Union GmbH auf der Exportmesse in Hannover im Mai 1949 zum ersten Mal ihr Fahrzeugprogramm – den DKW-Schnellaster ¾ to F 89 L und das DKW-Motorrad RT 125 W (W für »West«) – zeigten, gab es vom letztgenannten nur drei Exemplare: Die auf der Messe gezeigten zwei Exemplare und ein drittes Exponat, mit dem Nikolaus Dörner durch die Lande fuhr und den DKW-Händlern vorführte. Bei Bestellungen mußten Wartezeiten in Kauf genommen und Anzahlungen geleistet werden. Denn die der Ingolstädter Unternehmung eingeräumten Kredite reichten nicht aus, um die notwendigen Betriebsmittel zu finanzieren. Die Auto Union verfügte nicht über das notwendige monetäre Kapital, sie verfügte nur über ein nicht quantifizierbares Kapital: Mitarbeiter, die den Willen hatten, zu überleben, um für sich und für ihr Werk eine Zukunft zu schaffen; und man hatte draußen im Lande eine treue Händlerschaft...

DKW-Serienmotorräder

Das erste DKW-Motorrad aus Ingolstadt – die RT 125 W

Am 28. November 1949 erteilte das Bundesverkehrsministerium der Auto Union GmbH für die DKW RT 125 W die »Allgemeine Betriebserlaubnis Nr. 420«. Die Produktion lief an.

Bereits am 24. Januar 1950 lief das tausendste Motorrad dieses Typs vom Band. Am 4. Juli 1950, sieben Monate nach Produktionsbeginn, konnten die Ingolstädter mit Stolz die Herstellung der 10 000sten DKW RT 125 W melden. Und am 19. Dezember 1950 – ein Jahr war seit Produktionsbeginn vergangen – verließ die 25 000ste Maschine die Werkshallen an der Donau. Die Nachfrage nach diesem Motorrad erhöhte sich stetig: Im Jahre 1952 war jede dritte neu zugelassene Maschine in der Klasse bis 125 cm^3 eine DKW RT 125 W. Im Mai 1952 betrug ihr Marktanteil in der Klasse der 125er Motorräder 40,6 Prozent.

Insgesamt wurden von diesem Motorradtyp – von Produktionsbeginn im November 1949 bis zur Einstellung der Fertigung anfangs 1957 – 134 017 Stück gebaut.

Die DKW RT 125 W besaß einen luftgekühlten Einzylinder-Zweitaktmotor, der einen abnehmbaren Zylinderkopf hatte. Frischöl-Mischungsschmierung und Umkehrspülung (Patent Schnürle) waren weitere Kennzeichen. Der Motor leistete 4,75 PS bei 5000/min. Die Kraftübertragung erfolgte über eine in Öl laufende Mehrscheiben-Kupplung auf das 3-Gang-Getriebe. Motor und Getriebe waren in einem geschlossenen Block vereinigt.

Ein geschlossener Stahlrohr-Rahmen, dessen Verbindungen verschweißt waren, bildete das Rückgrat der Maschine. Die Parallelogrammgabel war an Zugbandfedern aufgehängt. Die Höchstgeschwindigkeit der DKW RT 125 W wurde mit 75 bis 80 km/h, die Dauergeschwindigkeit mit 60 km/h angegeben.

In ihrem konstruktiven Aufbau entsprach die DKW RT 125 W nahezu

*Oben links: Eine der ersten DKW RT 125 W aus Ingolstadt. Das Vorderrad wurde in einer Parallelogrammgabel, die an Zugbandfedern aufgehängt war, geführt.
Oben: Am 4. Juli 1950, sieben Monate nach Produktionsbeginn, lief die 10 000. RT 125 W vom Band.*

Links: Die DKW RT 125 W mit Teleskop-Vorderradfederung, Modelljahrgang 1951.

ihrer von Herman Weber geschaffenen Vorgängerin aus Zschopau. Die Ingolstädter Version hatte jedoch eine andere Sattelaufhängung und einen auf 9,5 Liter Fassungsvermögen vergrößerten Benzintank mit eingelassenem Werkzeugbehälter. Der Radstand war auf 1260 mm vergrößert worden, die Kupplung war verstärkt.
Nachdem 25 199 RT 125 W das Ingolstädter Fließband verlassen hatten, wurde die Parallelogrammgabel durch eine Teleskopgabel – ab Fahrgestellnummer 035 200 – ersetzt. Die erteilte Betriebserlaubnis wurde um den Nachtrag I ergänzt, die RT 125 W mit Teleskopgabel erschien im Januar 1951 auf dem Markt.
Der Nachtrag II zur Betriebserlaubnis vom 25. Januar 1951 gestattete die Weiterverwendung des Reifens 2,50 – 19 auf Felge 1,50 × 19 (2 × 19) neben dem Reifen 2,75 – 19 auf Felge 1,60 × 19 (2¼ × 19). Ab Mai 1952 wurde die DKW RT 125 W mit einem stärkeren Motor ausgeliefert. In Anbe-

tracht der immer stärker gewordenen Konkurrenzmaschinen hatte man sich auch in Ingolstadt zur Entwicklung eines stärkeren Motors veranlaßt gesehen. Der Motor war durch Verkleinerung des Kurbelkammervolumens, durch Vergrößerung des Vergaserdurchlasses und durch Verkürzung des Gasweges zwischen Vergaser und Zylinder in seiner Leistung um 1 PS erhöht worden. Die Kurbelwelle und ihre Lagerung hatte man entsprechend verstärkt; die Herstellung des Motors konnte zudem noch vereinfacht werden.

Werksintern erhielt von nun an das Motorrad die Typenbezeichnung RT 125/2a. Für die DKW RT 125/2a wurde der Nachtrag III zur Allgemeinen Betriebserlaubnis am 24. August 1952 erteilt.

Zur Verbesserung der Fahreigenschaften wurden dann – auf Drängen der Verkaufsabteilung – 8193 DKW RT 125 mit Jurisch-Hinterradfederung ausgestattet; es handelte sich um die Maschinen mit den Fahrgestellnummern 4650001 bis 4658193. Der Anbau der sog. »Hirafe«-Elemente am Rahmen des Motorrades erfolgte bei der Firma Jurisch in Altdorf bei Nürnberg. Das Nachtragsgutachten zur Allgemeinen Betriebserlaubnis Nr. 420 für die Type RT 125/2 H mit der o. g. Jurisch-Hinterradfederung wurde bereits am 4. Juli 1952 in München ausgefertigt. Später, in der Zeit vom 3. August 1954 bis 30. August 1957, trat bei den Motorrädern vom Typ RT 125/2 H an die Stelle der Jurisch-Hinterradfederung eine solche eigener Konstruktion. Insgesamt wurden 18663 DKW RT 125/2 H mit der im Hause entwickelten Hinterradfederung versehen (Fahrgestellnummern 46700001 bis 46718663).

An dieser Stelle muß nachgetragen werden, daß auch von einer DKW RT 125/2 gesprochen wurde; diese hatte Bremsnaben eigener Fertigung. Auch eine DKW RT 125/2 E erscheint in den Unterlagen. Hierbei handelt es sich um ein Modell in vereinfachter Ausstattung (ohne Tachometer, weniger verchromte Teile). Die DKW RT 125 war ein Meisterstück des deutschen Motorradbaus, von der insgesamt – wie bereits eingangs gesagt – 134017 Stück in Ingolstadt gebaut wurden.

Die DKW RT 125/2 H mit Teleskop-Vorderrad- und Hinterrad-Federung, Modelljahrgang 1954.

Modell		DKW RT 125 W	DKW RT 125/2a (H)
Motor		Luftgekühlter DKW-Einzylinder-Zweitaktmotor mit Frischölmischungsschmierung und DKW-Umkehrspülung. Zylinder mit abnehmbarem Leichtmetall-Zylinderkopf	
Hub/Bohrung	mm	58 / 52	58 / 52
Hubraum	cm³	123	123
Verdichtung		1 : 5,9	1 : 6,1–6,3
PS bei U/min		4,75 / 5000[1]	5,7 / 5400
Vergaser		BING AJ 1/16 No	BING 1/20–20
Kupplung		Mehrscheibenkupplung in Öl laufend	in Öl laufend mit Torsionsdämpfung
Getriebe		Dreigang-Blockgetriebe mit Fußschaltung	
	I.	1 : 3,16	1 : 3,16
	II.	1 : 1,49	1 : 1,49
	III.	1 : 1	1 : 1
Rahmen		Geschlossener Stahlrohrrahmen, verschweißt mit Innenverstärkung	
Federung vorn		Parallelogrammgabel mit Gummibändern	Teleskopgabel
Federung hinten		–	Teleskopfederung
Radstand	mm	1260	1268
Gesamtlänge	mm	1985[2]	1950
Gesamtbreite	mm	680[2]	660
Lenkerhöhe	mm	880	880
Eigengewicht	kg	83	86 / 97[3]
Zul. Gesamtgew.	kg	240	236 / 251[3]
Bereifung		2,75 x 19	2,75 x 19
Tankinhalt	l	9,5	9,5
Verbrauch	l/100 km	2,1	2,3
Höchstgeschw.	km/h	76	82
Preis	DM	945,– (1949)	1135,–[4] (1952) 1185,–[5] (1952)
Anmerkungen		[1] Die o.g. Leistung wird in den Konstruktionsunterlagen als »Kurzleistung« definiert, als »Dauerleistung« werden 4,3 PS bei 4100/min angegeben [2] Nach Einbau der Teleskopgabel – ab Fahrgestell-Nr. 035 200 – vermindern sich die Maße auf 1950 bzw. 660 mm [3] Gewicht für RT 125/2a mit Hinterradfederung (H) [4] Preis für Grundmodell [5] Preis für Spezial-Luxusausführung	

Die Erweiterung des DKW-Motorradprogramms: RT 175, RT 200 und RT 250 sowie deren Nachfolgemodelle

Mit der DKW RT 125 W war der Auto Union GmbH 1950 der Einstieg in den Motorradmarkt gelungen. Die Motorradfahrer stellten bald höhere Ansprüche, sie wollten größere und schnellere Maschinen. Diesen Wünschen konnten die Ingolstädter Motorradbauer sich nicht verschließen, sie erweiterten ihre Modellpalette und knüpften damit an die Zschopauer Tradition an; dort hatte man vor dem Kriege ein Fabrikationsprogramm, das vom wirtschaftlichen Leichtmotorrad, der DKW RT 3 PS, bis zur schnellen Sportmaschine, der DKW NZ 500, reichte.

Im folgenden werden die von der Auto Union GmbH in Ingolstadt gebauten Motorräder nicht in chronologischer Reihenfolge, entsprechend ihres Erscheinens auf dem Markt, sondern entsprechend ihrer Hubraumklasse vorgestellt.

DKW RT 175

Die Entwicklung der DKW RT 175 wurde im Herbst 1953 abgeschlossen. Nach Durchführung der Typprüfung bei der Technischen Prüfstelle in München in der Zeit vom 12. bis 14. Oktober 1953 wurde die Betriebserlaubnis erteilt.

Modell		DKW RT 175 (1954)	DKW RT 175 S (1956)	DKW RT 175 VS (1957)
Motor		\multicolumn{3}{l}{Luftgekühlter Einzylinder-Zweitaktmotor mit Frischölmischungsschmierung und DKW-Umkehrspülung. Zylinder mit abnehmbarem Leichtmetall-Zylinderkopf.}		
Hub/Bohrung	mm	58 / 62	58 / 62	58 / 62
Hubraum	cm³	174	174	174
Verdichtung		1 : 6,1–6,3	1 : 6,1–6,3	1 : 6,1–6,3
PS bei U/min		9,6 / 5000[1]	9,6 / 5000[1]	9,6 / 5000
Vergaser		BING 2/24/30[2]	BING 1/24/66[3]	BING 1/24/66[3]
Kupplung		Mehrscheibenkupplung in Öl laufend mit Torsionsdämpfung		
Getriebe		Viergang-Blockgetriebe mit Fußschaltung		
	I.	1 : 3,19	1 : 3,19	1 : 20,70[4]
	II.	1 : 1,864	1 : 1,865	1 : 12,10
	III.	1 : 1,334	1 : 1,334	1 : 8,63
	IV.	1 : 1	1 : 1	1 : 6,49
Rahmen		Geschlossener Stahlrohrrahmen mit Innenverstärkung, verschweißt, verwindungssteif		
Federung vorn		Teleskopgabel	Teleskopgabel	Vorderradschwinge
Federung hinten		Teleskopfederung	Schwinggabel mit ölgedämpften Federbeinen	
Radstand	mm	1280	1278	1278
Gesamtlänge	mm	2000	1975	1975
Gesamtbreite	mm	660	660	660
Lenkerhöhe	mm	917	950	926
Eigengewicht	kg	117	130	130
Zul. Gesamtgewicht	kg	270	280	280
Bereifung		3,00 x 19	3,00 x 18	3,00 x 18
Tankinhalt	l	13	15	15
Verbrauch	l/100 km	2,7	2,7	2,75
Höchstgeschwind.	km/h	94	94	101
Preis	DM	1420,– (1952)	1425,– (1956)	1525,– (1956)
Anmerkungen		\multicolumn{3}{l}{[1] Die o.g. Leistung wird in den Konstruktionsunterlagen als »Kurzleistung« definiert, als »Dauerleistung« werden 8,3 PS bei 4000/min angegeben [2] Zweischiebervergaser [3] Schrägdüsen-Startvergaser [4] Gesamt-Übersetzung; Übersetzung vom Motor zum Getriebe 16 : 37 = 1 : 2,31; Übersetzung vom Getriebe zum Hinterrad 16 : 45 = 1 : 2,81}		

Die DKW RT 175 VS aus dem Jahre 1956. Die Abfederung des Vorderrades erfolgte mittels Schwinge; zur Abfederung des Hinterrades diente eine mit ölgedämpften Federbeinen versehene Schwinggabel.

Die Serienproduktion der DKW RT 175 konnte beginnen; die ersten Maschinen verließen die Ingolstädter Fließbänder im Januar 1954. Dieses Modell wurde von Anbeginn ein großer Erfolg. Ihre ausgewogene Linienführung, ihr Fahrkomfort, ihr Leistungsvermögen und ihr Temperament sicherten ihr einen großen Freundeskreis im In- und Ausland. Obgleich die Geradweg-Teleskop-Hinterradfederung sich bei der RT 175 bewährt hatte, entschloß man sich in Ingolstadt, die Schwinggabelfederung der RT 350, die im März 1955 auf dem Markt erschienen war, auch bei der RT 175 einzubauen. Damit wurden die Forderungen nach Verbesserung des Fahrkomforts und der Fahrsicherheit erfüllt. Das Motorrad trug von nun an die Bezeichnung DKW RT 175 S. Auf der IFMA 1956 wurde die 175er DKW – neben der 200er und der 250er – als »Vollschwingenmodell RT 175 VS« präsentiert. Im selben Jahr erreichte die DKW RT 175 S in der Bundesrepublik Deutschland einen Marktanteil von 68,6 Prozent in der Klasse der Motorräder mit 175 cm³ Hubraum und war damit das meistgekaufte Motorrad seiner Klasse.

DKW RT 200

Anfang 1951 erschien die DKW RT 200 auf dem Markt. Mit diesem Motorrad sollte zugleich die Tradition der 200er DKW der Vorkriegszeit, der DKW SB 200, fortgesetzt werden.

Die DKW RT 200 war ein in allen Details zweckvoll und solide ausgeführtes Motorrad. Ihre Kennzeichen: Teleskopgabel, Steckachsen, aufklappbarer Hinterrad-Kotflügel, 12-Liter-Tank mit verstellbaren Kniekissen, Fußschaltung und Schwingsattel mit regulierbarer Abfederung.

Der luftgekühlte Einzylinder-Zweitaktmotor leistete 8,5 PS bei 4200/min; die Spitzengeschwindigkeit betrug im Solobetrieb 90 km/h. Der aus nahtlos gezogenem Stahlrohr mit Innenverstärkung an den Schweißstellen ausgeführte Rahmen erfüllte die Voraussetzung für den Beiwagenbetrieb, er war absolut verwindungssteif.

1952 kam eine verbesserte DKW RT 200 auf den Markt: Der bewährte 8,5 PS leistende Motor wurde nunmehr mit dem modernen Fahrwerk der neuen RT 250 zu einer Gebrauchsmaschine höchster technischer Vollendung vereint. Die nach dem Teleskopprinzip arbeitende Hinterradfederung hatte einen ungewöhnlich langen Federweg, er betrug 85 mm.

Zwei Jahre später, 1954, brachte das Ingolstädter Werk eine von Grund auf neukonstruierte DKW RT 200 heraus. Der Motor hatte bei 58 mm Hub und 66 mm Bohrung einen Hubraum von 197 cm³ (der Motor der beiden Vorgängermodelle verfügte über einen Hubraum von 191 cm³ bei einem Hub von 64 mm und einer Bohrung von 62 mm). Bei 5000/min leistete der Motor jetzt 11 PS (8,5 PS); die Verdichtung betrug 1:6,5.

Die Literleistung des neuen Motors mit 55 PS bedeutete gegenüber einer Literleistung von 35 PS bei der vor dem Kriege gebauten DKW SB 200 eine Steigerung von 60 Prozent! In dieser spezifischen Leistungssteigerung war ein Ergebnis der Forschung und des Versuchs auf dem Gebiet des Zweitakt-Motorenbaues zu sehen. Schon an anderer Stelle wurde darauf hingewiesen, daß der Zweitakt-Motor mit Kurbelkastenspülung ein sehr kompliziertes Schwingungssystem aufweist; die geringsten Eingriffe in dieses System beeinflussen die Schwingungsvorgänge Einlaß, Überströmen und Auslaß. Die Ingolstädter leisteten auf dem Gebiet des Zweitakt-Motorenbaus Großes.

Der geschlossene, geschweißte verwindungssteife Rahmen der 1954er RT 200 hatte einen um 70 mm kürzeren Radstand als das Vorgängermodell; auch die Gesamtlänge und die Gesamtbreite waren geringfügig verkleinert worden. Der Verbrauch wurde mit 2,8 l/100 km angegeben; die Höchstgeschwindigkeit betrug 98 km/h.

Äußerlich war die 1954er DKW RT 200 erkennbar an der eleganten Linienführung, die vom Tank über die den Geräuschdämpfer umschließende Vergaserverkleidung, den Getriebeblock bis zum Motor führte und die nach unten durch den großzügigen Schwung des Auspuffrohres abgeschlossen wurde. Im Werkzeugkasten auf der linken Seite waren auch die Batterie und die Hupe untergebracht.

In ihrem konstruktiven Aufbau und in ihrem äußeren Erscheinungsbild entsprach die DKW RT 200 der neuen RT 175 und der neuen RT 250.

Das 1956er Modell erhielt anstelle der bis dahin verwendeten Teleskopfederung für das Hinterrad eine Schwinggabel mit öldampften Federbeinen. Auf der IFMA 1956 wurde auch die 200er DKW mit einer Vorderradschwinge vorgestellt und hieß RT 200 VS.

Rückansicht der DKW RT 200. Eine sportliche, elegante Maschine, deren Einzylinder-Zweitaktmotor 11 PS bei 5000/min leistete.

Modell	DKW RT 200 (1951)	DKW RT 200 (1952)	DKW RT 200 (1954)	DKW RT 200 S (1956)	DKW RT 200 VS (1957)
Motor	Luftgekühlter Einzylinder-Zweitaktmotor mit Frischölmischungsschmierung und DKW-Umkehrspülung. Zylinder mit abnehmbarem Leichtmetall-Zylinderkopf				
Hub/Bohrung mm	64 / 62	64 / 62	58 / 66	58 / 66	58 / 66
Hubraum cm^3	191	191	197	197[4]	197
Verdichtung	1 : 6,3	1 : 6,3	1 : 6,5	1 : 6,5	1 : 6,5
PS bei U/min	8,5 / 4200	8,5 / 4200	11 / 5000	11 / 5000	11 / 5000
Vergaser	BING 1/24/20	BING 1/24/20	BING 2/24/22[3]	BING 1/24/66	BING 1/24/66[1]
Kupplung	Mehrscheibenkupplung in Öl laufend		Mehrscheibenkupplung in Öl laufend mit Torsionsdämpfung		
Getriebe	Dreigang-Blockgetriebe mit Fußschaltung		Viergang-Blockgetriebe mit Fußschaltung		
I.	1 : 2,66	1 : 2,66	1 : 20,38[2]	1 : 19,51[2]	1 : 19,51[2]
II.	1 : 1,44	1 : 1,44	1 : 11,91	1 : 11,4	1 : 11,49
III.	1 : 1	1 : 1	1 : 8,52	1 : 8,16	1 : 8,16
IV.	–	–	1 : 6,19	1 : 6,11	1 : 6,11
Rahmen	Geschlossener Stahlrohrrahmen mit Innenverstärkung, verschweißt, verwindungssteif				
Federung vorn	Teleskopgabel	Teleskopgabel	Teleskopgabel	Teleskopgabel	Vorderradschwinge
Federung hinten	Teleskopfederung	Teleskopfederung	Teleskopfederung	Schwinggabel mit ölgedämpften Federbeinen	
Radstand mm	1350	1350	1280	1278	1278
Gesamtlänge mm	2080	2080	2000	1975	1975
Gesamtbreite mm	680	680	660	660	660
Lenkerhöhe mm	940	935	942	950	926
Eigengewicht kg	108	126	124	131	131
Zul. Gesamtgewicht kg	285	270	274	281	281
Bereifung	3,00 x 19	3,00 x 19	3,00 x 19	3,00 x 19	3,00 x 18
Tankinhalt l	12	13	13	15	15
Verbrauch l/100 km	2,4	2,4	2,8	2,8	2,8
Höchstgeschwindigk. km/h	90	90	98	98	98
Preis DM	1 445,– (1951)	1 595,– (1952)	1 575,– (1954)	1 475,– (1956)	1 575,– (1956)
Anmerkungen	[1] Schrägdüsen-Startvergaser [2] Gesamt-Übersetzung; Übersetzung vom Motor zum Getriebe 16 : 37 = 1 : 2,51; Übersetzung vom Getriebe zum Hinterrad 17 : 45 = 1 : 2,647 [3] gekapselter Vergaser (Ansauggeräuschdämpfer) elegante Linienführung [4] Stachelrippenzylinder				

Die RT 200 war von Grund auf neu entwickelt worden. Man erhielt sie – wie die anderen DKW-Motorräder – in schwarzer oder in Chrom-Ausführung.

DKW RT 250

Auf der Internationalen Fahrrad- und Motorrad-Ausstellung – IFMA – in Frankfurt am Main, die vom 28. Oktober bis 4. November 1951 stattfand, war der Stand der Auto Union GmbH der Mittelpunkt des Interesses: In einer historischen Schau wurden u. a. das DKW-Lomos-Sesselrad, das 1922 als damals hochmoderner Motorroller-Vorläufer in mehr als 2000 Exemplaren auf den Markt gekommen war, die DKW LM 200 aus dem Jahre 1925 und die weltberühmte DKW-Luxus 200 von 1928 gezeigt. Daneben konnte die neue Modellpalette aus Ingolstadt bewundert werden: Die RT 125, die RT 200 sowie die jüngste Schöpfung von Nikolaus Dörner, die RT 250.

Die DKW RT 250 entsprach ganz der Art des Hauses, ein Motorrad, das an Leistung – der Motor gab 11,5 PS ab – und Fahrkomfort, durch die gut abgestimmte Hinterradfederung nach dem Teleskopprinzip, keine Wünsche offen ließ. Neuartige Tonnennaben, die mit Kühlrippen versehen waren, nahmen die Bremsen auf. Die Bremsen an Vorder- und Hinterrad zeichneten sich durch groß dimensionierte Bremsflächen aus, durch die auch bei schärfstem Seitenwagenbetrieb hinreichende Verzögerungen erreicht wurden. Der geschlossene Kettenkasten, der eine vollständige staub- und wasserdichte Kapselung der Antriebskette gewährleistete, war ein weiteres Konstruktionsmerkmal der neuen DKW RT 250.

Die Maschine besaß ein Drei-Gang-Getriebe mit Fußschaltung, das später von einem Vier-Gang-Getriebe abgelöst wurde. In allen Drehzahlbereichen, vor allem bei Beiwagenbetrieb, kam die Kraft des 11,5 PS leistenden Motors voll zur Geltung. 1953 wurde die DKW RT 250/2 herausgebracht, deren Entwicklung offenbar parallel zur DKW RT 175 erfolgt war. Auch die »Typprüfung« bei der technischen Prüfstelle in München wurde

Modell		DKW RT 250 (1952)	DKW RT 250 (1953)	DKW RT 250/2 (1953)	DKW RT 250 S (1956)	DKW RT 250 VS (1957)
Motor		Luftgekühlter Einzylinder-Zweitaktmotor mit Frischölmischungsschmierung und DKW-Umkehrspülung. Zylinder mit abnehmbarem Leichtmetall-Zylinderkopf				
Hub/Bohrung	mm	64 / 70	64 / 70	64 / 70	64 / 70	64 / 70
Hubraum	cm³	244	244	244	244	244
Verdichtung		1 : 6,3	1 : 6,3	1 : 6,1–6,3	1 : 6,3–6,5	1 : 6,3–6,5
PS bei U/min		11,5 / 4500	11,5 / 4500	14,1 / 4700[2]	15 / 5000	15 / 5000
Vergaser		BING 2/26/15	BING 2/26/15	BING 2/27/2[3]	BING 1/27/4[4]	BING 1/27/4[4]
Kupplung		Mehrscheiben-kupplung in Öl laufend	Mehrscheibenkupplung in Öl laufend mit Torsionsdämpfung			
Getriebe		Dreigang-Blockgetriebe mit Fußschaltung	Viergang-Blockgetriebe mit Fußschaltung			
	I.	1 : 15,8[1]	1 : 17,8[1]	1 : 2,99	1 : 17,01[5]	1 : 17,01[5]
	II.	1 : 8,55	1 : 10,45	1 : 1,76	1 : 10,0	1 : 10,0
	III.	1 : 5,94	1 : 7,51	1 : 1,264	1 : 7,2	1 : 7,2
	IV.	–	1 : 5,94	1 : 1	1 : 5,69	1 : 5,69
Rahmen		Geschlossener Stahlrohrrahmen mit Innenverstärkung, verschweißt, verwindungssteif				
Federung vorn		Teleskopgabel	Teleskopgabel	Teleskopgabel	Teleskopgabel	Vorderradschwinge
Federung hinten		Teleskopfederung	Teleskopfederung	Teleskopfederung	Schwinggabel mit ölgedämpften Federbeinen	
Radstand	mm	1350	1350	1350	1350	1350
Gesamtlänge	mm	2080	2080	2130	2078	2078
Gesamtbreite	mm	680	680	660	660	660
Lenkerhöhe	mm	935	935	967	963	913
Eigengewicht	kg	126	126	143	155	155
Zul. Gesamtgewicht	kg	280	280	295	320	320
Bereifung		3,25 x 19 (h.: 3,50)	3,25 x 19	3,25 x 19	3,25 x 18	3,25 x 18
Tankinhalt	l	13	13	13,2	15	15
Verbrauch	l/100 km	2,8	2,8	3,3	3,3	3,3
Höchstgeschwind.	km/h	100	100	108	116	119
Preis	DM	1825,– (1952)		1895,– (1953)	1775,– (1956)	1815,– (1956)
Anmerkungen		[1] Gesamt-Übersetzung [2] Die o.g. Leistung wird in den Konstruktionsunterlagen als »Kurzleistung« definiert, als »Dauerleistung« werden 13 PS bei 4000/min angegeben [3] Zweischiebervergaser [4] Schrägdüsen-Startvergaser [5] Gesamt-Übersetzung; Übersetzung vom Motor zum Getriebe 17 : 40 = 1 : 2,35; Übersetzung vom Getriebe zum Hinterrad 19 : 46 = 1 : 2,42 (Solobetrieb), 16 : 46 = 1 : 2,875 (Beiwagenbetrieb). Für den Beiwagenbetrieb lauten die oben genannten, entsprechenden Übersetzungsverhältnisse: I. Gang 1 : 20,2; II. Gang 1 : 11,88; III. Gang 1 : 8,56; IV. Gang 1 : 6,76.				

während des gleichen Zeitraums, nämlich vom 12. bis 14. Oktober 1953, durchgeführt.

Gegenüber ihren Vorgängern hatte die DKW RT 250/2 einen stärkeren Motor: Die Kurzleistung betrug 14,15 PS bei 4700/min, die Dauerleistung 13 PS bei 4000/min (vgl. Typprüfung). Beim späteren Nachfolgemodell, der DKW RT 250 S, wurden 15 PS genannt. Dieses Modell wurde im März 1956 der Öffentlichkeit präsentiert und wenige Monate später, im Oktober 1956, von der DKW RT 250 VS abgelöst. Von der DKW RT 250 und ihren Nachfolgemodellen wurden zwischen 1951 und 1957 insgesamt 72338 Stück gebaut.

Krönung des Ingolstädter Motorradprogramms: DKW RT 350

Die Entwicklung der DKW RT 350 wurde bereits im Jahre 1951 eingeleitet. In jenem Jahr entstand der Entwurf für eine 350er DKW mit Boxermotor, Kardanantrieb und Teleskopvorder- und Hinterradfederung (die Entwurfszeichnung datiert vom 10. 7. 1951). Wenige Monate später wurde eine 350er mit Parallel-Zweizylinder-Zweitaktmotor – »Twin« – mit Kettenantrieb und Teleskopvorder- und -hinterradfederung entworfen (diese Entwurfszeichnung stammt vom 15. 11. 1951).

Auf der IFMA 1953 in Frankfurt am Main stellte die Auto Union GmbH die zuletzt genannte Version der 350er vor. Werksintern wurde jedoch die Auffassung vertreten, »daß diese Entwicklung (die der 350er) nicht forciert werden kann, noch besteht keine Notwendigkeit hierzu, nachdem wir in diesem Herbst ohnedies zwei neue Typen bringen« – damit waren die RT 175 und die RT 250 S gemeint. »Vielleicht ergibt sich aus der Situation bis zum Einlauf noch die zwingende Notwendigkeit, die RBZ 350 mit Schwingrahmen zu bringen.« Die Entwicklung ging trotzdem weiter.

1953 und 1954 waren insgesamt vier 350er DKW-Motorräder hergestellt worden, die zwischen dem 23. Oktober und dem 3. November 1954 auf dem Nürburgring ihre Testfahrten absolvierten; im Protokoll hierüber konnte mit Befriedigung festgestellt werden, »daß sich keine schwerwiegenden, den Anlauf der Serie gefährdenden Defekte herausstellten.«

Im März 1955 erschien die DKW RT 350 auf dem Markt, bei der die Abfederung des Hinterrades durch eine Schwinggabel erfolgte (trotz dieses Konstruktionsmerkmales fehlte in der Typenbezeichnung anfangs der Buchstabe »S«). Aber später wollte in Ingolstadt so keine rechte Freude aufkommen: »Die Nullserienmaschinen besitzen keinen so ruhigen vibrationsfreien Lauf wie unsere bisherigen Versuchsmaschinen.« Die häufig geäußerte Klage über mangelnde Laufruhe begründete man werks-

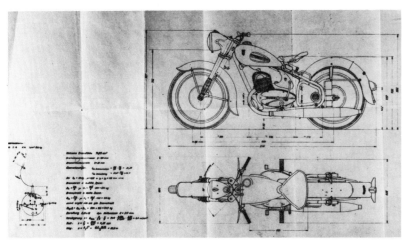

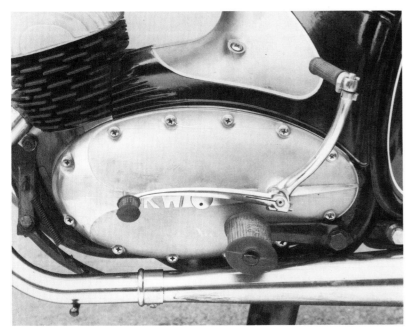

Oben links: Eine der zahlreichen Konstruktionszeichnungen für die DKW RT 250/2 aus dem Jahre 1955. Oben: Die 350er DKW von 1955 mit Teleskop-Vorderrad-Federung; die Abfederung des Hinterrades erfolgte mittels Schwinggabel.

Rechts: Der Parallel-Zweizylinder-Zweitaktmotor (Twin) leistete 18,5 PS bei 5000/min.

Links: Sorgfältige Durchgestaltung in jedem Detail...

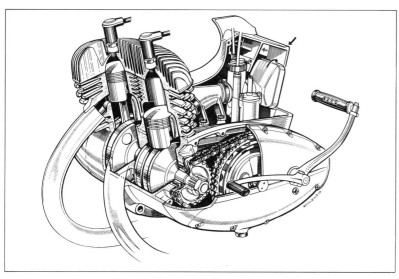

Oben: Schnittzeichnung des Parallel-Zweizylinder-Zweitaktmotors.

Links: Die Hinterradschwinge der DKW RT 350, die in ihrem konstruktiven Aufbau mit der der anderen Modelle (ausgenommen die RT 125) übereinstimmte.

Unten: Der Motor mit den Stachelrippen-Zylindern der RT 350. Die Batterie saß in einem schützenden Gehäuse.

intern in der mangelnden Steifheit des Kurbelgehäuses, die durch den konstruktiven Aufbau des Motors bedingt war.

Das Auftragsvolumen für die Konstruktionsabteilung der DKW-Motorräder war viel zu groß; manches mußte unter Zeitdruck geschehen. Und eine gründliche Überarbeitung der 350er, die mit Sicherheit erkannte Mängel beseitigt hätte, schien nicht mehr notwendig. Die DKW RT 350 avancierte nicht mehr zum Vollschwingenmodell, ihre Tage waren schon gezählt: Während 1955 – im Jahre ihres Erscheinens auf dem Markt – 4099 Maschinen hergestellt wurden, verließen 1956 nur noch 1197 DKW RT 350 S die Ingolstädter Fließbänder ... Technische Mängel und die allgemeine Situation auf dem Zweiradmarkt hatten wohl eine Weiterentwicklung des Ingolstädter Flaggschiffes nicht geboten erscheinen lassen. Und in der Klasse der 350er Maschinen hatten sich die Horex Regina, die Victoria Bergmeister, die Triumph Boss und die Maico Taifun fest etabliert.

Modell		**DKW RT 350**	
Motor		Luftgekühlter Parallel-Zweizylinder-Zweitaktmotor mit Frischölmischungsschmierung und DKW-Umkehrspülung. Zylinder mit abnehmbaren Zylinderköpfen	
Hub/Bohrung	mm	58 / 62	
Hubraum	cm³	348	
Verdichtung		1 : 6,3–6,5	
PS bei U/min		18,5 / 5000	
Vergaser		BING 1/26 (26 mm Durchlaß)[1]	
Kupplung		Mehrscheibenkupplung mit Torsionsdämpfung im Ölbad	
Getriebe		Viergang-Blockgetriebe mit Fußschaltung	
		Solo[2]	Beiwagen[2]
	I.	1 : 16,6	1 : 19,7
	II.	1 : 9,4	1 : 11,2
	III.	1 : 6,76	1 : 8,0
	IV.	1 : 5,35	1 : 6,35
Rahmen		Geschlossener Stahlrohrrahmen mit Innenverstärkung, verschweißt, verwindungssteif	
Federung vorn		Teleskopgabel	
Federung hinten		Schwinggabel mit ölgedämpften Federbeinen	
Radstand	mm	1350	
Gesamtlänge	mm	2080	
Gesamtbreite	mm	660	
Lenkerhöhe	mm	970	
Eigengewicht	kg	162	
Zul. Gesamtgewicht	kg	325	
Bereifung		3,5 x 18	
Tankinhalt	l	17 (davon Reserve 2,5 l)	
Verbrauch	l/100 km	3,8	
Höchstgeschwindigk.	km/h	120	
Preis	DM	2 250,– (1955)	
Anmerkungen		[1] Schrägdüsen-Startvergaser [2] Gesamt-Übersetzung; Übersetzung vom Motor zum Getriebe 24 : 53 = 1 : 2,21; Übersetzung vom Getriebe zum Hinterrad 19 : 46 = 1 : 2,42 (Solo) und 16 : 46 = 1 : 2,875 (Beiwagen)	

Gemeinsame Konstruktionsmerkmale der DKW-Motorräder seit 1955

Bei der Internationalen Sechs-Tage-Fahrt in der Tschechoslowakei im Jahre 1955 blieb die deutsche Nationalmannschaft als einzige strafpunktfrei und errang die internationale Trophäe. In dieser Mannschaft waren zwei Fahrer auf Maico-Maschinen und drei auf DKW RT 175 S, deren Serienfertigung neben der der DKW RT 200 S gerade erst angelaufen war, gestartet. Selten hat sich im Motorradbau eine Neukonstruktion auf Anhieb so bewährt. Es war für die Konstrukteure der Auto Union naheliegend, die DKW RT 250 S zu schaffen. Damit wurde letztlich das gesamte DKW-Motorradprogramm mit Ausnahme der RT 125 nach gemeinsamen Konstruktionsprinzipien ausgerichtet, die in der Folgezeit weiterentwickelt werden sollten und zu rationelleren Fertigungsmöglichkeiten führten.

Das besondere Merkmal aller DKW-Motorradmodelle – ausgenommen die RT 125 – war von nun an die Abfederung des Hinterrades durch eine Schwinggabel mit einem Federweg von 95 mm (bei der RT 350 S 100 mm). Sowohl die Schwinggabel als auch die Federbeine waren in Silentblöcken vollkommen wartungsfrei gelagert. Mit Hilfe eines Gummianschlages wurde das lästige Durchschlagen der Federbeine bei übergroßer Belastung oder schlechtem Straßenzustand vermieden. Die Federbeine konnten – bezüglich ihrer Dämpfung – auf Solo- und Soziusbetrieb eingestellt werden.

Mit der Einführung der Hinterrad-Schwinggabel-Federung wurden die Fahreigenschaften der DKW-Motorräder entscheidend verbessert. Die Abfederung des Vorderrades erfolgte mittels Teleskopgabel, deren Gesamtfederweg 140 mm betrug. Die Vorderrad-Teleskopfederung war wartungsfrei.

Ein weiteres Merkmal aller DKW-Motorräder war der eingebaute Stachelrippenzylinder. Die Leistung der Motoren wurde durch den Stachelrippenzylinder nicht erhöht, sein Vorteil lag in der höheren thermischen Belastbarkeit des Motors, d. h., daß ein Leistungsabfall wegen Überhit-

Motorrad-Produktion in Ingolstadt.

Fertigung der RT 175 VS. Die Verkleidung des Scheinwerfers, des Lenkers und der Gabeljoche waren charakteristisch für die DKW-Motorräder des Modelljahrgangs 1956/57 (ausgenommen die RT 125 und die RT 350).

zung nicht mehr eintreten konnte. Eine verbesserte Wärmeableitung wurde durch Verwendung eines vergrößerten Zylinderkopfes erreicht.

Neben den genannten technisch-konstruktiven Merkmalen stimmten die DKW-Motorräder in ihrem äußeren Erscheinungsbild überein: Tiefliegende Sitzkissen, verkleidete Vergaser, staubdichter Leichtmetall-Antriebskettenschutz.

Die Ausrichtung der gesamten Typenreihe von der DKW RT 175 S bis zur RT 350 S nach einheitlichen Konstruktionsprinzipien erfolgte jedoch erst Anfang 1956; im März 1956 wurde die DKW RT 250 S der Öffentlichkeit vorgestellt.

Im Oktober desselben Jahres – sieben Monate später – präsentierte die Auto Union auf der IFMA eine neue Generation von DKW-Motorrädern: Die DKW RT 175 VS, die RT 200 VS und die RT 250 VS. Die Buchstaben »VS« standen für »Vollschwingen-Fahrgestell«, das nach dem damaligen Stand der Technik »das modernste und vollkommenste Federungssystem für Zweiradfahrzeuge...« präsentierte.

An die Stelle der Vorderrad-Teleskopgabel war eine als Langschwinge ausgebildete Vorderradschwinge getreten, mit der die Fahreigenschaften nochmals verbessert werden konnten. Das gesamte Schwingensystem hatte einen Federweg von 140 mm. Die als Rohrbogen ausgebildete Langschwinge war in zwei Silentblocks wartungsfrei gelagert.

Scheinwerfer, Tachometer mit Kilometerzähler, Lenker und Gabeljoche waren in einem formschönen, glattflächigen Preßstück vereinigt, das den VS-Modellen ein geradezu elegantes Aussehen verlieh.

DKW Hobby, eine vielbeachtete Motorrollerkonstruktion

In den fünfziger Jahren trat im Straßenbild immer häufiger eine Fahrzeugart auf, die in Deutschland in Vergessenheit geraten war: der Motorroller. In den zwanziger Jahren hatte es schon ähnliche Fahrzeuge in Deutschland gegeben, von denen hier nur stellvertretend der Roller von Krupp und das mit rollerähnlichen Konstruktionsmerkmalen ausgestattete Zweiradfahrzeug Golem der Zschopauer Motorenwerke J. S. Rasmussen AG, dem späteren Werk DKW der Auto Union AG, genannt werden sollen. Die ersten Fahrzeuge mit den kleinen Rädern, die in Westdeutschland nach dem Zweiten Weltkrieg gefahren wurden, kamen aus Italien und hießen Vespa und Lambretta. Die Vespa wurde dann in Düsseldorf von den Hoffmann-Werken, die ja anfangs den Rahmen für die DKW RT 125 W hergestellt hatten, in Lizenz von Piaggio gefertigt; die Lambretta wurde nach einer Lizenz der Firma Innocenti in Mailand bei NSU in Neckarsulm gebaut. Andere deutsche Firmen hatten Motorroller eigener Konstruktion herausgebracht.

Auch bei der Auto Union in Ingolstadt wurden entsprechende Überlegungen angestellt. Bereits 1952 wurde schon an der Konstruktion eines Rollers mit einem 175 cm³ Motor gearbeitet. Für dieses Rollermodell gab es auch schon ein Plastilinmodell im Maßstab 1:5 und ein Holzmodell im Maßstab 1:1. Die Arbeiten der Konstrukteure und Designer wurden aber eingestellt, da man für einen Motorroller dieser Größe keine Absatzchancen sah. 1954 wurden die Konstruktionsarbeiten fortgesetzt. Damals entstanden neue Konstruktions-Entwürfe für Roller mit 175 cm³- und 200 cm³-Motoren. Aus den vorliegenden Entwürfen geht hervor, daß sowohl Zweizylinder-Boxermotoren als auch Zweizylindermotoren mit liegenden Zylindern im Gespräch waren. Der Roller sollte einen elektrischen Anlasser haben und Viergang-Schaltgetriebe – oder wahlweise Viergang-Automatik-Getriebe. Die Kraftübertragung auf das mittels angelenkter Schwinge abgefederte Hinterrad sollte durch Kardanwelle erfolgen. Die äußere Form war bestechend. Im April 1953 wurde der mit 200 cm³ Zweizylinder-Motor ausgestattete Roller der Geschäftsführung vorgestellt und von einer größeren Anzahl von Werksangehörigen beurteilt.

Seitens des Verkaufs wurde die Auffassung vertreten, »daß dieses Fahrzeug ein nennenswertes Geschäft (nicht) bringen könnte. Wenn es trotzdem verlangt wird, so deshalb, weil damit das Gesamtprogramm abgerundet würde...«

Rechts: Studie für einen Motorroller mit 175-cm³-Motor aus dem Jahre 1952.

Unten: Ein Motorroller-Prototyp von 1953. Rechts daneben das Holz/Kunststoff-Modell eines Motorrollers im Maßstab 1:1.

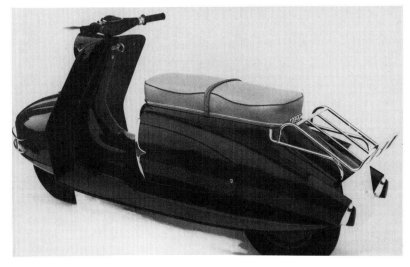
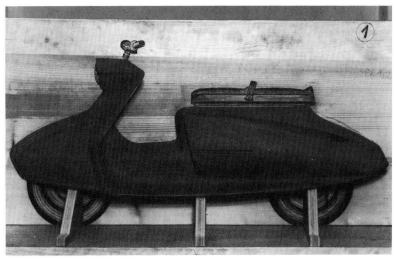

Man hatte sich bereits dem Bau eines kleinen Rollers zugewandt, der am 1. Oktober 1954 den Vertretern der Presse als DKW »Hobby« vorgestellt worden war.

Die Serienproduktion des DKW Hobby Motorrollers lief im November 1954 an. Zwei Merkmale waren für diesen neuen Fahrzeugtyp kennzeichnend:

Im Gegensatz zu anderen Motorrollern, NSU Lambretta (Reifengröße $4{,}00 \times 8$) beispielsweise, hatte der DKW Hobby große Räder (Reifengröße $2{,}50 \times 16''$). Der DKW Hobby hatte ein stufenloses, selbsttätig schaltendes Getriebe, ein Getriebe der Bauart Uher, dessen Funktion im folgenden erläutert werden soll.

Das Uher-Getriebe besitzt zwei kegelige Scheibenpaare (A_1, A_2 und B_1, B_2), von denen jeweils die eine Scheibe verschiebbar eingerichtet ist. Die Scheibenpaare sind zur Kraftübertragung durch einen Variflex-Zahn-Keilriemen verbunden. Das auf der Motorwelle sitzende Scheibenpaar A_1, A_2 ist bei stillstehendem oder im Leerlauf arbeitendem Motor durch Federkraft soweit auseinandergerückt, daß der Keilriemen seinen kleinsten Umdrehungsdurchmesser hat. Das zweite Scheibenpaar B_1, B_2 wird zugleich durch eine Feder zusammengedrückt, so daß der Keilriemen hier mit dem größten Umdrehungsdurchmesser läuft.

Das Scheibenpaar A_1, A_2 entspricht in dieser Stellung also einer Keilriemenscheibe mit kleinem, das Scheibenpaar B_1, B_2 einer solchen mit großem Durchmesser, und der Motor arbeitet auf die Abtriebswelle mit

Oben: Ein weiterer Motorroller-Prototyp – war es nicht doch eine vertane Chance? Unten: Zwei Aufnahmen des DKW Hobby. Auffallend die verhältnismäßig großen Räder, die die Verwandtschaft zum Motorrad deutlichmachen.

Im Oktober 1955 gab die Geschäftsführung der Auto Union GmbH ihren Plan, einen DKW-Roller mit 200 cm³-Zweizylinder-Motor auf den Markt zu bringen, auf. Bestimmend für diese Entscheidung waren offensichtlich die zu hohen Herstellungskosten des 200 cm³ Motorrollers. Die Konstruktionsabteilung erhielt den Auftrag zur Erarbeitung einer neuen Konzeption, bei der die Herstellungskosten nicht höher als DM 970 liegen sollten. Nach Möglichkeit sollte erreicht werden, den neuen Roller auf der IFMA 1956 zu zeigen, die Serienfertigung sollte im Frühjahr 1957 anlaufen.

Die Entwicklung auf dem Markt für Zweiradfahrzeuge nahm einen anderen Verlauf, so daß die von der Konstruktionsabteilung in Ingolstadt zum 1. März 1956 erarbeiteten Entwürfe und die von der Versuchsabteilung eingeleiteten Vorversuche mit einzelnen Komponenten nicht mehr bis zur Schaffung eines serienreifen Rollers zu Ende geführt werden brauchten.

der größten Untersetzung, wie dies zum Beispiel beim Anfahren notwendig ist.

Mit zunehmender Drehzahl des Motors werden die Scheiben A_1, A_2 durch umlaufende Fliehgewichte zusammengedrückt. Dadurch wird der Keilriemen gezwungen, weiter nach außen zu laufen, wobei sein Umdrehungsdurchmesser wächst; da seine Länge gleich bleibt zwingt er das Scheibenpaar B_1, B_2 gegen den Federdruck auseinanderzugehen, wodurch der wirksame Umdrehungsdurchmesser kleiner und aus der Untersetzung des Getriebes stufenlos eine Übersetzung wird. In der Endstellung ist die größte Übersetzung erreicht, wie sie der Höchstgeschwindigkeit entspricht.

Als Antriebsquelle diente dem DKW Hobby Motorroller ein gebläsegekühlter 75-cm³-DKW-Einzylinder-Zweitaktmotor mit Frischöl-Mischungsschmierung, der bei 5000/min 3 PS leistete. Die Vorderradfederung war eine Teleskopfederung, die Abfederung des Hinterrades erfolgte mittels Schwingarm.

Der Radstand betrug 1350 mm, das Eigengewicht 80 kg. Das Fahrzeug wurde von November 1954 bis anfangs 1957 gebaut; 45303 DKW-Motorroller Hobby verließen die Ingolstädter Fließbänder.

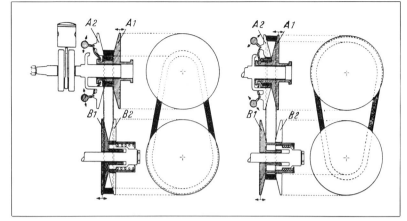

Oben und rechts: Funktionszeichnung und Aufbau des stufenlosen Getriebes beim DKW Hobby.

Unten: Montage des DKW Hobby – das Triebwerk wird eingesetzt. Man erkennt gut die zwei Scheibenpaare und den sie verbindenden Variflex-Zahn-Keilriemen.

Modell	**DKW Motorroller Hobby**
Motor	Durch Lüfterrad gekühlter Einzylinder-Zweitaktmotor mit Frischölmischungsschmierung und DKW-Umkehrspülung. Zylinder mit abnehmbarem Leichtmetall-Zylinderkopf
Hub/Bohrung mm	47 / 45
Hubraum cm³	74
Verdichtung	1 : 6,1–6,3
PS bei U/min	3 / 5000
Vergaser	BING 4/14
Getriebe	Stufenloses, vollautomatisches Riemengetriebe von der Kurbelwelle zu einem Zahnrad-Vorgelege, Kette vom Zahnrad-Vorgelege zum Hinterrad
Gesamtübersetzungsverhältnisse	Stufenlos von 1 : 24,4 bis 1 : 8,33
Rahmen	Geschweißter Stahlrohrrahmen
Federung vorn	Teleskopgabel
Federung hinten	Schwingarm mit Druckgummifederung
Radstand mm	1350
Gesamtlänge mm	1960
Gesamtbreite mm	600
Lenkerhöhe mm	900
Eigengewicht kg	80
Zul. Gesamtgewicht kg	230
Bereifung	2,50 x 16
Tankinhalt l	6
Verbrauch l/100 km	1,75
Höchstgeschwindigk. km/h	60[1]
Preis DM	950,–[2] (1954)
Anmerkungen	[1] Solobetrieb, mit Sozius 52 km/h [2] Aufpreis für Soziusausrüstung DM 40,–

Die französische Firma Manufacture de Machines du Haut-Rhin S. A., Manurhin, in Mülhausen (Mulhouse) im Elsaß übernahm dann die Lizenzfertigung des Hobby-Rollers. Das Fahrzeug trug die Bezeichnung »Scooter Manurhin« und wurde bis 1961 gebaut. Eine der von der französischen Firma vorgenommenen Verbesserungen war die Ausstattung des Rollers mit einer Fliehkraftkupplung, die den Kupplungshebel überflüssig machte.

In der Bundesrepublik Deutschland spielte der Scooter Manurhin so gut wie keine Rolle, er wurde fast ausschließlich für den französischen Markt gebaut.

Produktion des DKW Hobby in Ingolstadt. Hier wird die Vorderradgabel montiert.

DKW Hummel, ein modernes Moped mit Drei-Gang-Getriebe

In der zweiten Hälfte der fünfziger Jahre stagnierte der Absatz von Motorrädern. Die Produktion mußte gedrosselt werden. 1955 verließen 48 001 Motorräder die Ingolstädter Fließbänder gegenüber 66 041 im Jahre 1954. Dies entsprach einem Rückgang von 18 040 Maschinen = 27,3 Prozent. Durch die Fertigung von 26 289 »Hobby«-Roller war dieser Rückgang mehr als kompensiert worden, die Produktion von Zweirädern war in Ingolstadt sogar erhöht worden: 1955 hatte die Auto Union GmbH 74 290 Zweiradfahrzeuge herstellen können gegenüber 67 714 im Jahre 1954. Aber diese Zahlen konnten nicht darüber hinwegtäuschen, daß die große Zeit des Motorrades der Vergangenheit angehörte. Die allgemeine Tendenz ging zum Automobil. Und neue Käuferschichten, junge Leute, bevorzugten ein leichtes Fahrzeug, das sogenannte »Moped« (Abkürzung von motorisierte Pedale).

Die Auto Union GmbH bot 1956 die DKW-»Hummel« an, ein Moped wie aus einem Guß, eine besonders geglückte Konstruktion. Dieses Prädikat hat dieses Fahrzeug verdient, wenngleich seine Entstehung unter Zeitdruck erfolgte: Die Entwurfsarbeiten waren erst im April 1955 angelaufen. Am 2. August – nach drei Monaten – wurde die endgültige Konzeption des DKW-Mopeds in der Fabrikationssitzung fixiert; als Anlauftermin für die aus 50 Mopeds bestehenden Null-Serie hatte man den April 1956 festgelegt. Für die Entwicklung und für den Versuch sowie für die dazu parallel laufende Maschinen- und Teiledisposition für die Serienfertigung stand nur der Zeitraum von Herbst 1955 bis zum Frühjahr 1956 zur Verfügung.

Die Konstruktion hatte aber schon 1950/1951 wertvolle Vorarbeit geleistet. Die vom 16. April 1951 stammende Entwurfs-Zeichnung eines Mopeds mit 50 cm³-Motor, Preßstahlrahmen, Teleskopvorderradfederung und Hinterradschwinge war damals von der Geschäftsführung zurückgewiesen worden mit dem Hinweis »fehlende Fertigungskapazität«. 1953 – auf dem Höhepunkt des Zweiradbooms – wurde die Moped-Konstruktion erneut aufgegriffen, aber, das geht aus einer Aktennotiz hervor, nicht weiter verfolgt.

Die DKW Hummel war eine geglückte Konstruktion: Einem aus Stahlblech verwindungsfest geschweißten Fahrzeugkörper paßten sich der glattflächige Motor-Getriebe-Block mit dem vollständig geschlossenen Kettenkasten und die weit übergreifenden Kotflügel harmonisch an. Die Kabel waren verkleidet geführt, der Scheinwerfer hatte einen eingebauten Tachometer.

Auf zwei Konstruktionsmerkmale soll noch hingewiesen werden: Das Vorderrad wurde in einer Schwinge geführt, die über ein Gummiband abgefedert wurde; bei der geringsten Bodenunebenheit sprach diese Federung an. Der große Federweg und die Tatsache, daß dieses Federungs-

Modell	**DKW-Moped Hummel**	
Motor	Luftgekühlter Einzylinder-Zweitaktmotor mit Frischölmischungsschmierung und DKW-Umkehrspülung.	
Hub/Bohrung	mm	39 / 40
Hubraum	cm³	49
Verdichtung		1 : 6,5
PS bei U/min		1,35 / 4400
Vergaser		BING-Kleinvergaser mit Startluftschieber 1/9/15
Kupplung		Mehrscheibenkupplung im Ölbad
Getriebe		Dreigang-Getriebe mit Ziehkeil-Schaltung
	I.	1 : 34,17[1]
	II.	1 : 20,4
	III.	1 : 14,34
Rahmen		Stahlpreßrahmen geschweißt
Federung vorn		Schwinghebel mit Gummiband
Federung hinten		Schwinge mit Federband
Radstand	mm	1145
Gesamtlänge	mm	1840
Gesamtbreite	mm	610
Lenkerhöhe	mm	970
Eigengewicht	kg	61[2]
Zul. Gesamtgewicht	kg	215
Bereifung		23 x 2,50
Tankinhalt	l	5,8
Verbrauch	l/100 km	1,1
Höchstgeschwindigk.	km/h	40
Preis	DM	598,–[3] (1956)
Anmerkungen		[1] Gesamt-Übersetzung; Übersetzung vom Motor zum Getriebe 78 : 23 = 3,39; Übersetzung vom Getriebe zum Hinterrad 35 : 12 = 2,916 [2] mit Doppelsitzbank und Fußrasten; 59 kg mit Sitzkissen [3] Standardausführung; Modell mit Tachometer DM 618,–

DKW Hummel, eine besonders geglückte Konstruktion. Das Wortzeichen »Hummel« war ursprünglich bei der Auto Union AG geprägt worden und für einen Fahrrad-Hilfsmotor analog »Saxonette« bestimmt.

system praktisch keiner Wartung bedurfte, waren weitere Annehmlichkeiten. Die Teleskopfederung der langhubigen Hinterradschwinge besaß eine Gummidämpfung.

Die DKW Hummel hatte ein komfortables Fahrwerk, das nur wenige ihrer Konkurrenzmodelle aufweisen konnten. Und letztlich sei noch ein weiterer Pluspunkt genannt, den wir erst heute, nach dem zweiten »Ölschock« zu würdigen wissen: Der Kraftstoffverbrauch war gering, laut Prospekt betrug er nur 1,1 Liter Zweitaktmischung pro 100 km.

Oben: Die Fließbandfertigung der DKW Hummel.
Rechts: Am 29. Juni 1952 führte Ewald Kluge die neue 350er DKW-Rennmaschine beim Eilenriederennen zum Sieg.

---

[1] *DKW-Renngeschichte. Nach einer Denkschrift von Oberingenieur August Prüssing, langjähriger Leiter der DKW-Motorrad-Rennabteilung, DKW-Nachrichten, Nr. 27, 1954, S. 50ff.*

DKW-Rennmotorräder

In Ingolstadt erinnerte man sich schon frühzeitig an die Bedeutung des Rennsports als Werbemittel. 1950 beteiligte sich die Auto Union GmbH erstmalig mit Werksmaschinen an Motorradrennen und setzte damit die motorsportliche Tradition fort, die das Zschopauer Werk 1924 begründet hatte.

Damals bekam der Motor des berühmten »Reichsfahrtmodelles«, der nach dem gewöhnlichen Dreikanal-System arbeitete und über einen schwimmerlosen Spezialvergaser das Kraftstoff-Luftgemisch erhielt, eine Ladepumpe. Dadurch konnte die Kraftstoffmenge im Kurbelgehäuse erhöht und eine bessere Füllung des Zylinders, vor allem in höheren Drehzahlbereichen, erzielt werden. Oberingenieur Herman Weber, der spätere Chefkonstrukteur von DKW, und die Rennfahrer Sprung und Friedrich waren mit dieser Maschine erfolgreich.[1]

In den ausklingenden zwanziger Jahren und in den dreißiger Jahren, bis zum Ausbruch des Zweiten Weltkrieges, waren die Zschopauer Maschinen im Rennsport sehr erfolgreich. DKW-Rennmotorräder waren Sieger zahlreicher Rennen, und DKW-Rekordmaschinen errangen 88 Weltrekorde.

Der Höhepunkt der Rennaktivitäten war der Sieg von Ewald Kluge 1938 mit der DKW-Drehschieber-Maschine in der Lightweight-Klasse bei der Englischen Tourist Trophy, dem schwersten Motorradrennen der Welt.

Als nach dem Zweiten Weltkrieg der Motorsport wieder auflebte, richteten Privatfahrer Rennmaschinen, die aus der Vorkriegszeit herübergerettet worden waren, wieder her und bestritten damit die ersten Rennveranstaltungen.

Die 1937 für Privatfahrer herausgekommene Auto Union DKW SS 250 und die auf der Internationalen Automobil- und Motorrad-Ausstellung in Berlin 1939 erstmalig gezeigte Auto Union DKW SS 350 mit Zweizylinder-U-Motor mit doppeltwirkender Ladepumpe, der 32 PS leistete, gehörten zu den Motorrädern, die von Privatfahrern – oftmals mit viel Mühe unter Verwendung von Teilen anderer Fabrikate hergerichtet – eingesetzt wurden.

1950 richtete man bei der Auto Union GmbH in Ingolstadt eine Rennabteilung ein. Als Mitarbeiter wurde der aus Wiesbaden stammende Ingenieur Erich Wolf verpflichtet. Zuerst entwickelte man die 125-cm^3-DKW-Rennmaschine, deren Motor unter weitgehender Verwendung von Serienteilen hergestellt und mit einer Ladepumpe ausgerüstet worden war. Sechs

Links: 1937 hatte die Auto Union AG die DKW SS 250 herausgebracht. Der wassergekühlte Zweizylinder-Motor besaß eine Ladepumpe, seine Leistung betrug mehr als 20 PS. In ihrem konstruktiven Aufbau lehnte sich die SS 250 weitgehend an die Fabrikrennmaschine des Jahres 1938 an, mit der die Zschopauer die Deutsche Meisterschaft, die Deutsche Bergmeisterschaft und die Europa-Meisterschaft erringen konnten. 140 km/h betrug etwa die Spitzengeschwindigkeit der SS 250.

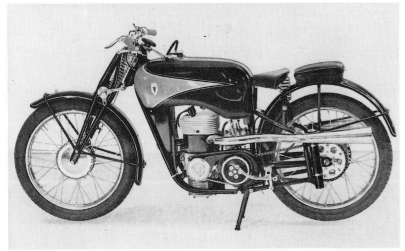

Unten: Auf der Internationalen Automobil- und Motorrad-Ausstellung 1939 in Berlin war erstmalig auf dem Stand der Auto Union AG die für Privatrennfahrer bestimmte DKW SS 350 vorgestellt worden. Der wassergekühlte Zweizylinder-U-Motor mit doppeltwirkender Ladepumpe und zwei Vergasern leistete 32 PS. Vier-Gang-Getriebe mit Fußschaltung, Rohrrahmen und Hinterradfederung waren weitere Merkmale der SS 350; sie entsprach in ihrem Aufbau der 350er Fabrikrennmaschine. Die Spitzengeschwindigkeit lag bei 175 km/h.

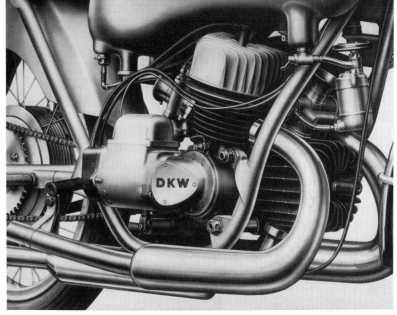

Oben: Der Dreizylinder-Zweitakt-Rennmotor mit einem Hubvolumen von 350 cm³ aus dem Jahre 1952.

Siegfried Wünsche, Zweiter auf einer DKW 350 beim 1952er Eilenriederennen in Hannover.

Wochen nach der Entscheidung, am Motorsport werksseitig teilzunehmen, ging H. P. Müller in Hockenheim mit der neuen 125er an den Start und wurde Sieger. Diese Rennmaschine, ein Wunder an Geschwindigkeit und Sicherheit, beherrschte das Renngeschehen in der Klasse der 125er Maschinen im Jahre 1950.

1951 wurde von der Fédération Internationale Motocycliste (FIM) die Einführung einer neuen Rennformel beschlossen, die auch für Zweitaktmotoren eine Überladung durch Kompressoren und Ladepumpen verbot. Die DKW-Ingenieure standen vor einer ebenso schwierigen wie reizvollen Aufgabe: Aus einem gegebenen Hubvolumen eines Saugmotors sollte bei niedrigstem Gewicht und größter Betriebssicherheit eine optimale Leistung herausgeholt werden. In wenigen Monaten gelang es, eine Rennausführung der RT 125 zu schaffen, die mit einem einfachen Einkolben-Saugmotor-Zweitakter schneller war als die DKW-Rennmaschine des Jahres 1950 mit Ladepumpe.

Auch die 250er DKW-Zweizylinder-Rennmaschine erreichte die Leistung ihrer berühmten Vorgängerin mit Ladepumpe und Kompressor. 1952 wartete die Auto Union GmbH mit einer Überraschung auf. Erich Wolf hatte in knapp drei Monaten den ersten Dreizylinder-Zweitakt-Rennmotor mit einem Hubraumvolumen von 350 cm^3 geschaffen. Am 13. März 1952 war der Motor fertig und wurde versuchsweise in ein vorhandenes Fahrgestell der 250er Rennmaschine eingebaut. Die ersten Testläufe waren in jeder Weise zufriedenstellend; nunmehr wurde das entsprechende Fahrgestell geschaffen und am 29. Juni 1952 wurde die neue DKW-Rennmaschine beim Eilenriede-Rennen in Hannover eingesetzt. Ewald Kluge führte die Maschine souverän zum Sieg, gefolgt von Siegfried Wünsche, der ebenfalls die neue DKW-Rennmaschine fuhr. Der Siegeslauf der 350 cm^3-DKW-Rennmaschine begann...

Der konstruktive Aufbau des Dreizylinder-DKW-Zweitaktmotors verdient unsere besondere Beachtung:

Zwei Zylinder, mit einem Hubraum von je 125 cm^3, waren in einer

Rechts: Aus dem Dreizylinder-Zweitakt-Rennmotor mit einem Hubvolumen von 350 cm³ wurde der Einzylinder-Zweitakt-Rennmotor mit einem Hubraum von 125 cm³ »rück«-entwickelt, indem der Hubraum des waagerecht liegenden mittleren Zylinders vergrößert und dieser »verselbständigt« wurde.

Unten: Vorderpartie der neuen 125er DKW-Rennmaschine aus der Motorsport-Saison 1955.

leichten, nach vorn gerichteten Schräglage angeordnet, dazwischen lag waagrecht der dritte Zylinder mit einem Hubraum von 100 cm³. Der Motor war mit drei Vergasern und mit einem Bosch-Sechszylinder-Magnet, der nur mit halber Motordrehzahl lief, ausgerüstet. Dieser Motor war keine Doppelkolben-Konstruktion, wie vielfach behauptet wurde, er entsprach vielmehr in seinem Aufbau dem in der DKW-Serienmaschine verwendeten Einkolben-Prinzip. Die Höchstleistung des Motors betrug 32 PS bei 12 000/min; das entsprach einer Literleistung von 91 PS.[2]

Ewald Kluge, Siegfried Wünsche und Felgenheier waren 1952 unter der Betreuung von Rennleiter Oberingenieur August Jacob die erfolgreichsten Fahrer in den Klassen der 125er, der 250er und der 350er Rennmaschinen.

Das Jahr 1953 brachte weitere Erfolge. Siegfried Wünsche errang auf der Englischen Tourist Trophy einen vielbeachteten dritten Platz und beim Freiburger Bergrekord kam es durch Siegfried Wünsche und Karl Hoffmann zu einem DKW-Doppelsieg; Wünsche wurde Deutscher Meister des Jahres 1953 in der Klasse bis 350 cm³. Nach dem Ausscheiden von Erich Wolf wurde die 350-cm³-Rennmaschine weiterentwickelt von Helmut Görg und kam noch bis zum Jahre 1956 zum Einsatz.

Die Rennsportaktivitäten der Auto Union GmbH Ingolstadt wurden 1958 eingestellt.

---

[2] *Kü.: Leistungen von Motoren für Rennkrafträder, A.T.Z., Jahrgang 56, Nr. 4, Stuttgart 1954, S. 115.*

Das Ende des Motorradbaus in Ingolstadt

Die Produktion und der Absatz von DKW-Motorrädern stiegen bis 1954 stetig. In diesem Jahr wurden in Ingolstadt 66041 DKW-Motorräder hergestellt. Dann entwickelte sich der Absatz jedoch rückläufig und die Produktion von Zweiradfahrzeugen mußte reduziert werden. Der Bundesbürger gab dem Automobil den Vorzug.

1955 wurden nur 48001 DKW-Motorräder hergestellt und 1956 verließen noch 29571 Motorräder das Ingolstädter Fließband. Die Talfahrt wurde fortgesetzt: 1957 stellte die Auto Union GmbH 10372 DKW-Motorräder her. Diese Zahl entsprach dem Fertigungsvolumen von zwei Monaten des Jahres 1954.

Die Abkehr vom Zweiradfahrzeug war nicht nur in der Bundesrepublik Deutschland festzustellen, sie erfolgte auch in anderen Ländern. Damit wurde die Hoffnung, durch erhöhte Anstrengungen im Bereich des Exportes eine Wende auf dem Sektor der Zweiradfahrzeuge herbeiführen zu können, zunichte gemacht.

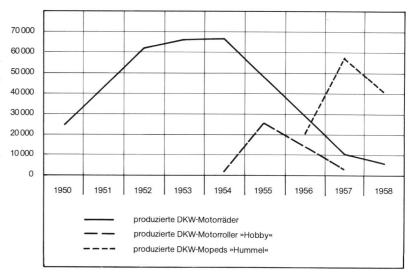

Die Geschäftsführung der Auto Union GmbH entschied sich deshalb für die Aufgabe der Zweiradfertigung, da auch die 1954 aufgenommene Fertigung des DKW-Motorrollers Hobby, von dem im Jahre 1955 26 289 Fahrzeuge produziert worden waren, sich rückläufig entwickelte. Absatz und Produktion des neuen DKW-Mopeds Hummel stiegen wohl bis 1957, dann trat auch hier der Rückschlag ein.

Die Victoria-Werke AG in Nürnberg erwarben auf Grund des mit der Auto Union GmbH abgeschlossenen »Vertrag(es) betreffend Übertragung des Fabrikationsrechtes an Zweiradfahrzeugen« vom 3. Juni 1958 das ausschließliche Fabrikationsrecht für die DKW-Motorräder RT 175 und RT 200 sowie für das DKW-Moped Hummel. Victoria erhielt auch das ausschließliche Fabrikationsrecht zur Fertigung von Ersatzteilen für die damals ausgelaufenen Typen RT 125, RT 250 und RT 350. Die Auto Union GmbH stellte dem Nürnberger Unternehmen Konstruktionszeichnungen, Stücklisten, Arbeitspläne und Kalkulationsunterlagen auf Grund vertraglicher Vereinbarungen zur Verfügung und übertrug ihr zugleich das Recht zur Nutzung einer Reihe von Warenzeichen. Die Victoria-Werke AG übernahm auch die zur Herstellung der Fahrzeuge bzw. Ersatzteile notwendigen Produktionsmittel.

Die Begriffe DKW-Motorräder und Auto Union gehörten von nun an nicht mehr zusammen. Die Zschopauer Motorenwerke J. S. Rasmussen AG, deren Motorräder den Namen DKW trugen, waren einst als aufnehmende Gesellschaft für die vorher sanierte Horch-Werke AG und für die Audi-Werke AG die Ursprungszelle der Auto Union AG. Das war Historie. Rationelle Überlegungen zwangen zur Aufgabe des Motorradbaus in Ingolstadt; damit wurde ein Prozeß der Umstrukturierung eingeleitet. Die im Motorradbau tätigen 1600 Mitarbeiter wurden von nun an im Automobilbau eingesetzt; soziale Härten konnten vermieden werden.

Die Gesamtproduktion von DKW-Zweiradfahrzeugen 1949–1958

	1949	1950	1951	1952	1953	1954	1955	1956	1957	1958	insgesamt
DKW RT 125	500	24 606	30 533	28 495	21 534	13 812	8 982	3 573	1 982	–	134 017
DKW RT 175/200	–	–	12 555	18 886	16 610	36 901	24 991	21 417	6 859	6 000	144 219
DKW RT 250	–	–	38	14 400	27 720	15 326	9 939	3 384	1 531	–	72 338
DKW RT 350	–	–	–	–	2	2	4 089	1 197	–	–	5 290
Motorräder insgesamt	500	24 606	43 126	61 781	65 866	66 041	48 001	29 571	10 372	6 000	355 864
DKW-Roller Hobby	–	–	–	–	–	1 673	26 289	14 341	3 000	–	45 303
DKW-Moped Hummel	–	–	–	–	–	–	–	19 999	57 452	40 166	117 617
Zweiradfahrzeuge insgesamt	500	24 606	43 126	61 781	65 866	67 714	74 290	63 911	70 824	46 166	518 784

Links: Zweiradproduktion in Ingolstadt im Jahre 1954. Die Fertigung des Hobby-Rollers nahm schon ihren festen Platz ein.

Die DKW-Schnellaster aus Ingolstadt

Die Ersatzteilversorgung der mehr als 60000 DKW-Personenwagen, die nach dem Kriege in den drei westlichen Besatzungszonen noch im Betrieb waren, war die Aufgabe des Zentraldepots für Auto Union Ersatzteile GmbH in Ingolstadt. An eine Wiederaufnahme der Produktion von Fahrzeugen war zunächst nicht zu denken, da die Voraussetzungen wirtschaftlicher und rechtlicher Art – wie an anderer Stelle ausgeführt – nicht gegeben waren. 1947 muß der erste gedankliche Ansatz vorhanden gewesen sein, der dann langsam feste Form annahm.

Ende 1946 stellte sich der ehemalige technische Direktor des Werkes Horch der Auto Union AG, Fritz Zerbst, dem Zentraldepot in Ingolstadt zur Verfügung. Ihm schlossen sich frühere Mitarbeiter, so die Herren Werner Geite und Kurt Schwenk, der von 1938 bis 1945 Konstruktionsleiter für den Karosseriebau im Werk Horch gewesen war, an. Die dann Mitte 1948 gebildete Arbeitsgemeinschaft begann ein Produktionsprogramm für DKW-Fahrzeuge vorzubereiten. Schwenk übernahm mit seiner Gruppe die Aufgabe, Zeichnungen und Fertigungsunterlagen für einen Schnellaster zu erstellen. Die Erledigung dieser Aufgabe war – und das ist aus heutiger Sicht nur schwer verständlich – außerordentlich schwierig; denn es fehlte an der notwendigsten Ausstattung: Es gab keine Zeichengeräte, es gab kaum Material. Als Reißbretter dienten Küchenbretter aus den Haushalten der Mitarbeiter, sofern sie überhaupt zu diesem Zeitpunkt über derartige Utensilien verfügten.

Schwenk entwickelte einen Schnellaster, der mit dem DKW-Motorrad RT 125 W die große Überraschung der Exportmesse Hannover im Mai 1949 wurde.

Drei Monate später, im August 1949, lief die Serienfertigung des Schnellasters in Ingolstadt an. Auch die Produktion der Schnellaster trug anfangs – wie die Fertigung der Motorräder – den Charakter einer Montage von bezogenen Fertigteilen. Der Chassisrahmen wurde beispielsweise von der Benteler Werke AG in Brackwede bei Bielefeld (Westfalen) bezogen. Die Preßteile für das Fahrerhaus lieferte die Karosseriewerke Drauz KG in Heilbronn (die Preßwerk- und Karosseriebauanlagen dieser Firma gingen am 1. Juli 1965 in das Eigentum der NSU Motorenwerke AG in Neckarsulm über, die Firma Drauz blieb – in der Rechtsform einer GmbH – auf dem Gebiet des Werkzeug- und Vorrichtungsbaues selbständig.) Bis zum Ende des Jahres 1949 wurden bereits 504 DKW-Schnellaster gebaut.

DKW-Schnellaster ¾ to F 89 L, ein neuer Transportwagentyp – 1949 bis 1954

Der DKW-Schnellaster ¾ to war ein Transporter in Frontlenker-Bauart, dessen Konstruktion richtungsweisend werden sollte. Seine technische Konzeption, seine Wirtschaftlichkeit und seine universelle Einsatzfähigkeit verschafften ihm seinen Markterfolg.

Der Kastenrahmen des Chassis bestand aus zwei parallel angeordneten Längsträgern, die im vorderen Drittel aufeinander zuliefen.[1] Die Längsträger waren mit den Quertraversen elektrisch verschweißt. Die Vorderräder waren einzeln – an einer obenliegenden Querfeder und unten an Querlenkern – aufgehängt.

Die Hinterräder waren ebenfalls einzeln abgefedert, jedoch mittels Kurbelachse und Torsionsstäben. Gut abgestufte Teleskopstoßdämpfer ergänzten das Federungssystem.

Der quer zur Fahrtrichtung stehende Zweizylinder-Zweitaktmotor war vor der Vorderachse eingebaut. Dadurch konnte das Fahrerhaus nach vorn gerückt und – da die Ladefläche weit nach vorn reichte – die Last gleichmäßig auf beide Achsen verteilt werden. Mit dieser Anordnung des Fahrerhauses wurde zugleich erreicht, daß der Fahrer freie Sicht bis dicht vor die Vorderräder hatte und daß bei einer Pritschenlänge von 2600 mm das Fahrzeug nur eine Gesamtlänge von 4440 mm aufwies.

Der Motor des DKW-Schnellasters war ein alter Bekannter, es war der Zweizylinder-Zweitaktmotor mit Umkehrspülung der DKW Meisterklasse, der bei 3600/min 20 PS leistete. Anlasser, Lichtmaschine und Verteiler waren in einem Aggregat, der sogenannten »Dynastart-Anlage«, vereinigt.

Die Kraftübertragung erfolgte über eine im Ölbad laufende Mehrscheibenkupplung und ein Drei-Gang-Getriebe auf das Differential. Motor, Getriebe und Differential waren in einem Block vereinigt. Die Abgabe der Kraft erfolgte auf die Vorderräder.

Zweitaktmotor und Frontantrieb machten den modernen Schnellaster zum

---

[1] *Der auf der Exportmesse Hannover 1949 gezeigte Prototyp des DKW-Schnellasters ¾ to F 89 L hatte noch nicht die oben beschriebene Chassisform; das dort gezeigte Chassis lehnte sich in seiner »Schleifenform« an die der DKW-Personenwagen an.*
Vgl. auch Bode, O.: Der Kraftfahrzeugbau auf der Exportmesse in Hannover 1949, A. T. Z. Nr. 4, Stuttgart 1949, S. 86: »der noch nicht ausgebildete Rahmen ...«

Gegenüberliegende Seite unten: Kurt Schwenk mit dem von ihm entwickelten Schnellaster 3/4 to F 89 L. Das Bild entstand 1949.

Oben: Der DKW Schnellaster als Pritschenwagen und (rechts) als Bus, der acht Personen – einschließlich Fahrer – Platz bot.

Unten: Bus-Karosserien in der Auslieferungshalle der Drauz-Werke in Heilbronn.

echten DKW, der als Großraumpritsche, Kastenwagen, Kombi und Bus geliefert wurde.

Die Konkurrenzmodelle ließen nicht auf sich warten. Im Oktober 1949 brachte die Vidal & Sohn GmbH, Hamburg-Harburg, ihre Neukonstruktion, den Eintonner-Matador-Vierrad-Lieferwagen auf den Markt. Dieses Fahrzeug hatte ebenfalls Frontantrieb, Antriebsquelle war der luftgekühlte Motor des VW.

Im März 1950 begann die Serienproduktion des VW-Transporters, der im Gegensatz zum DKW und Tempo-Matador Heckmotorantrieb besaß.

Im Mai 1952 erschien eine verbesserte Ausführung des Schnellasters auf dem Markt: Beim Bus, beim Kastenwagen und beim Kombi wurden der Radstand von 2500 mm auf 2750 mm, die vordere Spurweite von 1190 mm auf 1320 mm und die hintere Spurweite von 1250 mm auf 1390 mm erhöht. Die Vergrößerung des Laderaumes und eine Verbesserung der Straßenlage waren das Ergebnis dieser Maßnahmen.

Das Fahrgestell mit Fahrerhaus wurde, um Sonderaufbauten in jeder Form aufnehmen zu können, wahlweise mit einem Radstand von 2750 mm oder 3000 mm und mit einer hinteren Spurweite von 1390, 1490, 1590 oder 1690 mm geliefert.

Alle Modelle – auch der Pritschenwagen – erhielten von diesem Zeitpunkt an eine Einscheibentrockenkupplung (anstelle der bisherigen Ölbad-Mehrscheibenkupplung) und ein Vier-Gang-Getriebe.

DKW Schnellaster F 89 L (1949–1952)

Motor		Wassergekühlter Zweizylinder-Zweitaktmotor mit Umkehrspülung (Patent Schnürle)		
Hub/Bohrung	mm	76 / 76		
Hubraum	cm³	688		
Verdichtung		1 : 5,9	1 : 6,25	
PS bei U/min		20 / 3600	22 / 4200	
Vergaser		1 Flachstromvergaser SOLEX 30 BFLH		
Kühlung		Thermosyphon, 11 Liter Wasser		
Schmierung		Frischölschmierung 1 : 25		
Batterie		6 V 75 Ah (im Motorraum)		
Lichtmaschine		Dynastart 150/180 W[1]		
Kraftübertragung		Frontantrieb		
Kupplung		Ölbad-Mehrscheibenkupplung		
Schaltung		Schalthebel in Wagenmitte		
Getriebe		Dreigang ohne Synchronisation		
	I.	1 : 3,15		
	II.	1 : 1,69		
	III.	1 : 1		
Fahrwerk		Kastenrahmen mit Querträgern		
Vorderradaufhängung		Querlenker unten, 1 Querfeder oben		
Hinterradaufhängung		Torsions-Kurbelachse mit Schwingarmen		
Lenkung		Zahnstangenlenkung		
Fußbremse		Vierrad-Hydraulik-Innenbackenbremse (Ate)		
Handbremse		Mechanisch (Seilzug), auf Hinterräder wirkend		
Fahrzeug		Pritschenwagen	Kastenwagen	Bus
Radstand	mm	3000	2500	2500
Spur vorn	mm	1190	1190	1190
Spur hinten	mm	1250	1250	1250
Gesamtlänge	mm	4440	3925	3925
Gesamtbreite	mm	1786	1550	1550
Gesamthöhe	mm	2077	1900	1900
Eigengewicht	kg	940	915	–
Nutzlast	kg	750	750	–
Zul. Gesamgewicht	kg	1640	1765	–
Bereifung		5,50 x 16	5,50 x 16	5,50 x 16
Wendekreis	m	11	11	11
Verbrauch	l/100 km	8–9	8–9	8–9
Höchstgeschw. (leer)	km/h	70	70	60 (beladen)
Preise				
Chassis m. Fahrerhaus	DM	5 500,–		
Großraumpritsche	DM	5 795,–		
Kastenwagen	DM	6 535,–		(1950)
Kombi	DM	6 975,–		
Bus, viertürig	DM	7 825,–		
Anmerkungen		[1] Anfangs kam die Dynastart-Anlage mit innenliegenden Zündspulen, ab Motor-Nr. 18 014 180 die mit außenliegenden Zündspulen zum Einbau. Ab Motor-Nr. 20 025 460 wurde die Dynastart-Anlage mit Verteiler von Bosch bzw. Siba ausgerüstet.		

DKW Schnellaster F 89 L (1952–1954)

Motor		Wassergekühlter Zweizylinder-Zweitaktmotor mit DKW-Umkehrspülung		
Hub/Bohrung	mm	76 / 76		
Hubraum	cm³	688		
Verdichtung		1 : 6,5		
PS bei U/min		22 / 4200		
Vergaser		1 Flachstromvergaser SOLEX 30 BFL oder 1 Fallstromvergaser SOLEX 32 PBJ		
Kühlung		Thermosyphon, 9,5 Liter Wasser		
Schmierung		Frischölschmierung 1 : 25		
Batterie		6 V 75 Ah (im Motorraum)		
Lichtmaschine		Dynastart 150/180 W		
Kraftübertragung		Frontantrieb		
Kupplung		Einscheiben-Trockenkupplung		
Schaltung		Schalthebel in Wagenmitte		
Getriebe		Viergang ohne Synchronisation		
	I.	1 : 4,98		
	II.	1 : 2,95		
	III.	1 : 1,63		
	IV.	1 : 1		
Fahrwerk		Kastenrahmen mit Querträgern		
Vorderradaufhängung		Querlenker unten, 1 Querfeder oben		
Hinterradaufhängung		Torsions-Kurbelachse mit Schwingarmen		
Lenkung		Zahnstangenlenkung		
Fußbremse		Vierrad-Hydraulik-Innenbackenbremse (Ate)		
Handbremse		Mechanisch (Seilzug), auf Hinterräder wirkend		
Fahrzeug		Pritschenwagen	Kastenwagen	Bus
Radstand	mm	3000	2750	2750
Spur vorn	mm	1320	1320	1320
Spur hinten	mm	1390	1390	1390
Gesamtlänge	mm	4455	4180	4180
Gesamtbreite	mm	1886	1670	1670
Gesamthöhe	mm	1900	1900	1900
Eigengewicht	kg	1080 (m. Fahrer)	1100 (m. Fahrer)	1180 (m. Fahrer)
Nutzlast	kg	780	750	600
Zul. Gesamtgewicht	kg	1860	1850	1780
Bereifung		5,50 oder 6,00 x 16		
Wendekreis	m	14,5	13,5	13,5
Verbrauch	l/100 km	10,5	10	10
Höchstgeschw. (leer)	km/h	75	80	80

Oben: Die Motorhaube war später – wie hier bei der im Werk Ingolstadt hergestellten Kombi-Wagen-Karosserie – in der Mitte erhaben. Die dadurch gewonnene erhöhte Festigkeit der Motorhaube verlieh ihr zugleich ein formschöneres Aussehen.

Links: Eine Drauz-Karosserie für den DKW-Bus.

DKW Typ 30, die Weiterentwicklung des bewährten Schnellasters F 89 L – 1954 bis 1955

1954 wurde das bisherige Schnellasterprogramm der Auto Union GmbH durch den neuen DKW Typ 30-Schnellaster abgelöst. In seiner Grundkonzeption entsprach der Typ 30 seinen Vorgängern, der Motor war jedoch anders angeordnet: Der Motor war längsgestellt, im Gegensatz zu dem quer zur Fahrtrichtung eingebauten Motor des DKW-Schnellasters ¾ to F 89 L, und war vor der Vorderachse, das Getriebe hinter der Vorderachse angeordnet.

Der Hubraum des DKW Typ 30-Motors betrug 792 cm³, seine Leistung 30 PS bei 3800/min. An Stelle der »DKW-typischen Dynastart-Anlage« waren Bosch-Anlasser und Bosch-Lichtmaschine eingebaut; die letztere verfügte über eine Leistung von 160 Watt, der Verteiler war vor dem Motor senkrecht stehend angeordnet. Und schließlich war der DKW Typ 30 mit dem damals neuen Shell-Mixer ausgerüstet.

Die Nutzlast war bei allen Modellen 50 kg höher als bei den Vorgängermodellen. Der Ingolstädter Schnellaster hatte eine technische und ökonomische Aufwertung erfahren.

*Oben links: Karosserie-Herstellung für Lieferwagen und Bus bei Drauz. Hier erhält ein Lieferwagenaufbau in der Spachtelschleiferei ihren letzten Schliff, bevor sie lackiert wird.
Darunter: Fertigmontage bei Drauz. Die ebene Motorhaube trug ursprünglich in der Mitte auf einer Sicke einen verchromten Zierstreifen, der unten einen Griff hatte.
Oben: DKW-Bus Typ 30, wie er von 1954 an gebaut wurde. Die Karosserie besaß ein Schiebedach.*

DKW Schnellaster Typ 30 (1954–1955)				
Motor		Wassergekühlter Zweizylinder-Zweitaktmotor mit DKW-Umkehrspülung		
Hub/Bohrung	mm	83 / 78		
Hubraum	cm³	792		
Verdichtung		1 : 6,5		
PS Bei U/min		30 / 3800		
Vergaser		1 SOLEX 35 H R		
Kühlung		Thermosyphon, 9,5 Liter Wasser		
Schmierung		Frischölschmierung 1 : 25		
Batterie		6 V 75 Ah (im Motorraum)		
Lichtmaschine		160 Watt		
Kraftübertragung		Frontantrieb		
Kupplung		Einscheiben-Trockenkupplung		
Schaltung		Lenkradschaltung		
Getriebe		Viergang, II.–IV. Gang synchronisiert		
	I.	1 : 3,82		
	II.	1 : 2,29		
	III.	1 : 1,33		
	IV.	1 : 0,81		
Fahrwerk		Kastenrahmen mit Querträgern		
Vorderradaufhängung		Querlenker unten, Querfeder oben		
Hinterradaufhängung		Torsions-Kurbelachse mit Schwingarmen		
Lenkung		Zahnstangenlenkung		
Fußbremse		Vierrad-Hydraulik-Innenbackenbremse (Ate)		
Handbremse		Mechanisch (Seilzug), auf Hinterräder wirkend		
Fahrzeug		Pritschenwagen	Kastenwagen	Bus
Radstand	mm	3000	2750	2750
Spur vorn	mm	1317	1317	1317
Spur hinten	mm	1400	1400	1400
Gesamtlänge	mm	4455	4180	4180
Gesamtbreite	mm	1886	1670	1670
Gesamthöhe	mm	1900	1900	1900
Eigengewicht	kg	1130 (m. Fahrer)	1150 (m. Fahrer)	1230 (m. Fahrer)
Nutzlast	kg	820	800	650
Zul. Gesamtgewicht	kg	1950	1950	1880
Bereifung		5,50 oder 6,00 x 16		
Wendekreis	m	14,5	13,5	13,5
Verbrauch	l/100 km	11	10,5	10,5
Höchstgeschw. (leer)	km/h	80	85	85

DKW-Schnellaster 3=6 – 1955 bis 1962

Im August 1955 wurde der erst 1954 erschienene DKW-Schnellaster Typ 30 durch den DKW-Schnellaster 3=6 ersetzt.

Dieser Transporter hatte einen Dreizylinder-Zweitaktmotor, der bei 4000/min 32 PS leistete und in seinem konstruktiven Aufbau dem erstmalig 1953 im DKW-Personenwagen Typ Sonderklasse eingebauten Triebwerk entsprach.

Die Zylinder waren in einem Block gegossen und mit dem Kurbelgehäuse verschraubt; auf dem aus Leichtmetall gegossenen Zylinderkopf waren Lagerböcke für die Lüfterwelle angebracht. Der Motor besaß einen Fallstromvergaser. Die Betätigung der Kraftstofförderpumpe erfolgte durch die Druckschwankungen im Kurbelgehäuse.[1] Das Verdichtungsverhältnis betrug 1:6,65, später 1:7.

DKW Schnellaster 3=6 als Chassis (ganz oben), mit Lieferwagen-Aufbau (Mitte) und als Pritsche mit Plane (unten; ein Bild vom Auto Union-Veteranen-Clubtreffen 1983).

[1] Klüsener und Groth: Deutsche Personenwagenmotoren, A. T. Z., Jahrgang 57, Nr. 12 Stuttgart 1955, S. 348.

DKW Schnellaster 3=6 / F 800/3 (1955–1962)				
Motor		Wassergekühlter Dreizylinder-Zweitaktmotor mit Frischölmischungsschmierung und DKW-Umkehrspülung		
Hub/Bohrung	mm	76 / 71		
Hubraum	cm³	896		
Verdichtung		1 : 6,65, später 1 : 7		
PS bei U/min		32 / 4000		
Vergaser		1 SOLEX 40 ICB oder 40 CIB		
Kühlung		Thermosyphon, 10 Liter Wasser		
Schmierung		Frischölschmierung 1 : 25		
Batterie		6 V, 75 Ah		
Lichtmaschine		6 V, 160 W		
Kraftübertragung		Frontantrieb		
Kupplung		Einscheiben-Trockenkupplung		
Schaltung		Lenkradschaltung		
Getriebe		Viergang (ZF), II.–IV. Gang synchronisiert		
	I.	1 : 3,82		
	II.	1 : 2,29		
	III.	1 : 1,33		
	IV.	1 : 0,815		
Fahrwerk		Kastenrahmen mit Querträgern		
Vorderradaufhängung		Querlenker unten, 1 Querfeder oben		
Hinterradaufhängung		Torsions-Kurbelachse mit Schwingarmen		
Lenkung		Zahnstangenlenkung		
Fußbremse		Vierrad-Hydraulik-Innenbackenbremse		
Handbremse		Mechanisch (Seilzug), auf Hinterräder wirkend		
Fahrzeug		Pritschenwagen	Kastenwagen	Bus
Radstand	mm	3000	2750	2750
Spur vorn	mm	1317	1317	1317
Spur hinten	mm	1400	1400	1400
Gesamtlänge	mm	4486	4177	4190
Gesamthöhe	mm	2000	1900	1900
Gesamtbreite	mm	1848	1670	1684
Eigengewicht	kg	1170 (m. Fahrer)	1180 (m. Fahrer)	1270 (m. Fahrer)
Zul. Gesamtgewicht	kg	1980	1980	1900
Nutzlast	kg	810	800	630
Bereifung		5,50 oder 6,00 x 16 extra		
Wendekreis	m	14,5	13,5	13,5
Verbrauch	l/100 km	11,5	11,5	11,5
Höchstgeschw. (leer)	km/h	85	85	90
Preise Chassis m. Fahrerhaus	DM	5 740,–		
Großraumpritsche	DM	6 290,–		
Kastenwagen	DM	6 390,– ▶ (1955)		
Kombi	DM	6 990,–		
Bus, viertürig	DM	7 790,–		

Auto Union – DKW-Schnellaster F 1000 L, eine moderne europäische Gemeinschaftskonstruktion – 1963 bis 1965

Die Entwicklungsabteilung der Auto Union GmbH in Ingolstadt schuf gemeinsam mit den Ingenieuren der spanischen Tochtergesellschaft IMOSA in Vitoria den Schnellaster Typ F 1000 L, der in seinem konstruktiven Aufbau dem Vorgängermodell entsprach. In einzelnen Konstruktionsdetails war der Typ F 1000 L jedoch verbessert worden.

Der wassergekühlte Dreizylinder-Zweitaktmotor mit Umkehrspülung und Flachkolben leistete 40 PS bei 4200/min, während der Motor des zuletzt in Ingolstadt gebauten Schnellasters nur über eine Leistung von 32 PS bei 4000/min verfügte.

Das Chassis wurde ebenfalls im Prinzip vom F 800 übernommen, konstruktiv überarbeitet und auf die für Spanien neu entworfene Karosserie abgestimmt.

Die Ganzstahlkarosserie wurde in ihren Grundzügen in Ingolstadt entworfen und später von der IMOSA mit der italienischen Firma Carrozzeria Fissore S. A. S. in Savigliano weiterentwickelt.

Die spätere Versuchserprobung des Schnellasters F 1000 L erfolgte sowohl in der Bundesrepublik als auch in Spanien. Die dabei auftretenden Mängel – u. a. an der Heizung und die mangelhafte Sitzposition des Fahrers – wurden von Auto Union-Ingenieuren in Vitoria gemeinsam mit ihren spanischen Kollegen abgestellt. Im März 1962 erfolgte schließlich von der Freigabezentrale in Ingolstadt grünes Licht für den Serieneinlauf.

Bei der im Juli 1963 anlaufenden Serienproduktion des Schnellasters wurde spanisches Material verwendet, das nicht den Qualitätsnormen entsprach. Als ein weiterer neuralgischer Punkt erwies sich die Kurbelwelle des Zweitaktmotors; mit Rücksicht auf die Fertigungsmöglichkeiten der IMOSA mußte eine Kurbelwellenkonstruktion zugestanden werden, die in ihrer konstruktiven Gestaltung nicht den neuesten Inlandserfahrungen entsprach.

Bei der Entwicklung des Schnellasters F 1000 L mußten die Ingolstädter Ingenieure konstruktive Änderungswünsche der IMOSA berücksichtigen; darunter waren aber »auch Änderungen, wie sie sich beim Anlauf einer Serie infolge der größeren Fabrikationsbreite immer wieder ergeben«, heißt es im Entwicklungsprotokoll. Der Schnellaster F 1000 L war der erste Europäer mit den Vier Ringen.

Auto Union DKW-Schnellaster von IMOSA mit einer Tonne Tragkraft, wie er 1963 vorgestellt wurde.

Auto Union DKW Schnellaster F 1000 L (1963–1965)			
Motor		Wassergekühlter Dreizylinder-Zweitaktmotor mit Frischölmischungsschmierung und DKW-Umkehrspülung	
Hub/Bohrung	mm	76 / 74	
Hubraum	cm³	981	
Verdichtung		1 : 6,7	
PS bei U/min		40 / 4200	
Vergaser		1 SOLEX 40 ICB	
Kühlung		Thermosyphon, 8 Liter Wasser	
Schmierung		Frischölautomatik, Öltankinhalt ca. 3,0 Liter	
Batterie		12 V, 66 Ah	
Lichtmaschine		12 V, 160 W	
Kraftübertragung		Frontantrieb	
Kupplung		Einscheiben-Trockenkupplung	
Schaltung		Schalthebel in Wagenmitte	
Getriebe		Viergang-Getriebe, vollsynchronisiert	
I.		1 : 26,60	Gesamtübersetzung
II.		1 : 15,83	
III.		1 : 10,08	
IV.		1 : 6,53	
Fahrwerk		Geschlossener Stahl-Kastenprofilrahmen	
Vorderradaufhängung		Dreieckslenker unten, Querblattfeder oben	
Hinterradaufhängung		Torsions-Kurbelachse mit Schwingarmen	
Lenkung		ZF-Gemmerlenkung	
Fußbremse		Vierrad-Hydraulik-Innenbackenbremse	
Handbremse		Mechanisch (Seilzug), auf Hinterräder wirkend	
Fahrzeug		Pritschenwagen	Kastenwagen
Radstand	mm	2500	2500
Spur vorn	mm	1318	1318
Spur hinten	mm	1460	1460
Gesamtlänge	mm	4450	4395
Gesamtbreite	mm	2000	1790
Gesamthöhe	mm	1950	1950
Eigengewicht	kg	1250–1350	
Zul. Gesamtgewicht	kg	2250–2350	
Nutzlast	kg	1000	1000
Bereifung		6,70–15 Extra-Transport	
Wendekreis	m	12,0	12,0
Verbrauch	l/100 km	9,8	9,8
Höchstgeschwindigkeit	km/h	90	90
Preise Chassis m. Fahrerhaus	DM	6 275,–	(1963)
Großraumpritsche	DM	6 985,–	
Kastenwagen	DM	7 200,–	

DKW-Elektrowagen, eine fast vergessene, zukunftsweisende Ingolstädter Konstruktion

Ende 1955 präsentierte die Auto Union GmbH den DKW-Elektrowagen. Befürworter und Kritiker des Elektrofahrzeuges waren gleichermaßen überrascht.

Eine Ende der fünfziger Jahre durchgeführte marktanalytische Untersuchung kam zu dem Ergebnis, daß 20 Prozent der damals in der Bundesrepublik Deutschland zugelassenen 300 000 Eintonner-Nutzfahrzeuge im Kurzstrecken- und Haus-zu-Haus-Verkehr eingesetzt wurden.[1]

Die Entwicklung – so die damalige Prognose – bewege sich in verminderter Höchst- und Durchschnittsgeschwindigkeit des innerstädtischen Verkehrsstromes sowie ständigen Stoppens und Anfahrens. Ein benzingetriebenes Fahrzeug erweise sich hier als unwirtschaftlich; das häufige Starten verursache einen höheren Treibstoffverbrauch und das Fahren kurzer Strecken beanspruche den Motor stark. Ein Elektrofahrzeug würde demgegenüber bei dem sich verstärkenden Kurzstreckenverkehr ein wirtschaftliches Gebrauchsfahrzeug darstellen und zugleich zur Lösung drängender Fragen der Lärmverminderung, der Entgiftung und der Erhöhung der Verkehrssicherheit beitragen.

Elektrofahrzeuge hatten sich schon seit Jahren im innerstädtischen Verkehr bewährt. Die Bergmann-Elektricitäts-Werke AG in Berlin-Wilhelmsruh gehörten in den zwanziger und dreißiger Jahren zu den führenden Herstellern von Lastkraftwagen, deren Elektromotoren ihren Strom aus mitgeführten Akkumulatoren erhielten. Die damalige Deutsche Reichspost und kommunale Unternehmungen hatten diese Fahrzeuge mit Erfolg eingesetzt; noch nach dem Zweiten Weltkrieg waren Bergmann-Elektrofahrzeuge im Einsatz.

Andererseits – und darauf muß hingewiesen werden – hatten namhafte Firmen des deutschen Automobilbaus und der deutschen Elektrotechnik den Bau von Elektrofahrzeugen wieder eingestellt: Die Stoewer-Werke AG vorm. Gebrüder Stoewer in Stettin hatte von 1899 bis 1905 Elektrofahrzeuge gebaut; von den 32 (!) verschiedenen Fahrzeugtypen dieser Firma im Jahre 1902 waren 22 Elektromobile. Die Siemens-Schuckertwerke AG hatte den 1906 begonnenen Bau von Elektrowagen 1911 wieder aufgegeben.

Der Bleiakkumulator ist um 1860 erfunden worden, und sein chemisch-physikalisches Prinzip ist seitdem dasselbe geblieben.

[1] *Stadie, A.: Die Bedeutung des Elektrofahrzeuges im Stadtverkehr, A. T. Z., Jahrgang 58, Nr. 4, S. 115 ff., Stuttgart.*

Schnellaster mit Elektroantrieb. Der für 800 kg Nutzlast ausgelegte Kastenwagen wurde 1955 präsentiert.

Blick unter die Haube des DKW-Elektro-Schnellasters. Es bedeuten: 1 – Antriebs-Elektromotor 80 Volt, 4,8 Kilowatt); 2 – Fahrstufenregler (vier Stufen); 3 – Fahrtrichtungsschalter (vorwärts/rückwärts); 4 – Anlaßwiderstand; 5 – Fahrsicherung (80 Amp.); 6 – Ladesteckdose (120 Amp.); 7 – Ampèremeter; 8 – Entladeanzeiger.

Daraus könnte man den Schluß ziehen, daß der Bleiakkumulator nicht mehr entwicklungsfähig sei; eine solche Schlußfolgerung wäre indessen falsch. Denn der spezifische Energieinhalt in Wattstunden pro Kilogramm konnte seit der Jahrhundertwende wesentlich gesteigert werden.[2]

Die Entwicklung wird weitergehen, aber beim gegenwärtigen Stand der Technik ist der Akkumulator – bedingt durch sein Gewicht und durch sein begrenztes Energiespeicherungsvermögen – kein idealer Energieträger.

Die Auto Union GmbH wandte sich trotzdem – auf Anregung der Stadtwerke Bremen – dem Bau von Elektrofahrzeugen zu.

In seinem konstruktiven Aufbau entsprach der DKW-Elektrowagen dem Ingolstädter Schnellaster.

Als Triebwerk diente ein durch Fahrtwind gekühlter Elektromotor mit 4,8 kW, 80 Volt, der vor der Vorderachse eingebaut war. Der Motor wurde von den Firmen Baedeker, Bremen, und Lloyd-Dynamo-Werke, Bremen, bezogen.

Die Kraftübertragung auf die Vorderräder erfolgte durch vier elektrische Schaltstufen, die durch den an der Lenksäule befindlichen Schalthebel betätigt wurden. Das Kuppeln entfiel.

Der Fahrgestellrahmen war an beiden Seiten mit Stützen und Halterungen für die Batterietröge ausgerüstet; in den Batterietrögen waren die einzelnen, hintereinander-geschalteten Elemente untergebracht. Die Spannung betrug, wie gesagt, 80 Volt, die Kapazität 200 Ah. Vom Laderaum waren die Batterietröge hermetisch abgeschlossen, so daß etwaige Dämpfe selbst empfindlichstes Ladegut nicht beschädigen konnten. Zum Aufladen brauchten die Tröge nicht geöffnet zu werden, dazu diente eine Lade-Steckdose unter der Motorhaube.

Mit einer Batterieladung betrug der Fahrbereich des DKW-Elektrowagens etwa 100 Kilometer. Da die Energie-Versorgungs-Unternehmungen den Strom während den sogenannten »Schwachlaststunden« zu besonders günstigen Preisen lieferten (und liefern), verminderten sich die Betriebsko-

---

[2] *Nadolny, B., und Treue, W.: VARTA – Ein Unternehmen der Quandt-Gruppe 1888 – München 1964, S. 159.*

DKW Elektro-Wagen		
Motor		Fahrwindgekühlter, hoch überlastbarer Hauptstrom-Motor, 4,8 kW, 80 V, 3200/min, mit angezapfter Feldwicklung und geräuschlosem Lauf
Kraftübertragung		Vier elektrische Schaltstufen (Lenkradschaltung), ohne Kupplung und mechanisches Schaltgetriebe, keine Unterbrechung des Fahrstromes beim Schalten
Fahrwerk		Verwindungssteifer Kastenprofilrahmen mit Stützen und Halterung für die Batterie-Tröge
Vorderradaufhängung		Querlenker unten, 1 Querfeder oben
Hinterradaufhängung		Torsions-Kurbelachse mit Schwingarmen
Lenkung		Zahnstangenlenkung
Fußbremse		Vierrad-Hydraulik-Innenbackenbremse
Handbremse		Mechanisch (Seilzug), auf Hinterräder wirkend
Fahrzeug		Kastenwagen
Radstand	mm	2750 (bzw. 3000)
Gesamtlänge	mm	4177
Gesamtbreite	mm	1670
Gesamthöhe	mm	2000
Eigengewicht	kg	1780
Zul. Gesamtgewicht	kg	2580
Nutzlast	kg	800
Bereifung		6,00 – 16
Verbrauch		25 kW h/100 km
Fahrbereich mit einer Batterieladung		80–100 km
Höchstgeschwindigkeit	km/h	35–40

sten des Fahrzeuges beim Aufladen der Akkumulatoren in dieser Zeit (zwischen 21 Uhr und 7 Uhr).

Der DKW-Elektrowagen sollte ausschließlich an Behörden geliefert werden. Aus den vorhandenen Unterlagen geht hervor, daß im November 1956 34 Aufträge von Behörden und 5 Bestellungen der Deutschen Bundespost vorlagen. Insgesamt sollen 100 Elektrowagen gebaut worden sein, davon 65 als Kastenwagen.

Der DKW-Elektrowagen konnte sich nicht durchsetzen. Technikgeschichtlich bleibt er dennoch interessant, er war vermutlich das einzige, im Straßenverkehr zugelassene Elektro-Nutzfahrzeug mit Frontantrieb.

Ein Auto Union-DKW-Schnellaster F 1000 L – hier als Campingfahrzeug ausgebaut.

Die Gesamtproduktion von Auto Union-Schnellastern 1949–1962

DKW F 89 L

	Kleinbusse	Kombiwagen	LKW 0,75 t	zusammen
1949	–	–	504	504
1950	473	966	5 434	6 873
1951	697	1 801	4 920	7 418
1952	425	1 980	4 380	6 785
1953	432	1 199	3 727	5 358
1954	36	305	984	1 325
	2 063	6 251	19 949	28 263

DKW Typ 30 und 3 = 6

	Kleinbusse	Kombiwagen	LKW 0,75 t	zusammen
1954	141	581	2 056	2 778
1955	300	1 409	5 336	7 045
1956	237	1 736	5 854	7 827
1957	34	825	2 681	3 540
1958	13	1 108	3 546	4 667
1959	26	805	1 976	2 807
1960	18	150	688	856
1961	–	–	935	935
1962	–	–	74	74
	769	6 614	23 146	30 529

Schnellaster-Produktion insgesamt	58 792

Die DKW-Personenkraftwagen aus Düsseldorf

Am 17. Mai 1950 wurde in Ingolstadt der neue DKW-Personenkraftwagen, Typ F 89 P, Meisterklasse genannt, den Vertretern der Presse vorgestellt.
Auf diesen Tag hatten viele Freunde der Auto Union im Inland und im Ausland gewartet. Die Geschäftsführer der Auto Union GmbH, Dr. Bruhn und Dr. Hahn, waren persönlich anwesend; unter den Gästen durften sie einen Automobilpionier begrüßen, der mit den Vier Ringen besonders eng verbunden war, Herrn Dr.-Ing. E. h. August Horch. Der alte Herr, der die bitteren Kriegs- und Nachkriegsjahre verhältnismäßig gut überstanden hatte, lebte zurückgezogen in Münchberg in Oberfranken. Er hatte es sich nicht nehmen lassen, an diesem Tage nach Ingolstadt zu kommen. Alte, bekannte Fachschriftsteller von hohem Rang zählten zu den Gästen.

Zu diesem Zeitpunkt räumten auf dem Gelände der Rheinmetall-Borsig AG in Düsseldorf die Bagger ein sich über 200000 m² erstreckendes Trümmerfeld, ein Chaos zerbombten Betons und zerstörter Stahlkonstruktionen. Die Neubauten für die Aufnahme der Fertigung des neuen DKW mußten errichtet werden.

Das unmöglich Scheinende gelang: Im August 1950 rollten die ersten Automobile mit dem grün-weißen Firmenschild von den Bändern des neuen Düsseldorfer Werkes.

DKW Meisterklasse F 89 P und ihre sächsischen Ahnen

Auf der Internationalen Automobil- und Motorrad-Ausstellung in Berlin 1939, die vom 17. Februar bis zum 5. März in den Ausstellungshallen unter dem Funkturm stattfand, wurde auf dem Stand der Auto Union AG der DKW Typ F 8 vorgestellt.
Sechs Monate später, am 1. September 1939, brach der Zweite Weltkrieg aus. Die Produktion der großen Personenkraftwagen der Auto Union AG, der Automobile von Audi, Horch und Wanderer, wurde bald eingestellt. Die Herstellung von Militärfahrzeugen und Rüstungsgütern hatte von nun an den Vorrang.
Die Herstellung des »kleinen DKW«, wie man ihn damals nannte, erfolgte noch bis 1942; 49605 DKW Typ F 8 verließen insgesamt die Zwickauer Werkshallen.
Die in Ingolstadt nach dem Kriege entstandene Auto Union GmbH setzte den in Zschopau und in Zwickau eingeschlagenen technisch-konstruktiven Weg fort. Das soll im folgenden durch den Vergleich des 1950 erschienenen DKW Typ F 89 P mit dem 1939 herausgebrachten DKW Typ F 8 aufgezeigt werden.
Im Gegensatz zu ihren sächsischen Ahnen hatte die neue DKW Meisterklasse eine Ganzstahlkarosserie[1], die in ihrer Linienführung aerodynamisch günstig gestaltet und zugleich von ansprechender Form war.
Diese Karosserie war bereits vor dem Zweiten Weltkrieg für ein neues

Eine Erinnerung an den Tag der Präsentation der neuen DKW-Meisterklasse. Ganz oben – von links nach rechts – Dr. Richard Bruhn, Wa. Ostwald, Dr.-Ing. E. h. August Horch und Dr.-Ing. Carl Hahn.

Unteres Bild: Dr.-Ing. E. h. August Horch und Wa. Ostwald nehmen den Neuling unter die Lupe. Rechts: Direktor Fritz Zerbst – mit schwarzem Hut und ausgestrecktem Arm – gibt weitere Erklärungen.

DKW-Automobil, das unter dem Namen »Hohe Klasse« auf den Markt kommen sollte, entwickelt worden. 1938[2] war für diese Karosserie im Windkanal des Institutes für Strömungsmechanik der damaligen Technischen Hochschule in München unter Leitung von Prof. Dr.-Ing. Kaufmann ein Luftwiderstandsbeiwert (cw) von 0,34 ermittelt worden; zu jener Zeit betrug der entsprechende Wert für serienmäßig hergestellte Tourenwagenkarosserien zwischen 0,50 und 0,80. Bemerkenswert war auch, daß der Luftwiderstandsbeiwert der DKW-Karosserie – im Gegensatz zu anderen strömungsgünstig bekannten Serienwagen-Karosserien – bei Seitenwind sich nur unwesentlich erhöhte; zu diesem Ergebnis führten Versuche, bei denen der Anströmwinkel (von 0° auf 6°, auf 12° und schließlich auf 18°) erhöht wurde. In der Fahrpraxis des Alltags bedeutete dies eine relative Unempfindlichkeit gegenüber aufkommenden Seitenböen. Diese Seitenwindunempfindlichkeit trug wesentlich zur vielgerühmten DKW-Fahrsicherheit bei.

Die 1950 in Ingolstadt vorgestellte DKW Meisterklasse wich jedoch in ihrer Karosseriegestaltung in zwei Merkmalen von der Karosserie des Ursprungsmodells aus dem Jahre 1938 ab: Die Meisterklasse des Jahres 1950 hatte keine geteilte Windschutzscheibe mehr, und sie hatte kein kleines, durch eine Mittelstrebe geteiltes Rückblickfenster. Auch die Frontpartie mit den jetzt waagerecht eingesetzten Rippen des Lufteinlasses hatte ein anderes Aussehen.

Der Fahrgestellrahmen des DKW Typ F 89 P entsprach in seiner Form dem des Typs F 8: Die kastenförmigen Rahmenlängsträger hatten ebenfalls die »Schleifenform«. Starke Quertraversen verliehen dem Rahmen die notwendige Festigkeit. Der Rahmen des F 89 P hatte jedoch vorn – im Gegensatz zum F 8 – eine über die Längsträger hinausragende Quertraverse; diese war notwendig geworden als Träger für den Motor, der vor der Vorderachse angeordnet war, während beim DKW Typ F 8 der Motor hinter der Vorderachse eingebaut war.

---

[1] *Kirchberg weist darauf hin, daß vor dem Zweiten Weltkrieg DKW-Frontantriebswagen, die exportiert wurden, mit einer Stahlblechkarosserie ausgerüstet wurden. Dabei handelte es sich um Karosserien der »gemischten Bauweise«: Das Holzgerippe war mit Stahlblechteilen beplankt. Kirchberg, P.: Autos aus Zwickau. Berlin 1985, S. 134.*

[2] *Übereinstimmend berichten Kirchberg und Venediger, daß mit der Entwicklung dieses Fahrzeuges, das in der DKW-Nomenklatur ursprünglich die Bezeichnung F 9 trug, 1938 begonnen wurde.*
Kirchberg, P.: a.a.O., S. 137.
Venediger, H. J.: Das neue DKW-Modell F 9, A.T.Z., Jahrgang 50, Nr. 4, Stuttgart 1948, S. 65.

Ganz oben links: Der DKW F 9, der auf der Internationalen Automobil- und Motorrad-Ausstellung in Berlin 1940 ausgestellt werden und den Namen »Hohe Klasse« tragen sollte. Rechts daneben der sächsische Ahne des F 89 P – ein F 8 Meisterklasse 1939 als Cabrio-Limousine; der Preis betrug damals 2450 Reichsmark.

Links: DKW F 89 P Meisterklasse aus dem Jahre 1950.

Die Vorderräder waren einzeln an einer obenliegenden Querfeder aufgehängt und wurden durch untenliegende Dreieckslenker geführt. Die Hinterachse wurde durch eine hochliegende Querfeder, die quer zur Fahrtrichtung angeordnet und nur in einem Punkte – in der Mitte – befestigt war, abgefedert. Hierdurch wurde erreicht, daß sich der Wagenkörper bei schneller Kurvenfahrt nicht nach außen neigte. Es handelte sich um die Konstruktion, die uns unter dem Namen »Schwebeachse« bekannt ist. Von der Hinterachse führten Längsstreben zum Rahmen; diese Längsstreben nahmen die Bremskräfte auf.

Das gesamte Federungssystem wurde durch vier Stoßdämpfer ergänzt. Vordere und hintere Spurweite des DKW Typ F 89 P waren identisch mit den Spurweiten des DKW Typ F 8. Der Radstand der neuen Meisterklasse war aber mit 2350 mm um 250 mm kleiner als der der alten Meisterklasse. Die einzelnen Maße zeigt die folgende Tabelle:

		DKW F 89 P	**DKW F 8**
Radstand	mm	2 350	2 600
Spurweite, vorn	mm	1 190	1 190
Spurweite, hinten	mm	1 250	1 250
Gesamtlänge	mm	4 200	4 000
Gesamtbreite	mm	1 600	1 480
Gesamthöhe	mm	1 450	1 480
Eigengewicht	kg	800	790
Bereifung		5,00 x 16	5,00 x 16

Der wassergekühlte Zweizylinder-Zweitaktmotor mit Umkehrspülung (Patent Schnürle) des DKW Typ F 89 P hatte einen Hubraum von 690 cm^3 und leistete bei einer Verdichtung von 1:6,3 23 PS; die Leistung des F 8-Motors mit gleichem Hubvolumen betrug 20 PS bei einer Verdichtung von 1:5,9.

Der Motor des DKW Typ F 89 P hatte die gleiche Bohrung und den gleichen Hub wie der Motor des F 8, nämlich 76 mm.

Der DKW Typ F 89 P besaß – wie seine sächsischen Ahnen – eine im Ölbad laufende Mehrscheibenkupplung und ein Drei-Gang-Getriebe mit Freilauf. Motor, Getriebe und Differential waren in einem völlig geschlossenen, schmutz- und staubdicht gekapselten Block vereinigt. Mit der Erhöhung der Motorleistung und dank der aerodynamischen Gestaltung der Karosserie erreichte der DKW Typ F 89 P eine Höchstgeschwindigkeit von 100 km/h; die Höchstgeschwindigkeit des DKW F 8 lag zwischen 85 und 90 km/h. Durch die Unterbringung des Motors vor der Vorderachse konnte trotz des kürzeren Radstandes der zwischen den Achsen liegende Raum für die Fahrgäste vergrößert werden.

Ganz oben: DKW F 89 P als viersitziges Cabriolet; diese Karosserie wurde von der Wilhelm Karmann GmbH in Osnabrück gebaut.

Darunter: Der F 89 P als zweisitziges Cabriolet. Unten: Ein zweisitziges Coupé.

Der DKW Typ F 89 P wurde als vier-/fünfsitzige Limousine und als vier-/fünfsitziges Cabriolet geliefert. Die Cabriolet-Karosserie wurde bei der Wilhelm Karmann GmbH in Osnabrück hergestellt. 1951 erschienen zweisitzige Cabriolet- und Coupe-Karosserien auf dem Markt; beide Karosserien wurden von Hebmüller in Wuppertal-Barmen gebaut.

Daneben gab es noch den DKW Typ F 89 U. Meisterklasse-Universal genannt, deren Karosserie im Werk Düsseldorf der Auto Union GmbH hergestellt wurde.

Die feststehenden Seitenwände dieser Karosserie wurden ebenso wie die Heckklappen von einem Eschenholzgerippe gebildet, das mit kunstharzgetränktem Sperrholz ausgefüllt war. Die Seitentüren waren aus Stahlblech und entsprachen in ihrem Aussehen denen der Limousine. Das auf einem Rahmen gearbeitete Dach aus Sperrholz war ebenfalls mit fein genarbtem Kunstleder bespannt.

Die Heckpartie der Meisterklasse-Universal hatte nicht die elegante Form der Limousine oder des Cabriolets, sie erinnerte in ihrer Formgebung an einen Lieferwagen: Die aus einer unteren und einer oberen Heckklappe bestehende Rückwand war leicht geneigt. Beim Transport sperriger Güter konnte die obere oder die untere Heckklappe geöffnet bleiben; oftmals blieben auch beide Heckklappen offen.
Beim Umlegen der Rückenlehne und bei gleichzeitigem Versenken der hinteren Sitzbank entstand eine von den Vordersitzen bis zum Wagenheck reichende glatte Ladefläche von 1700 mm Länge und 1010 mm Breite.
Die Idee zum Bau einer solchen Karosserie war bei der Auto Union AG schon vor dem Zweiten Weltkrieg entstanden; auf dem Chassis eines

Unten: Fließbandfertigung der viersitzigen Cabriolet-Karosserie bei Karmann. Die Osnabrücker Firma hatte erheblichen Anteil am Aufbau der Karosseriefertigung für den F 89 P.

Rechts: Auch die 1889 in Wuppertal gegründete Karosseriebaufirma von Josef Hebmüller stellte ein zweisitziges Coupé und ein zweisitziges Cabriolet für den DKW F 89 P her (1951).

Wanderer Typ W 23 war eine universell verwendbare Karosserie aufgebaut worden. Dieser Wagen – Wanderer-»Farmerwagen« genannt – war der erste seiner Art in Deutschland, mit dem der Gedanke des »Station Wagon« entwickelt wurde.[3]

Ab Februar 1953 erhielt der DKW Typ F 89 P ein Vier-Gang-Getriebe und eine Einscheiben-Trockenkupplung. An dieser Stelle bleibt nachzutragen, daß der DKW Typ F 89 P auch in einem anderen Merkmal mit seinen sächsischen Ahnen übereinstimmte, in der »Krückstockschaltung«; der Schalthebel befand sich im Armaturenbrett.

Das äußere Erscheinungsbild des Wagens wurde verbessert: Die Kühlermaske bestand nicht mehr aus einzelnen Rippen, sie war aus einem Stück gepreßt und konnte abgenommen werden, sie sah eleganter aus. Das Heckfenster war vergrößert worden und das Lenkrad hatte von nun an einen größeren Durchmesser.

Auch beim DKW Typ F 89 U wurden Veränderungen vorgenommen: Das Holzgerippe wurde mit Stahlblech beplankt. An die Stelle der rückwärtigen Klappen traten Türen.

Vom DKW Typ F 89 P wurden gebaut:

2türige	4sitzige Limousine	1950–1954	47 706
2türiges	4sitziges Cabriolet	1951–1953	5 045
2türiges	2sitziges Cabriolet	1952	85
2türiges	2sitziges Coupé	1952	65
Insgesamt			52 901

Vom DKW Typ F 89 U Meisterklasse-Universal rollten insgesamt 6414 Wagen vom Fließband.

Modell		**DKW Typ F 89 P**	
Motor		Wassergekühlter Zweizylinder-Zweitaktmotor mit Frischölmischungsschmierung und Umkehrspülung (Patent Schnürle)	
Hub/Bohrung	mm	76 / 76	
Hubraum	cm³	690	
Verdichtung		1 : 6,3	
PS bei U/min		23 / 4200	
Vergaser		1 SOLEX-Fallstromvergaser 32 PBJ	
Kühlung		Thermosyphon, 8 Liter Wasser	
Elektr. Anlage		6 Volt Dynastart-Anlage[1]	
Kraftübertragung		Frontantrieb	
Kupplung		Mehrscheibenkupplung im Ölbad	Einscheibentrockenkupplung
Schaltung		Krückstock-Schaltung	
Getriebe		Dreigang-Getriebe	Viergang-Getriebe
	I.	1 : 3,44	1 : 4,97
	II.	1 : 1,69	1 : 2,94
	III.	1 : 1	1 : 1,63
	IV.	–	1 : 1
Fahrwerk		Kastenprofilrahmen	
Vorderradaufhängung		Querfeder und Lenker	
Hinterradaufhängung		DKW-Schwebeachse	
Lenkung		Zahnstangenlenkung	
Fußbremse		Duplex-Öldruck-Vierradbremse	
Handbremse		Mechanisch (Seilzug), auf Hinterräder wirkend	
Fahrzeug			
Radstand	mm	2350 (Universal 2450)	
Spur vorn	mm	1190	
Spur hinten	mm	1250	
Gesamtlänge	mm	4200 (Universal 4055)	
Gesamthöhe	mm	1450 (Universal 1555)	
Gesamtbreite	mm	1600 (Universal 1520)	
Eigengewicht	kg	800 (Universal 900)	
Zul. Gesamtgewicht	kg	1280 (Universal 1300)	
Bereifung		5,00 x 16 (Universal 5,50 x 16)	
Wendekreis	m	11,3	
Verbrauch	l/100 km	6,25 (Universal 9)	
Höchstgeschwindigkeit	km/h	100 (Universal 95)	
Preise			
Limousine – Dreigang	DM	5 885,–	
Cabriolet, viersitzig	DM	7 585,–	
Coupé, zweisitzig	DM	8 950,–	(1952)
Universal	DM	6 585,–	
Stadtlieferwagen	DM	6 445,–	
Anmerkungen		[1] Anfangs kam die Dynastart-Anlage mit innenliegenden Zündspulen, ab Motor-Nr. 60 020 649 die mit außenliegenden Zündspulen zum Einbau. Ab Motor-Nr. 62 056 003 wurde die Dynastart-Anlage mit Bosch-Verteiler – bis Motor-Nr. 62 056 994 – ausgerüstet, ab Motor-Nr. 62 056 995 mit Siba-Verteiler.	
Quelle der Daten:		Prospekt WB 196 (650 100) für Dreigang	

---

[3] *Mirsching, G.: Wanderer – Die Geschichte des Hauses Wanderer und seine Automobile, Lübbecke 1981, S. 94.*

DKW Sonderklasse F 91

Am 19. März 1953 wurde in Frankfurt am Main die 36. Internationale Automobil- und Motorrad-Ausstellung eröffnet. Auf dem Stand der Auto Union GmbH stand der von vielen sehnsüchtig erwartete DKW mit Dreizylinder-Zweitaktmotor. Der Wagen, der die Bezeichnung DKW Sonderklasse trug, wurde zu einem der Hauptanziehungspunkte der Frankfurter Ausstellung, ein Beweis für das Interesse an diesem neuen Modell, das übereinstimmend von der Fachpresse als die modernste Konstruktion bezeichnet wurde, obwohl sie schon vor dem Kriege entstanden war. Denn der wassergekühlte Dreizylinder-Zweitaktmotor war für den bereits erwähnten DKW Typ F 9, Hohe Klasse genannt, schon 1936 von Oskar Siebler entwickelt worden. Auf der Automobil-Ausstellung 1940 sollte dieses Automobil der Öffentlichkeit vorgestellt werden und mit dem Volkswagen in Wettbewerb treten. Die Auto Union wollte mittelfristig, d. h. innerhalb eines Zeitraums von fünf Jahren, den Einführungspreis von RM 2950 auf die Hälfte reduzieren, »um den Wettbewerb mit dem Volkswagen sicherzustellen. Hierbei war eine Tagesproduktion von mindestens 500 Wagen in besonders zu erstellenden Werkstätten nach rationellsten Fertigungsverfahren geplant«.[1] Neben dem DKW Typ F 9 (Hohe Klasse) sollte ab 1940 nur noch der DKW Typ F 8 (Meisterklasse) im Programm sein. Die Reichsklasse und die Sonderklasse sollten nicht mehr hergestellt werden. Ab 1945 etwa sollte auch die Fertigung des DKW Typ F 8 auslaufen.

Das waren die Planungen in einer scheinbar friedlichen Welt, der Zweite Weltkrieg machte indessen alles zunichte.

Der wassergekühlte Dreizylinder-Zweitaktmotor verlieh dem 950 kg schweren Versuchsfahrzeug mit voller Belastung bei den Testfahrten 1938 eine Höchstgeschwindigkeit von über 110 km/h und auf der Landstraße Berlin – Leipzig – Chemnitz einen Reisedurchschnitt von über 80 km/h bei einem Verbrauch von 10 l/100 km.[2]

Dieser DKW-Motor besaß keine Dynastartanlage, sondern eine normale Lichtmaschine und einen normalen Anlasser; beide Aggregate waren im Werk Rösslerstraße der Auto Union AG im damaligen Chemnitz entwickelt worden. Der Hubraum des Motors wird von Venediger mit 0,9 Liter angegeben und die Leistung mit 32 PS.

Der Motor besaß einen Solex-Horizontalvergaser und einen Knecht-Luftfilter. Bemerkenswert war die Laufruhe des Motors, die u. a. durch die elastische Motoraufhängung erreicht wurde.

Auf der Leipziger Frühjahrsmesse 1948 zeigte die IFA[3] zum ersten Male der Öffentlichkeit den Typ F 9, seine Serienfertigung lief jedoch erst 1950 an. »Bei diesem Fahrzeug handelte es sich um die aus der Erbmasse der Auto Union stammenden Konstruktion.«[4] Auch die 1953 herausgebrachte Düsseldorfer DKW-Sonderklasse basierte auf diesem Erbgut: Der Dreizylinder-Zweitaktmotor mit Umkehrspülung war ein Reihenmotor, der in Fahrtrichtung stand. Seine Bohrung betrug 71 mm und der Hub 76 mm,

DKW Sonderklasse – der Typ F 91 als zweitürige Limousine, Modelljahrgang 1953.

der Hubraum 896 cm³; bei 4000/min leistete der Motor 34 PS und lag damit über der Leistung des eingangs genannten F 9.

Der Motor war vor, das Getriebe hinter der Vorderachse angeordnet. Die DKW Sonderklasse verfügte – im Gegensatz zum Typ F 89 P Meister-

---

[1] *Venediger, H. J.: Das neue DKW-Modell F 9, A.T.Z., Jahrgang 50, Nr. 4, Stuttgart 1948, S. 65.*
[2] *Venediger, H. J.: a.a.O.*
[3] *IFA: Interne Abkürzung von »Industrieverwaltung Fahrzeugbau«, der 1948 das in der damaligen Sowjetischen Besatzungszone im Volkseigentum befindliche Vermögen der einstigen Auto Union AG unterstellt wurde.*
[4] *Kirchberg, P.: Autos aus Zwickau, Berlin 1985, S. 173.*

Das Triebwerk des DKW Typ F 91 auf dem Stand der Auto Union GmbH auf der Internationalen Automobil-Ausstellung in Frankfurt am Main im März 1953 wird hier von Direktor Fritz Zerbst, Dr. Richard Bruhn und Direktor Werner Kratsch bewundert.

klasse – über eine Lenkradschaltung. Der Chassisrahmen entsprach in seiner Gestaltung und in seinen Maßen dem des Typ F 89 P.

Die DKW-Sonderklasse wurde bis zum November 1953 mit einem Dreigang-Getriebe, dann mit einem Viergang-Getriebe geliefert. Ab Juli 1954 wurde der DKW-Shell-Mixer eingeführt. Bisher mußte der Tankwart das Zweitakt-Gemisch in der dafür bestimmten Kanne nach »überlieferter Rezeptur« herstellen: 1 Teil Öl und 25 Teile Benzin.

Der von Oberingenieur Rössig von der Deutschen Shell AG gemeinsam mit den Ingenieuren der Auto Union GmbH entwickelte DKW-Shell-Mixer, mit dem nun alle DKW-Fahrzeuge ausgerüstet wurden, bereitete das Gemisch selbsttätig. Zuerst wurde das Öl in den Tank eingefüllt; beim anschließenden Einfüllen des Benzins passierte dieses das sog. »Mischrohr«. Dabei entstand eine heftige Verwirblung und das Benzin wurde mit dem vorher eingefüllten Öl vermischt. Der zeitraubende manuelle Mischvorgang war nicht mehr nötig.

Neben einer DKW Sonderklasse-Limousine waren im Produktionsprogramm der Auto Union GmbH für 1954 für diesen Typ enthalten:

Viersitzer-Coupé, Zweisitzer-Cabriolet,
Zweisitzer-Coupé, Stadtlieferwagen und
Viersitzer-Cabriolet, Universal.

Das Karosserieprogramm wurde wiederholt geändert; ab Juli 1954 waren die folgenden Karosserievarianten lieferbar:

Limousine in vereinfachter Ausführung mit Dreigang-Getriebe	DM 5385
Limousine Spezial mit Viergang-Sperrsynchrongetriebe	DM 5885
Luxus-Coupé, zweifarbig, Seitenfenster und Mittelsteg versenkbar	DM 6385
Universal mit Viergang-Sperrsynchrongetriebe	DM 6385.

Von der DKW-Sonderklasse F 91 wurden gebaut

2türige, 4sitzige Limousine 3. 1953 – 9. 1955 (ab 7. 1954 Panoramascheibe)	41799
2türiges, 4sitziges Luxux-Coupé 3. 1953 – 9. 1955	13657
2türiges, 4sitziges Carbriolet 3. 1953 – 9. 1955	1512
2türiges, 2sitziges Cabriolet 3. 1953 – 9. 1955	432
2türiges, 2sitziges Coupé (1953 und 1954)	25
Insgesamt	57425.

Vom DKW Typ F 91 U, Sonderklasse-Universal, wurden zwischen September 1953 und Juni 1957 insgesamt 15175 Wagen ausgeliefert; in diesen Zahlen sind 1506 CKD (Completely knokked down-Sätze) enthalten.

Vom DKW Typ F 91 wurden 72600 Wagen verkauft und damit 13285 mehr als vom Typ F 89 P, dessen Fertigung im April 1954 eingestellt wurde.

Modell		DKW Typ F 91	
Motor		Wassergekühlter Dreizylinder-Zweitaktmotor mit Frischölmischungsschmierung und DKW-Umkehrspülung	
Hub/Bohrung	mm	76 / 71	
Hubraum	cm³	896	
Verdichtung		1 : 6,5	
PS bei U/min		34 / 4000	
Vergaser		1 SOLEX 40 BJC	
Kühlung		Thermosyphon, 7 Liter Wasser	
Elektr. Anlage		6 Volt, Anlasser, Lichtmaschine, Dreifach-Unterbrecher	
Kraftübertragung		Frontantrieb	
Kupplung		Einscheiben-Trockenkupplung	
Schaltung		Lenkradschaltung	
Getriebe		Dreigang-Getriebe	Viergang-Getriebe
	I.	1 : 3,36	1 : 3,82
	II.	1 : 1,59	1 : 2,22
	III.	1 : 0,93	1 : 1,31
	IV.	–	1 : 0,91
Fahrwerk		Kastenprofilrahmen	
Vorderradaufhängung		Querfeder und Dreieckslenker	
Hinterradaufhängung		DKW-Schwebeachse	
Lenkung		Zahnstangenlenkung	
Fußbremse		Duplex-Öldruck-Vierradbremse	
Handbremse		Mechanisch (Seilzug), auf Hinterräder wirkend	
Fahrzeug			
Radstand	mm	2350	
Spur vorn	mm	1190	
Spur hinten	mm	1250	
Gesamtlänge	mm	4225	
Gesamtbreite	mm	1595	
Gesamthöhe	mm	1450	
Eigengewicht	kg	910 (Limousine)	
Zul. Gesamtgewicht	kg	1260	
Bereifung		5,60 x 15	
Wendekreis	m	11,3	
Verbrauch	l/100 km	8	
Höchstgeschwindigkeit	km/h	120	
Preise Limousine – Dreigang DM Limousine – Viergang DM Coupé, viersitzig DM Universal DM		5 385,– 5 885,– 6 385,– 6 385,–	(1954)
Anmerkungen		Quelle der Daten: Prospekt WB 863 (853)	

DKW 3=6 – F 93 und F 94

Auf der 37. Internationalen Automobil-Ausstellung in Frankfurt am Main, die am 22. September 1955 eröffnet wurde, präsentierten drei deutsche Firmen ihre Neukonstruktionen: Die in Bremen ansässigen Lloyd Motoren-Werke GmbH stellten ihren neuen 600er Kleinwagen vor, und die Bayerische Motoren Werke AG zeigte zum ersten Male die Modelle 503 und 507, von denen später nur wenige Hundert gebaut wurden, sowie den Typ 505, eine dezente, von der Schweizer Karosseriefirma Ghia-Aigle S. A. gefertigte Luxuslimousine. Und von diesem Wagen wurden nur zwei Exemplare hergestellt.

Auf dem Stand der Auto Union GmbH war ein fast neuer Typ zu bewundern, der nicht weniger Interesse fand als die genannten Neukonstruktionen auf den Nachbarständen: Der DKW 3=6, F 93, und sein Bruder, der DKW F 94.

Dieser Wagen zeichnete sich durch eine elegante und ausgewogene Linienführung aus. Die Windschutzscheibe war nicht, wie beim F 91, leicht keilförmig, sondern gleichmäßig gewölbt. Das Kühlergitter bestand aus waagrecht angeordneten Stäben, die von einem Chromrahmen eingefaßt wurden.

Gegenüber dem F 91 war die Spurweite um 100 mm vergrößert worden; daraus ergab sich ein entsprechend verbreiterter und zugleich etwas verlängerter Innenraum. Um die erforderliche Verwindungssteifigkeit zu erreichen, hatte der Chassisrahmen eine Kreuzverstrebung erhalten. Der wassergekühlte Dreizylinder-Zweitakt-Reihenmotor entsprach in seinem konstruktiven Aufbau dem des F 91, er leistete – bei einer Verdichtung von 1:7 – jetzt 38 PS bei 4250/min.

Die zweitürige Limousine »Normal«, die vier bzw. fünf Personen Platz bot, hatte ein vollsynchronisiertes Dreigang-Getriebe, die Limousine »Spezial«, das Coupé und die Cabriolets waren mit einem sperrsynchronisierten Vier-Gang-Getriebe ausgerüstet. Der Freilauf war abschaltbar.

Besondere Beachtung wurde der viertürigen Limousine – F 94 – geschenkt: Durch Verlängerung des Chassis um 100 mm war der notwendige Innenraum gewonnen und die richtigen Proportionen für diese Karosserieform erzielt worden. Die viertürige Reiselimousine war ein geradezu repräsentatives Fahrzeug.

Ein Jahr später wurden die Wagen des Modelljahrgangs 1957 vorgestellt mit einem Motor, der 40 PS bei 4250/min leistete; die Heizung und die Instrumentierung waren verbessert worden.

Oben: Die wenigen von Karmann gebauten Cabriolet-Karosserien, sowohl die vier- als auch die zweisitzigen, zeichnen sich durch ihre elegante Linienführung aus.

Links: DKW 3=6 als zweisitziges Cabriolet aus dem Hause Karmann (1956).

Links: Ein DKW 3=6, Typ F 93 des Modelljahrgangs 1957, erkennbar am Kühlergesicht: An die Stelle der waagerecht angebrachten Stäbe im Chromrahmen war ein feines Maschengitter getreten.

Unten: Das Verdeck hatte Innenverspannung. Dadurch entfielen die sogenannten »Sturmstangen«, ein Stilelement der Cabriolet-Karosserie der dreißiger Jahre.

Die 57er DKW 3=6 waren äußerlich am Kühlergitter zu erkennen: Ein feines Maschengitter war an die Stelle der waagrecht angeordneten Stäbe im Chromrahmen getreten.

Im Februar 1957 ging der DKW Typ F 94 U – Universal in die Serie. Auch mit diesem Fahrzeug, das eine glückliche Synthese aus der Eleganz des Personenwagens mit der Zweckmäßigkeit eines Nutzfahrzeuges war, gelang den Düsseldorfer Autobauern ein großer Wurf: 19526 DKW Typ F 94 U – Universal rollten zwischen Februar 1957 und Juli 1959 aus den Werkshallen am Rhein, eine für diese Fahrzeugart damals beachtliche Produktionszahl.

Detailverbesserungen an diesem Fahrzeug wurden auf der im Herbst 1957 in Frankfurt am Main stattfindenden Automobil-Ausstellung gezeigt.

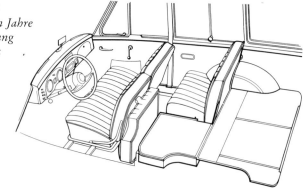

Links: DKW F 94 Universal aus dem Jahre 1957. Die Zeichnung rechts verdeutlicht die Innenraum-Aufteilung dieses Wagens.

Modell		DKW F 93	
Motor		Wassergekühlter Dreizylinder-Zweitaktmotor mit Frischölmischungsschmierung und DKW-Umkehrspülung	
Hub/Bohrung	mm	76 / 71	
Hubraum	cm³	896	
Verdichtung		1 : 7	
PS bei U/min		38 / 4250	
Vergaser		1 SOLEX 40 JCB	
Kühlung		Thermosyphon, 8 Liter Wasser	
Elektr. Anlage		6 Volt, Anlasser, Lichtmaschine, Dreifach-Unterbrecher	
Kraftübertragung		Frontantrieb	
Kupplung		Einscheiben-Trockenkupplung	
Schaltung		Lenkradschaltung	
Getriebe		Dreigang-Getriebe vollsynchronisiert	Viergang-Getriebe sperrsynchronisiert
	I.	1 : 3,36	1 : 3,813
	II.	1 : 1,59	1 : 2,218
	III.	1 : 0,915	1 : 1,309
	IV.	–	1 : 0,915
Fahrwerk		Kastenprofilrahmen mit Kreuzverstrebung	
Vorderradaufhängung		Querfeder und Dreieckslenker	
Hinterradaufhängung		DKW-Schwebeachse	
Lenkung		Zahnstangenlenkung	
Fußbremse		Duplex-Öldruck-Vierradbremse	
Handbremse		Mechanisch (Seilzug), auf Hinterräder wirkend	
Fahrzeug			
Radstand	mm	2350	
Spur vorn	mm	1290	
Spur hinten	mm	1350	
Gesamtlänge	mm	4225	
Gesamtbreite	mm	1695	
Gesamthöhe	mm	1450	
Eigengewicht	kg	895	
Zul. Gesamtgewicht	kg	1305	
Bereifung		5,60 x 15	
Wendekreis	m	11	
Verbrauch	l/100 km	7,8	
Höchstgeschwindigkeit	km/h	125	
Preise Limousine – Dreigang Limousine – Viergang Coupé, viersitzig Cabriolet, viersitzig Cabriolet, zweisitzig	DM DM DM DM DM	5 295,– 5 695,– 5 995,– 7 295,– 7 895,–	(1955)
Anmerkungen		Quelle der Daten: Prospekt WB 657 (300 M 112 XIII)	

Modell		DKW F 94	
		Die technischen Daten sind identisch mit den entsprechenden des Typs F 93 bis auf die im folgenden genannten:	
Fahrzeug		Viertürige Limousine	Universal
Radstand	mm	2450	2450
Gesamtlänge	mm	4325	4170
Gesamtbreite	mm	1695	1640
Gesamthöhe	mm	1488	1565
Eigengewicht	kg	940	975
Zul. Gesamtgewicht	kg	1350	1455
Wendekreis	m	11,75	11,75
Verbrauch	l/100 km	8,2	8,2
Höchstgeschwindigkeit	km/h	115	115
Preise		6 495,– (1957)	6 500,– (1957)
Anmerkungen		Quelle der Daten: Prospekt WB 657 (300 M 112 XIII)	

Durch Verwendung eines neuen Ansauggeräuschdämpfers und eines neuen Schalldämpfers wurde der Motor akustisch bemerkenswert ruhig ohne eine Leistungseinbuße in Kauf nehmen zu müssen. Die Zahnstangenlenkung wurde höher übersetzt mit dem Ziel, einen leichteren Gang zu erreichen und Straßenstöße von der Lenkung fernzuhalten.

Die DKW-Schwebeachse konnte verbessert werden: Mit Hilfe einer sogenannten »Gegenlage« wurde von nun an bei starker Belastung ein Durchschlagen verhindert; die Stoßdämpfer wurden ebenfalls verbessert. Und ein weiteres Novum: Der DKW 3=6 konnte auf Wunsch – bei einem Aufpreis von DM 275 – mit der von der Fichtel & Sachs AG in Schweinfurt und der Auto Union GmbH gemeinsam entwickelten vollautomatischen Kupplung Saxomat ausgerüstet werden. Beim Saxomat handelte es sich um eine Kupplungsautomatik, die das Fahren ohne Kuppeln ermöglichte, man brauchte nur noch zu schalten.

Auf derselben Automobil-Ausstellung – und deshalb ist sie für die Auto Union-Geschichte von Bedeutung – wurden zwei Automobile aus Düsseldorf gezeigt, die nicht mehr das DKW-Emblem trugen, sondern nur noch die Vier Ringe an der Frontseite: Das Auto Union 1000 Coupé de Luxe und der Auto Union 1000 als Coupé und Roadster (die Bezeichnung 1000 Sp wurde erst 1958 eingeführt). Diese beiden Automobile begründeten die Modellreihe Auto Union 1000. Und im Hintergrund stand der Kleinwagen DKW 600.

Der DKW 3=6, F 93, wurde zu einem großen Erfolg für die Auto Union GmbH: Vom Zeitpunkt seines Erscheinens im September 1955 bis zur Einstellung seiner Produktion im August 1959 verließen 114 921 Automobile dieses Modells die Fließbänder.

Vom F 94, der viertürigen Limousine, wurden zwischen Januar 1956 und Juli 1959 insgesamt 22 546 gebaut.

DKW F 93 als zweitürige »Limousine Spezial« von 1959.

DKW 3=6 Solitude und Monza

Die Stuttgarter Karosseriefirma Dannenhauer & Stauß baute auf einem serienmäßigen Chassis eines DKW F 91 eine zweisitzige Coupé-Karosserie aus etwa 2,5 mm starkem Kunststoff, einer Polyesterharzmasse, auf. Der Wagen wurde auf der Internationalen Automobil-Ausstellung im Herbst 1955 dem Publikum vorgestellt und gefiel durch seine sportliche und zugleich elegante Form und trug – das war für einen Stuttgarter Karossier naheliegend – den Namen des bei Stuttgart gelegenen Schlosses, das auch der dortigen Rennstrecke den Namen gab: Solitude.

Die dünne Kunststoffhaut zeichnete sich nicht nur durch ihre Formbeständigkeit und Widerstandskraft aus, sie verlieh dem Wagen auch ein niedriges Gewicht: Mit 735 kg wog der Solitude wesentlich weniger als die serienmäßige Limousine mit 930 kg. Das niedrige Gewicht wirkte sich in der Beschleunigung und auch in der Spitzengeschwindigkeit aus.

Auf dem Autodrom in Monza stellten im Dezember 1956 die Privatfahrer Ahrens (Karlsruhe), Barbay (Lugano), Meier (Söcking) und Thailer (Zürich) fünf internationale Automobil-Rekorde der Klasse G (bis 1100 cm^3) auf; 72 Stunden umkreisten sie mit dem DKW »Solitude« den Autodrom und erreichten dabei eine Durchschnittsgeschwindigkeit von 139,453 km/h.

Die Auto Union GmbH kaufte den erfolgreichen Monza-Rekordwagen und präsentierte ihn auf Sonderschauen.

Der Heidelberger Auto Union-Vertreter Fritz Wenk, der von 1932 bis zum Ausbruch des Zweiten Weltkrieges in Berlin, am Nollendorfplatz, die Vertretung der vier Fabrikate der Auto Union AG – Audi, DKW, Horch und Wanderer – hatte, kaufte die Produktionseinrichtungen für die Kunststoffkarosserie des Sportcoupés der Firma Dannenhauer & Stauß. Dem Fahrzeugwerk L. Maßholder in Heidelberg wurden die Produktionseinrichtungen zur Verfügung gestellt; Maßholder fertigte von nun an im Auftrag von Wenk die Kunststoffkarosserie.

So wie einst Porsche im Winter 1947/48 in Gmünd in Kärnten unter weitestgehender Verwendung von VW-Teilen mit dem Bau seines Sportwagens begonnen hatte, so wollte Wenk unter Verwendung von DKW-Komponenten einen Sportwagen herstellen.

Wenk bezog von der Auto Union GmbH das Chassis des DKW Typ F 93 bzw. des Auto Union 1000, ließ die Kunststoff-Karosserie aufbauen und das Fahrzeug, das von nun an den Namen Monza trug, komplettieren. Der Preis des DKW 3=6 Monza betrug DM 10390.

Die damaligen Preise für die einzelnen Modelle des Porsche Typ 356 lagen zwischen DM 11400 und DM 16000.

So wie der Porsche damals von der VW-Vertriebsorganisation verkauft wurde, so wollte Wenk seinen Monza über das DKW-Händlernetz verkaufen. Er wußte, daß die beiden Fahrzeuge technisch und leistungsmäßig nicht miteinander vergleichbar waren, er hat auch erkennen müssen, daß dem Porsche das Image des Prestigewagens anhaftete.

Die Auto Union GmbH bekundete in einem Schreiben vom 22. Februar 1957 ihr Interesse am Monza-Projekt, wies aber zugleich darauf hin, daß »mit dieser Feststellung jedoch nicht gesagt (ist), daß wir etwa unsere Handlungsfreiheit für die Erweiterung unseres Programms um ein zweisitziges Cabriolet oder zweisitziges Coupé aufgeben. Es laufen z. Zt. Untersuchungen bei anderen namhaften deutschen Karosseriefirmen, die das Ziel haben, zur Serienfabrikation eines Cabriolets zu kommen. Der Charakter eines solchen Fahrzeuges wäre aber selbstverständlich völlig andersartig als der des Sportzweisitzers Typ Monza.«

Schon sieben Monate später kam der Auto Union 1000 Sp heraus; sein Preis betrug DM 11950.

Gegenüberliegende Seite: Oben ein Blick ins Cockpit des DKW 3=6 Monza Coupés. Darunter die rückwärtige Ansicht des Sportwagens – eine gelungene Kreation.

Oben: Der DKW 3=6 Monza auf Basis des F 93 im Profil. Der schnittige Zweisitzer von Fritz Wenk, Heidelberg, gebaut, kostete damals 10390 Mark – der nachfolgende AU 1000 Sp ließ ihm keine Chance…

In einem englischsprachigen Prospekt bot Wenk den Wagen an mit
896 cm³ Motor und 40 PS b 4250/min
980 cm³ Motor und 44 PS b 4500/min und
980 cm³ Motor und 50 PS b 4500/min.

Mit dem letztgenannten Motor war anfangs der Auto Union 1000 Sp ausgerüstet; dieser Motor kam im Monza nicht zum Einbau. Über die Produktionszahlen des Monza werden unterschiedliche Angaben, die zum Teil erheblich voneinander abweichen, gemacht. In den Produktionsstatistiken der Auto Union GmbH werden genannt:

Dannenhauer & Stauß, Stuttgart 900 cm³ 1957   23 Stück
Wenk, Heidelberg 1000 cm³ 1958   30 Stück.

(Andere Quellen nennen höhere Produktionszahlen.)

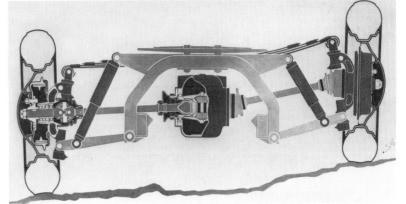

Die Vorderradaufhängung des DKW F 93. Die Funktion der obenliegenden Blattfeder wurde durch die schräg angeordneten Teleskop-Stoßdämpfer ergänzt. Die Bremstrommeln lagen in den Radschüsseln.

Auto Union 1000 und Auto Union 1000 S

Auf der Frankfurter Automobil-Ausstellung im Herbst 1957 wurde zum ersten Male der Auto Union 1000 – als vier-/fünfsitziges Coupé de Luxe – gezeigt. Mit diesem Wagen wurde die Reihe der Auto Union 1000-Modelle angeführt, die zur erfolgreichsten Modellreihe mit Zweitaktmotor der Düsseldorfer- und Ingolstädter-Automobilbauer werden sollte.
Technisch-konstruktiv entsprach der Auto Union 1000 dem Großen DKW 3=6, den Typen F 93 und F 94. Der Motor verfügte jedoch über einen Hubraum von 980 cm³ und leistete 44 PS bei 4500/min; die Verdichtung wurde mit 1:7,25 angegeben und die Höchstgeschwindigkeit lag mit 130 km/h geringfügig über der des DKW F 93. Die Karosserie des Auto Union 1000 entsprach in ihrer Linienführung der Karosserie des Großen DKW, sie war jedoch in Details verfeinert worden: Der Kofferraumdeckel war glattflächig, er hatte keine Zierleisten. Dezente Chromleisten verlie-

Oben: Die Frontpartie des Auto Union 1000.

Rechts: Blick in den viertürigen Auto Union 1000. Das helle Dach und Weißwandreifen verliehen dem Wagen eine besondere Note.

Links: Das Coupé des Auto Union 1000 – genaue Bezeichnung: Coupé S – des Modelljahrgangs 1960 hatte eine Panorama-Windschutzscheibe. Der Motor leistete 50 PS bei 4800/min und verlieh dem Wagen eine Höchstgeschwindigkeit von 135 km/h.

Rechts: Der Auto Union 1000 als viertürige Limousine – eine ebenso zeitlose wie elegante Karosserie (1958).

hen den 1000er Modellen ein elegantes Aussehen; das Interieur war geschmackvoll gestaltet. Der Auto Union 1000 war ein attraktiver Wagen, ein Automobil von zeitloser Formschönheit.

Im Februar 1958 ging die viertürige Limousine in Serie, sie hatte einen um 100 mm längeren Radstand als das Coupé de Luxe, das seit November 1957 hergestellt wurde.

In der zweiten Hälfte des Jahres 1959 wurde die Serienproduktion des Modelljahrganges 1960 des Auto Union 1000, gekennzeichnet durch die Panorama-Windschutzscheibe, aufgenommen. Vier verschiedene Modelle standen zur Auswahl:
die zweitürige Limousine und das zweitürige Coupé; beide Wagen hatten einen Motor, der 44 PS bei 4500/min leistete. Die Leistung des Motors der viertürigen Limousine und des zweitürigen S-Coupés betrug bei gleichdimensioniertem Motor 50 PS; dementsprechend lag die Höchstgeschwindigkeit etwas höher (130 bis 135 statt 125 bis 130 km/h).

Der Modelljahrgang 1962 – Serieneinlauf ebenfalls in der zweiten Jahreshälfte 1961 – hatte wie der im Juli 1961 auf dem Markt erschienene DKW-Junior de Luxe die Frischöl-Automatik.

Neben einer zweitürigen Limousine und einem Coupé S gehörten eine viertürige Limousine und das Coupé S de Luxe zum Modelljahrgang 1962 des Auto Union 1000. Das Coupé de Luxe hatte – das muß ergänzend gesagt werden – vorne Scheibenbremsen.

Modell		**Auto Union 1000**
Motor		Wassergekühlter Dreizylinder-Zweitaktmotor mit Frischölmischungsschmierung und Umkehrspülung
Hub/Bohrung	mm	76 / 74
Hubraum	cm³	980
Verdichtung		1 : 7,25
PS bei U/min		44 / 4500
Vergaser		1 SOLEX 40 JCB
Kühlung		Thermosyphon, 8 Liter Wasser
Elektr. Anlage		6 Volt, Anlasser, Lichtmaschine, Dreifach-Unterbrecher
Kraftübertragung		Frontantrieb
Kupplung		Einscheiben-Trockenkupplung
Schaltung		Lenkradschaltung
Getriebe		Viergang-Getriebe, sperrsynchronisiert
	I.	1 : 3,82
	II.	1 : 2,22
	III.	1 : 1,31
	IV.	1 : 0,91
Fahrwerk		Kastenprofilrahmen mit Kreuzverstrebung
Vorderradaufhängung		Querfeder und Dreieckslenker
Hinterradaufhängung		DKW-Schwebeachse
Lenkung		Zahnstangenlenkung
Fußbremse		Duplex-Öldruck-Vierradbremse
Handbremse		Mechanisch (Seilzug), auf Hinterräder wirkend
Fahrzeug		
Radstand	mm	2350 (viertürige Limousine: 2450)
Spur vorn	mm	1290
Spur hinten	mm	1350
Gesamtlänge	mm	4225 (viertürige Limousine: 4325)
Gesamtbreite	mm	1695
Gesamthöhe	mm	1465
Eigengewicht	kg	930 (viertürige Limousine: 970)
Zul. Gesamtgewicht	kg	1305 (viertürige Limousine: 1350)
Bereifung		5,60 x 15
Wendekreis	m	12
Verbrauch	l/100 km	10,5
Höchstgeschwindigkeit	km/h	130 (viertürige Limousine: 120)
Preise Limousine, viertürig	DM	7 050,– (1958)
Coupé de Luxe	DM	6 950,– (1958)
Anmerkungen		Quelle der Daten: Prospekt

Links: Der Auto Union 1000 S in Nordafrika. Er war ein zuverlässiger Reisewagen.

Auto Union 1000 Sp

Dieser Wagen wurde, wie bereits erwähnt, erstmals auf der 38. Internationalen Automobil-Ausstellung in Frankfurt am Main im Herbst 1957 dem Publikum vorgestellt.

Der 980-cm³-Zweitaktmotor leistete 55 PS bei 4500/min; das Verdichtungsverhältnis betrug 1:8,2. Den erhöhten Anforderungen an die Kühlung wurde durch den Einbau einer Wasserpumpe und einer Temperaturregelung Rechnung getragen.

Das Leistungsgewicht errechnete sich mit 17,45 kg/PS, die Höchst-/Dauergeschwindigkeit wurde mit 140/145 km/h angegeben. Bemerkenswert war die Ausrüstung des Wagens mit Scheibenbremsen vorn (Durchmesser 275 mm); hinten besaß er konventionelle Trommelbremsen.

Der Auto Union 1000 Sp wurde ab April 1958 als Coupé geliefert; der Roadster erschien im September 1961 auf dem Markt. Beide Karosserien wurden bei der Firma Karosserie-Baur GmbH in Stuttgart gebaut, bei jener Firma, mit der die Auto Union AG vor dem Kriege in Geschäftsverbindung stand und die damals Cabriolet-Karosserien für die DKW-Typen F 5, F 7 und F 8 sowie für den Wanderer W 25 K angefertigt hat.

Insgesamt stellte die Firma Baur zwischen April 1958 und September 1965 5004 Coupé-Karosserien und 1640 Cabriolet-Karosserien für den Auto Union 1000 Sp her.

Rechts: Heckpartie des Auto Union 1000 Sp von 1958. Darunter: Der Motor des 1000 Sp. Die Wasserpumpe war an die Lichtmaschine angeflanscht; die niedrige Bauhöhe des Kühlers war durch die abfallende Motorhaube bedingt.

Links: Der Auto Union 1000 Sp als Coupé, Baujahr 1958.

Unten: Auto Union 1000 Sp Roadster.

Modell		**Auto Union 1000 Sp**
Motor		Wassergekühlter Dreizylinder-Zweitaktmotor mit Frischölmischungsschmierung und Umkehrspülung
Hub/Bohrung	mm	76 / 74
Hubraum	cm³	980
Verdichtung		1 : 8,2
PS bei U/min		55 / 4500
Vergaser		1 Doppel-Fallstromvergaser ZENITH 32/36 NDIX
Kühlung		Wasserpumpe, 7,5 Liter Wasser
Elektr. Anlage		6 Volt, Anlasser, Lichtmaschine, Dreifach-Unterbrecher
Kraftübertragung		Frontantrieb
Kupplung		Einscheiben-Trockenkupplung
Schaltung		Lenkradschaltung
Getriebe		Viergang-Getriebe, sperrsynchronisiert
	I.	1 : 3,82
	II.	1 : 2,22
	III.	1 : 1,31
	IV.	1 : 0,91
Fahrwerk		Kastenprofilrahmen mit Kreuzverstrebung
Vorderradaufhängung		Querfeder und Dreieckslenker
Hinterradaufhängung		DKW-Schwebeachse
Lenkung		Zahnstangenlenkung
Fußbremse		Öldruck, hinten Trommelbremse, vorne Scheibenbremse (ab 1961)
Handbremse		Mechanisch (Seilzug), auf Hinterräder wirkend
Fahrzeug		
Radstand	mm	2350
Spur vorn	mm	1290
Spur hinten	mm	1350
Gesamtlänge	mm	4170
Gesamtbreite	mm	1680
Gesamthöhe	mm	1325
Eigengewicht	kg	960
Zul. Gesamtgewicht	kg	1200
Bereifung		155 x 15
Wendekreis	m	11,5
Verbrauch	l/100 km	10,5
Höchstgeschwindigkeit	km/h	140
Preise		
Coupé	DM	10 750,– (15. 9. 1961)
Roadster	DM	10 750,– (15. 9. 1961)
Anmerkungen		Quelle der Daten: Prospekt

Links: Chassis des Auto Union 1000 Sp.

Herstellung der Coupé-Karosserie bei der Firma Karosserie Baur GmbH in Stuttgart. Oben: hier wird der Karosseriekörper zusammengeschweißt. Rechts oben: Lackieren und Trocknen der fertigen Karosserie. Darunter: Fertigmontage.

Produktionszeiträume der einzelnen Modelle des Auto Union 1000 und deren Stückzahlen

Typ / Jahr	1957	1958	1959	1960	1961	1962	1963
Coupé de Luxe	11.		7.				
Limousine, 4türig		2.	7.				
Limousine, 2türig			8.		8.		
Coupé			8.	12.			
Coupé S			8.		8.		
Limousine, 4türig			8.		8.		
Limousine, 2türig					7.	12.	
Coupé S					7.		9.
Coupé S de Luxe						1.	9.
Limousine, 4türig					7.	11.	
Universal (Kombi)			8.			11.	

Von den einzelnen Modellen wurden gebaut:

Coupé de Luxe	11. 57 bis 7. 59	33 387
Limousine, 4türig	2. 58 bis 7. 59	3 383
Limousine, 2türig	8. 59 bis 8. 61	25 123
Coupé	8. 59 bis 12. 59	2 871
Coupé S	8. 59 bis 8. 61	46 601
Limousine, 4türig	8. 59 bis 8. 61	15 680
Limousine, 2türig	7. 61 bis 12. 61	1 603
Coupé S	7. 61 bis 9. 63	18 897
Coupé S de Luxe	1. 62 bis 9. 63	21 488
Limousine, 4türig	7. 61 bis 11. 62	2 309
Universal (Kombi)	8. 59 bis 11. 62	16 421

Die DKW-Personenkraftwagen aus Ingolstadt

Mit der Verlagerung der Produktion und der Hauptverwaltung der Auto Union GmbH von Düsseldorf nach Ingolstadt erfolgte seit Frühsommer 1962 die gesamte Fertigung aller Fahrzeuge in der Stadt an der Donau. Auch der Auto Union 1000 lief von nun an von den Ingolstädter Fließbändern. Er wird jedoch hier nicht noch einmal als »Ingolstädter« vorgestellt. Im folgenden Abschnitt sind die Fahrzeuge Gegenstand der Betrachtung, deren Serienproduktion erstmalig im Werk Ingolstadt anlief.

DKW Junior und Junior de Luxe

Der 1957 den Besuchern der IAA gezeigte Prototyp des »kleinen DKW«, der mit einem Zweizylinder-Zweitaktmotor mit einem Hubvolumen von 660 cm³ und einer Leistung von 30 PS bei 4200/min ausgerüstet war, ging nicht in Serie. Im Hause der Auto Union GmbH war man nach reiflichem Überlegen zu dem Schluß gekommen, daß nur ein vollwertiger Wagen gebaut werden solle, bei dem das Platzangebot, die Leistung und der Preis in einem vernünftigen Verhältnis zueinander stehen und bei dem über einen längeren Zeitraum hinaus keine wesentlichen konstruktiven Änderungen notwendig werden. Nur bei Erfüllung dieser Forderung waren die notwendigen Investitionen für die Fertigungseinrichtungen wirtschaftlich vertretbar.

Der Motor des DKW Junior, der 1959 auf den Markt kam, hatte einen Dreizylinder-Zweitakt-Reihenmotor mit einem Gesamthubraum von 741 cm³. Die Leistung betrug 34 PS bei 4300/min. Ein Charakteristikum dieses Motors war die sehr wirkungsvolle Geräuschdämpfung sowohl auf der Ansaug- als auch auf der Auspuffseite; dies führte zu einem geräuscharmen Motor. Der überaus weiche und geschmeidige Lauf des Motors erlaubte selbst im großen Gang aus sehr niedrigen Geschwindigkeiten heraus eine ruckfreie Beschleunigung.

Der vibrationsfreie Lauf des Motors wurde letztlich durch die sorgfältig ausgewuchtete Kurbelwelle erreicht. Hierzu mag auch eine technische Feinheit beigetragen haben: Pleuel und Kolben hatten untereinander geringste Gewichtsdifferenzen.

Der aus Nylon bestehende Kühlventilator saß auf der Lichtmaschinenwelle; die Lichtmaschine war auf dem Zylinderkopf gelagert. Die Kühlung arbeitete nach dem Thermosyphon-System. Der Kühler lag hinter dem Motor, so daß er zugleich als Wärmequelle für die Heizung dienen konnte.

Die Zündanlage hatte keinen Verteiler, sondern drei Unterbrecher und dementsprechend drei Zündspulen, so daß für jeden Zylinder ein eigenes Zündsystem zur Verfügung stand.

Die Kraftübertragung erfolgte über eine normale Einscheibenkupplung auf das in allen vier Vorwärtsgängen synchronisierte Vier-Gang-Getriebe. Im Getriebegehäuse war zugleich der Antrieb für die Vorderräder untergebracht.

Ganz nach Art des Hauses bildeten Motor, Kupplung und Getriebe und Achsantrieb einen kompakten Block. Der Motor des DKW Junior verkörperte die jahrzehntelangen Erfahrungen der Auto Union auf dem Gebiet des Zweitakt-Motorenbaues in sich.

Das Fundament des Wagens bildete der verwindungsfreie Kastenprofilrahmen.

Bei der Wahl des Federungssystems hat man sich von der Überlegung leiten lassen, das Gewicht des Automobiles bei aller gebotenen Dauerhaltbarkeit möglichst klein zu halten; das bisherige Federungssystem der DKW-Automobile – vorn Querfeder und Dreieckslenker und hinten Schwebeachse – wurde aufgegeben. Drehstabfedern wurden als Federungselemente verwendet; damit wurden im Hause der Auto Union GmbH jene Konstruktionsprinzipien im Großserienbau verwirklicht, die Kurt Schwenk schon 1950 bei der Konzeption des FX-Kleinwagens gewählt hatte.

So waren die beiden Vorderräder durch je einen längs liegenden Drehstab abgefedert, der mit den unteren Dreieckslenkern verbunden war; das hintere Ende des Drehstabes war mit einer Quertraverse des Kastenprofilrahmens fest verbunden. Der Drehstab zur Abfederung des rechten Vorderrades und der Drehstab zur Abfederung des linken Vorderrades lagen parallel zur Wagenlängsachse.

Der Drehstab zur Abfederung der Hinterräder – bestehend aus fünf zu einem Paket zusammengesetzten Federblättern – war jedoch quer zur Fahrtrichtung liegend angeordnet. Auf den Drehstabenden saßen die Kurbeln, die mit der Hinterachse verbunden waren.

Die seitliche Abstützung der Hinterachse gegenüber dem Rahmen erfolgte durch einen Querstab (»Panhardstab«). Stoßdämpfer ergänzten das Federungssystem, das dem Junior eine anerkanntermaßen gute Straßenlage verlieh.

Auf eine weitere technische Besonderheit muß hingewiesen werden: Die

Rechts: Der DKW Junior des Modelljahrgangs 1960.

Unten: Der Rahmen, das tragende Element des DKW Junior.

Oben: Das Frontantriebsaggregat des DKW Junior. Die mit Kühlrippen versehenen Trommelbremsen waren unmittelbar neben dem Getriebe-/Differential-Gehäuse angeordnet, um das Gewicht der ungefederten Massen zu verringern. Zur Abfederung der Vorderräder dienten längsliegende Drehstäbe, die mit den unteren Dreieckslenkern verbunden waren; hydraulische Stoßdämpfer ergänzten das Federungssystem.

Bremstrommeln für die Vorderräder waren links und rechts vom Getriebegehäuse angeordnet und mit Kühlrippen versehen. Das einzelne Rad wurde dadurch vom Gewicht der Trommel und der Bremse entlastet und infolgedessen das Gewicht der ungefederten Massen vermindert. Die Karosserie entsprach in ihrer Linienführung dem damaligen Geschmack; sie war maßgeblich von Dr.-Ing. E. h. William Werner gestaltet worden, der auch die Stilistik der großen Auto Union-Wagen vor dem Zweiten Weltkrieg mitgeprägt hatte.

Die Serienproduktion des DKW Junior lief im August 1959 im neuen Werk in Ingolstadt an. Von diesem Wagen, einer zweitürigen Limousine, wurden bis Dezember 1962 insgesamt 118986 Stück gebaut. In fast ebensoviel Exemplaren wurde der DKW Junior de Luxe hergestellt; von diesem Typ rollten in der Zeit von Juli 1961 bis Oktober 1963 insgesamt 118619 Wagen von den Ingolstädter Fließbändern. Der Hubraum des Junior de Luxe betrug 796 cm³ und lag damit geringfügig über dem des Junior mit 741 cm³; beide Wagen leisteten 34 PS. Der Junior de Luxe verfügte über ein um 11% gesteigertes Drehmoment, das letztlich zu einem besseren Beschleunigungsvermögen – innerhalb von 16 Sekunden aus dem Stand auf 80 km/h – führte.

Der DKW Junior de Luxe hatte wie die Typen Auto Union 1000 Coupé und Auto Union 1000 S Limousine die getrennte Frischölschmierung: Das Schmieröl wurde nicht mehr dem Kraftstoff beim Tanken beigemischt, sondern im Vergaser getrennt vom Kraftstoff fein zerstäubt und so dem Kraftstoff-Luftgemisch beigefügt. Hierzu bediente man sich der von Bosch entwickelten Ölpumpe, die von einem Keilriemen angetrieben wurde. Die Ölzufuhr wurde lastabhängig gesteuert.

Modell		**DKW Junior**
Motor		Wassergekühlter Dreizylinder-Zweitaktmotor mit Frischölmischungsschmierung und DKW-Umkehrspülung
Hub/Bohrung	mm	68 / 68
Hubraum	cm³	741
Verdichtung		1 : 8 bis 1 : 8,25
PS bei U/min		34 / 4300
Vergaser		1 SOLEX JCB 40
Kühlung		Thermosyphon, 7 Liter Wasser
Elektr. Anlage		6 Volt, Anlasser, Lichtmaschine, Dreifach-Unterbrecher
Kraftübertragung		Frontantrieb
Kupplung		Einscheiben-Trockenkupplung
Schaltung		Lenkradschaltung
Getriebe	I.	1 : 3,743
	II.	1 : 2,227
	III.	1 : 1,412
	IV.	1 : 0,943
Fahrwerk		Kastenprofilrahmen
Vorderradaufhängung		Querlenker mit längsliegenden Drehstäben
Hinterradaufhängung		Kurbelachse mit querliegendem Drehstab (Federpaket)
Lenkung		Selbstnachstellende Zahnstangenlenkung
Fußbremse		Öldruck-Vierradbremse
Handbremse		Mechanisch, auf Vorderräder wirkend
Fahrzeug		
Radstand	mm	2175
Spur vorn	mm	1180
Spur hinten	mm	1210
Gesamtlänge	mm	3950
Gesamtbreite	mm	1580
Gesamthöhe	mm	1400
Eigengewicht	kg	675
Zul. Gesamtgewicht	kg	1015
Bereifung		5,20 x 12
Wendekreis	m	10
Verbrauch	l/100 km	7,3
Höchstgeschwindigkeit	km/h	115
Preis Limousine	DM	4 950,– (1959)
Anmerkungen		Quelle der Daten: Prospekt WB 2274 (300 G 118 G) und Literatur

Die Fließbandfertigung des DKW Junior im Werk Ingolstadt.

Gegenüberliegende Seite: Oben links ein Blick in die Karosserie-Montage. Rechts daneben eine Werbepostkarte, die anläßlich der Einführung des DKW Junior herausgegeben wurde.

Rechts: Der Stand der Auto Union GmbH auf dem 43. Salone Internazionale dell'Automobile in Turin, der vom 28. Oktober bis zum 8. November 1961 stattfand.

Modell	DKW Junior de Luxe	
Motor		Wassergekühlter Dreizylinder-Zweitaktmotor mit Frischölmischungsschmierung und DKW-Umkehrspülung
Hub/Bohrung	mm	68 / 70,5
Hubraum	cm³	796
Verdichtung		1 : 7 bis 1 : 7,25
PS bei U/min		34 / 4000
Vergaser		1 SOLEX CIB 40
Kühlung		Thermosyphon, 7 Liter Wasser
Elektr. Anlage		6 Volt, Anlasser, Lichtmaschine, Dreifach-Unterbrecher
Kraftübertragung		Frontantrieb
Kupplung		Einscheiben-Trockenkupplung
Schaltung		Lenkradschaltung
Getriebe	I.	1 : 3,75
	II.	1 : 2,23
	III.	1 : 1,41
	IV.	1 : 0,94
Fahrwerk		Kastenprofilrahmen
Vorderradaufhängung		Querlenker mit längsliegenden Drehstäben
Hinterradaufhängung		Kurbelachse mit querliegendem Drehstab (Federpaket)
Lenkung		Selbstnachstellende Zahnstangenlenkung
Fußbremse		Öldruck-Vierradbremse
Handbremse		Mechanisch, auf Vorderräder wirkend
Fahrzeug		
Radstand	mm	2175
Spur vorn	mm	1180
Spur hinten	mm	1210
Gesamtlänge	mm	3968
Gesamtbreite	mm	1575
Gesamthöhe	mm	1440
Eigengewicht	kg	710
Zul. Gesamtgewicht	kg	1095
Bereifung		5,50 x 13
Wendekreis	m	10
Verbrauch	l/100 km	9,5
Höchstgeschwindigkeit	km/h	116
Preis Limousine	DM	5 150,– (1961)
Anmerkungen		Quelle der Daten: Prospekt

Gegenüberliegende Seite: Oben links ein Blick ins Interieur des DKW Junior de Luxe. Rechts daneben die Waggonverladung auf dem Areal des Ingolstädter Werks. Links: Sonderausstellung aller DKW-Fahrzeuge Ende Oktober 1962 in Zürich.

Rechts: Der Anfang 1963 herausgebrachte DKW F 12. Das flachere Dach und die größeren Fenster bestimmten das Erscheinungsbild dieses Wagens.

DKW F 12 und F 11

Der Forderung nach erhöhter Leistung und besserem Komfort wurde durch die Weiterentwicklung des DKW Junior über den DKW Junior de Luxe zu dem Anfang 1963 herausgebrachten DKW Typ F 12 entsprochen. Die Entwicklung des europäischen Marktes und die damit verbundene Wettbewerbsverschärfung zwangen zu diesem Schritt.

In seinem konstruktiven Aufbau entsprach der DKW Typ F 12 dem DKW Junior. Gegenüber dem Junior wies der F 12 jedoch die folgenden Neuerungen auf:

einen Dreizylinder-Zweitakt-Reihenmotor mit einem Hubraum von 889 cm³, der 40 PS bei 4300/min leistete, Scheibenbremsen vorn, die wie die Trommelbremsen beim Junior und Junior de Luxe innenliegend, d. h. unmittelbar neben dem Getriebe-/Differential-Gehäuse angeordnet waren, eine weichere Federung vorn und größere Räder (13"-Felgen wie beim Junior de Luxe).

Die Karosserie war in ihrer Linienführung verbessert worden: Ein flacheres Dach und größere Fenster, die bessere Sicht boten, prägten die Silhouette des F 12. Geringe Änderungen waren auch an der Front- und Heckseite des Wagens vorgenommen worden.

Länge und Breite waren identisch mit dem DKW Junior de Luxe, der DKW Typ F 12 war jedoch höher.

Bemerkenswert war die Tatsache, daß für Sicherheitsgurte »serienmäßige Halterungen vorgesehen« waren. Durch verstellbare Rückenlehnen der Vordersitze war auch der Sitzkomfort verbessert worden.

Der DKW F 12 ging im Januar 1963 in Produktion; von ihm wurden bis Dezember 1964 – einschließlich der 2055 CKD-Sätze – 69030 Exemplare gebaut.

Die oben beschriebene Karosserie besaß auch der DKW F 11, er war die einfachere und preisgünstigere Version des DKW F 12. Der F 11 hatte den gleichen Motor wie die DKW Junior de Luxe und besaß vorn Trommelbremsen gleichen Durchmessers wie Junior und Junior de Luxe (200 mm).

Bemerkenswert für einen Wagen seiner Preisklasse waren damals das vollsynchronisierte Viergang-Getriebe und die zur serienmäßigen Ausstattung gehörende Scheibenwasch-Anlage, die Lichthupe und die Zweiklappen-Heizungs- und Lüftungsanlage.

Die Serienproduktion des DKW F 11 wurde im September 1963 aufgenommen, einen Monat später wurde die Produktion des DKW-Junior de

Rechts: Der DKW F 11. Seine Serienherstellung lief im September 1963 an.

Unten: Die gemeinsam von der Robert Bosch GmbH und der Auto Union GmbH entwickelte Ölschmierpumpe SP/UA 10/45 R 1 für die Frischöl-Automatik.

Unten: Das Frontantriebs-Aggregat des DKW F 12. Die Kraftübertragung erfolgte durch Antriebswellen, die auf der Differentialseite neben der Bremsscheibe ein klassisches Kardangelenk und radseitig ein Löbro-Sechskugel-Gleichlaufgelenk hatten. Die Bremsscheiben waren unmittelbar neben dem Differentialgehäuse – in der Zeichnung schwarz mit den davorliegenden Bremssätteln markiert – angeordnet. Die Abfederung der Vorderräder erfolgte durch längsliegende Drehstäbe, die mit den unteren Dreieckslenkern verbunden waren.

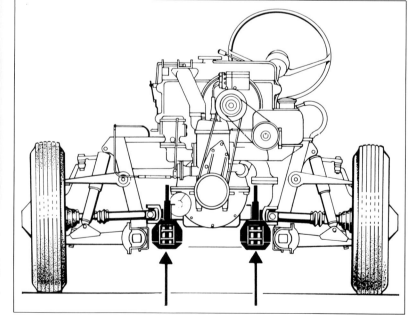

Luxe eingestellt. Bis zur Produktionseinstellung des DKW F 11 im April 1965 wurden insgesamt 30 738 Fahrzeuge gebaut.

Beide Wagen, der DKW F 11 und der DKW F 12, waren serienmäßig mit der Frischöl-Automatik ausgerüstet; beide Fahrzeuge konnten auf Wunsch und gegen Mehrpreis mit der vollautomatischen Kupplung Saxomat ausgerüstet werden.

Modell		**DKW F 11**
Motor		Wassergekühlter Dreizylinder-Zweitaktmotor mit Frischölmischungsschmierung und DKW-Umkehrspülung
Hub/Bohrung	mm	68 / 70,5
Hubraum	cm³	796
Verdichtung		1 : 7 bis 1 : 7,25
PS bei U/min		34 / 4000
Vergaser		1 SOLEX CIB 40
Kühlung		Thermosyphon, 7 Liter Wasser
Elektr. Anlage		6 Volt, Anlasser, Lichtmaschine, Dreifach-Unterbrecher
Kraftübertragung		Frontantrieb
Kupplung		Einscheiben-Trockenkupplung
Schaltung		Lenkradschaltung
Getriebe		Viergang, auf Wunsch mit Freilauf (abschaltbar)
I.		1 : 3,75
II.		1 : 2,23
III.		1 : 1,42
IV.		1 : 0,94
Fahrwerk		Kastenprofilrahmen
Vorderradaufhängung		Querlenker mit längsliegenden Drehstäben, Querstabilisatoren
Hinterradaufhängung		Kurbelachse mit querliegendem Drehstab (Federpaket)
Lenkung		Selbstnachstellende Zahnstangenlenkung
Fußbremse		Öldruck-Vierradbremse
Handbremse		Mechanisch, auf Hinterräder wirkend
Fahrzeug		
Radstand	mm	2250
Spur vorn	mm	1200
Spur hinten	mm	1280
Gesamtlänge	mm	3968
Gesamtbreite	mm	1575
Gesamthöhe	mm	1453
Eigengewicht	kg	730
Zul. Gesamtgewicht	kg	1120
Bereifung		5,50 x 13
Wendekreis	m	10
Verbrauch	l/100 km	7,3
Höchstgeschwindigkeit	km/h	118
Preis Limousine	DM	5 100,- (1964)
Anmerkungen		Quelle der Daten: Prospekt WV 5279 (300-G-126) und Literatur

Modell		**DKW F 12**
Motor		Wassergekühlter Dreizylinder-Zweitaktmotor mit Frischölmischungsschmierung und DKW-Umkehrspülung
Hub/Bohrung	mm	68 / 74,5
Hubraum	cm³	889
Verdichtung		1 : 7 bis 1 : 7,25
PS bei U/min		40 / 4300
Vergaser		1 SOLEX CIB 40
Kühlung		Thermosyphon, 7 Liter Wasser
Elektr. Anlage		6 Volt, Anlasser, Lichtmaschine, Dreifach-Unterbrecher
Kraftübertragung		Frontantrieb
Kupplung		Einscheiben-Trockenkupplung
Schaltung		Lenkradschaltung
Getriebe		Viergang, auf Wunsch mit Freilauf (abschaltbar)
I.		1 : 3,75
II.		1 : 2,23
III.		1 : 1,42
IV.		1 : 0,94
Fahrwerk		Kastenprofilrahmen
Vorderradaufhängung		Querlenker mit längsliegenden Drehstäben, Querstabilisatoren
Hinterradaufhängung		Kurbelachse mit querliegenden Drehstäben (Federpaket)
Lenkung		Selbstnachstellende Zahnstangenlenkung
Fußbremse		Öldruck-Vierradbremse
Handbremse		Mechanisch, auf Hinterräder wirkend
Fahrzeug		
Radstand	mm	2250
Spur vorn	mm	1200
Spur hinten	mm	1280
Gesamtlänge	mm	3968
Gesamtbreite	mm	1575
Gesamthöhe	mm	1453
Eigengewicht	kg	735
Zul. Gesamtgewicht	kg	1120
Bereifung		5,50 x 13
Wendekreis	m	10
Verbrauch	l/100 km	7,8
Höchstgeschwindigkeit	km/h	125
Preis Limousine	DM	5 875,- (1963)
Anmerkungen		Quelle der Daten: Literatur (A.T.Z.)

DKW F 12 Roadster und DKW F 12 (45 PS)

Aus dem DKW F 12 wurde der DKW F 12 Roadster entwickelt, der mit dem DKW F 11 und dem DKW F 102 erstmalig auf der 41. Internationalen Automobil-Ausstellung im Herbst 1963 in Frankfurt am Main vorgestellt wurde.

Der kräftige Kastenprofilrahmen des F 12 bildete das Fundament für die offene Karosserie. Gewichtige Versteifungen der Karosserie zur Vermeidung von Verwindungen waren nicht notwendig; durch den hinteren Sitzraum war lediglich eine Blechwand gezogen worden, die den Verdeckkasten abtrennte und zugleich als Versteifung diente.

Die sportlich-elegante Karosserie war komfortabel ausgestattet: Bequeme Sitze mit hohen Rücklehnen, die sich verstellen ließen, und mit Bezügen aus perforiertem Skai sowie weiche Bodenteppiche verliehen dem F 12 Roadster eine geradezu vornehme Note. Mit einem klassischen Roadster hatte dieser Wagen kaum etwas Gemeinsames.

Der Motor leistete 45 PS bei 4500/min; die geringfügige Leistungssteigerung von 5 PS gegenüber dem F 12 hatte man durch Änderung der Gaswege und Steuerzeiten erreicht. Der Motor war mit der Frischöl-Automatik ausgerüstet; der Ölverbrauch konnte damit erheblich gesenkt werden.

Auf eine technische Besonderheit des DKW F 12 Roadster soll hier näher eingegangen werden, da sie auch von Bedeutung für die noch zu behandelnden DKW-Modelle F 12 (45 PS) und F 102 ist. Auch bei den Audi-Modellen ist dieses Konstruktionsmerkmal zu finden.

Der DKW F 12 hatte auf der Radseite jeder Antriebswelle ein homokinetisches Gelenk, ein Löbro-Sechskugel-Gleichlauf-Festgelenk vom Typ RF nach dem auf das Jahr 1934 zurückgehenden Rzeppa-Prinzip. Auf der Differentialseite war ein klassisches Kardangelenk. Zum Ausgleich der durch den Federweg der Räder und der durch die Lenkbewegungen entstehenden, ständig wechselnden Längen zwischen Rad und Differential dienten die mit Verschiebeprofilen versehenen Zwischenwellen. Die bei hohen Drehmomenten und gleichzeitiger Längenänderung der Antriebswelle entstehenden Axialkräfte wirkten sich negativ auf das Fahrverhalten des Wagens aus: Bei starker Beschleunigung in der Kurve trat ein ruckhaftes Zerren am Lenkrad auf.

Der DKW F 12 Roadster hatte radseitig ebenfalls ein Löbro-Sechskugel-Gleichlauf-Festgelenk vom Typ RF (Rzeppa-Prinzip), differentialseitig jedoch ein Löbro-Sechskugel-Gleichlauf-Verschiebegelenk Typ VL, in dem der Längenausgleich erfolgte und mithin die mit Verschiebeprofilen versehene Zwischenwelle überflüssig machte.

Durch eine Verminderung der Reibungskräfte wurden die sich negativ auswirkenden Axialkräfte beseitigt und störende Einflüsse auf das Fahrverhalten des Fahrzeuges ausgeschaltet.

Der DKW F 12 Roadster hatte – und darauf weist der Verfasser mit Nachdruck hin – auf jeder Antriebswelle nur ein Gleichlauf-Festgelenk (Rzeppa-Prinzip) und nicht – wie in der Literatur oftmals zu lesen ist – zwei Rzeppa-Gelenke. Der DKW F 12 Roadster war der erste Serienanwendungsfall für das von der Löhr & Bromkamp GmbH in Offenbach entwickelte Löbro-Sechskugel-Gleichlauf-Verschiebegelenk Typ VL.

Der DKW F 12 Roadster erhielt damals eine gute Kritik. Wenn er auch als interessante Alternative zu teueren Sportwagen betrachtet wurde, so

Ein Sportcabriolet von vornehmem Charakter: DKW F 12 Roadster.

Modell		**DKW F 12 Roadster**
Motor		Wassergekühlter Dreizylinder-Zweitaktmotor mit Frischölmischungsschmierung und DKW-Umkehrspülung
Hub/Bohrung	mm	68 / 74,5
Hubraum	cm³	889
Verdichtung		1 : 7,25 bis 1 : 7,5
PS bei U/min		45 / 4500
Vergaser		1 SOLEX CIB 40
Kühlung		Thermosyphon, 7,25 Liter Wasser
Elektr. Anlage		6 Volt, Anlasser, Lichtmaschine, Dreifach-Unterbrecher
Kraftübertragung		Frontantrieb
Kupplung		Einscheiben-Trockenkupplung
Schaltung		Lenkradschaltung
Getriebe		Viergang, mit Freilauf (abschaltbar)
	I.	1 : 3,75
	II.	1 : 2,23
	III.	1 : 1,42
	IV.	1 : 0,94
Fahrwerk		Kastenprofilrahmen
Vorderradaufhängung		Querlenker mit längsliegenden Drehstäben, Querstabilisatoren
Hinterradaufhängung		Kurbelachse mit querliegendem Drehstab (Federpaket)
Lenkung		Selbstnachstellende Zahnstangenlenkung
Fußbremse		Öldruck-Vierradbremse
Handbremse		Mechanisch, auf Hinterräder wirkend
Fahrzeug		
Radstand	mm	2250
Spur vorn	mm	1200
Spur hinten	mm	1280
Gesamtlänge	mm	3986
Gesamtbreite	mm	1575
Gesamthöhe	mm	1375
Eigengewicht	kg	740
Zul. Gesamtgewicht	kg	1020
Bereifung		5,50 x 13
Wendekreis	m	10
Verbrauch	l/100 km	10
Höchstgeschwindigkeit	km/h	128
Preis	DM	7 250,– (1964)
Anmerkungen		Quelle der Daten: Literatur (A.T.Z.)

Oben: Links das Löbro-Sechskugel-Gleichlauf-Festgelenk RF nach dem Rzeppa-Prinzip, radseitig. Rechts daneben das klassische Kardangelenk der Antriebswelle, differentialseitig. Rechts: Das Löbro-Sechskugel-Gleichlauf-Verschiebegelenk VL, in dem der Längenausgleich erfolgt.

verfügte er nicht über deren Charakteristik. Er war ein Sportcabriolet, das aus einem Großserienwagen abgeleitet worden war. Während der zwölfmonatigen Produktionsdauer – von Januar bis Dezember 1964 – wurden 2794 DKW F 12 Roadster hergestellt.

Im November 1964 ging der DKW F 12 (45 PS) in Serie. Bei diesem Fahrzeug handelte es sich um einen, im Detail verbesserten F 12, der mit dem 45 PS bei 4500/min leistenden Motor des F 12 Roadster ausgerüstet war. Während der F 12 Roadster-Motor eine Thermosyphon-Kühlung besaß, hatte der Motor des F 12 (45 PS) eine Wasserpumpen-Kühlung.

Bis April 1965 verließen 10692 DKW F 12 (45 PS) die Fließbänder in Ingolstadt.

Modell		**DKW F 12 (45 PS)**
Motor		Wassergekühlter Dreizylinder-Zweitaktmotor mit Frischölmischungsschmierung und DKW-Umkehrspülung
Hub/Bohrung	mm	68 / 74,5
Hubraum	cm³	889
Verdichtung		1 : 7,25 bis 1 : 7,5
PS bei U/min		45 / 4500
Vergaser		1 SOLEX CIB 40
Kühlung		Wasserpumpe, 6 Liter Wasser
Elektr. Anlage		6 Volt, Anlasser, Lichtmaschine, Dreifach-Unterbrecher
Preis	DM	5 350,– (1965)
Alle übrigen Daten sind identisch mit denen des DKW F 12		

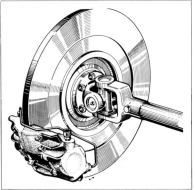

DKW F 102

Der DKW F 102, der als zweitürige Limousine im März 1964 in Produktion ging, war ein echter Vertreter der Mittelklassewagen: Mit seiner Innenbreite – in Ellenbogenhöhe – von 1365 mm vorn und 1355 mm hinten und einem Fassungsvermögen des Koffers von 600 Liter wurden die normalen Ansprüche für die Unterbringung von Personen und Gepäck erfüllt. Das Leergewicht des Wagens mit nicht mehr als 860 kg war überraschend niedrig.

Der Motor, eine Neukonstruktion, entsprach der Tradition des Hauses: Ein wassergekühlter Dreizylinder-Zweitakt-Reihenmotor mit einem Hubvolumen von 1175 cm³, der bei 4500/min 60 PS leistete. Dies entsprach einer spezifischen Hubraumleistung von 51 PS/l und konnte durchaus den Vergleich mit einem Viertaktmotor bestehen. Der Motor war, das sei ergänzend hinzugefügt, der größte bis dahin gebaute Zweitaktmotor für Personenkraftwagen. Das Leistungsgewicht fiel mit 14,3 kg/PS nicht wesentlich aus dem Rahmen.

Frischölautomatik und »versiegelter« Kühlwasser-Kreislauf waren weitere Merkmale des neuen Motors.

Die erforderliche Menge an Frostschutzmittel wurde bereits im Werk dem Kühlwasser beigegeben, dann wurde das Kühlsystem »versiegelt«. Eine Kontrolle des Kühlwassers war für eine lange Betriebszeit nicht notwendig. Das geschlossene Kühlsystem erforderte, da sich erwärmendes Wasser ausdehnt, ein sogenanntes Ausgleichsgefäß. Die Funktion eines solchen Ausgleichsgefäßes übernahm der an eine Abzweigung des Kühlsystems angeschlossene Ausgleichskühler. Im Kühlerverschluß war ein Über- und Unterdruckventil integriert. Das Kühlwasser im Motor des DKW F 102 wurde durch eine Pumpe umgewälzt. Durch diese Wasserpumpe wurde zugleich der Ölzulauf gefädelt, so daß auch bei Kälte die Frischölautomatik gut vorgewärmtes, also leicht einzupumpendes Öl bekam.

In den Kühlwasser-Kreislauf war schließlich ein »Wärmeaustauscher« für die Heizung integriert, der mit einem zweistufigen Gebläse ausgestattet war und letztlich für eine angenehme Heizung des Fahrzeuges sorgte.

Die Auspuffanlage war relativ leise, eine Folge der drei hintereinander angeordneten Schalldämpfer.

An die Stelle der Einscheiben-Trockenkupplung konnte der »Saxomat« – gegen Aufpreis – eingebaut werden.

Das vollsynchronisierte Vier-Gang-Getriebe war mit einem abschaltbaren Freilauf ausgestattet.

Die vorderen Scheibenbremsen waren beim DKW F 102 – wie beim F 12 – unmittelbar neben dem Differentialgehäuse angeordnet; die Bremsscheiben hatten einen Durchmesser von 280 mm. Simplex-Trommelbremsen wurden für die Hinterräder verwendet.

Die Profilrahmen-Bodenanlage war – und das war für DKW ein Novum – mit der Karosserie verschweißt. Die vier Kotflügel des F 102 waren abschraubbar; langwierige und aufwendige Karosseriereparaturen konnten dadurch eingeschränkt werden.

Die an Dreieckslenkern aufgehängten Vorderräder wurden durch längsliegende Torsionsstäbe abgefedert. Die untenliegenden Dreieckslenker wurden zudem mit einem querliegenden Torsionsstab verbunden.

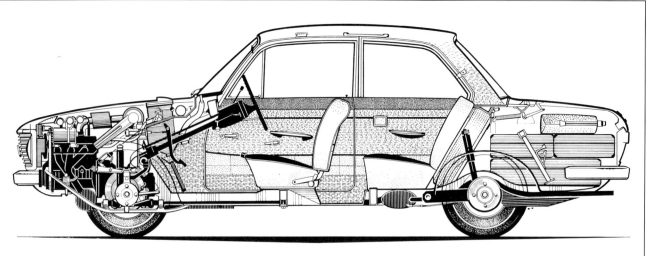

Oben: DKW F 102, die große, moderne Komfort-Limousine mit 1,2-Liter-Zweitaktmotor und Frontantrieb, vorgestellt im August 1963. Die Serie lief im März des folgenden Jahres an.

Links: Schnittzeichnung des F 102. Die Platzverhältnisse in diesem Mittelklassefahrzeug waren großzügig bemessen.

Das Frontantriebsaggregat, die Vorderradführung und die innenliegenden Scheibenbremsen des DKW F 102. Der Wagen wurde unter dem Slogan »Formel des Fortschritts« eingeführt.

Modell	DKW F 102
Motor	Wassergekühlter Dreizylinder-Zweitaktmotor mit Frischölmischungsschmierung und DKW-Umkehrspülung
Hub/Bohrung mm	76 / 81
Hubraum cm³	1175
Verdichtung	1 : 7,5
PS bei U/min	60 / 4500
Vergaser	1 SOLEX CIB 45
Kühlung	Wasserpumpe
Elektr. Anlage	6 Volt, Anlasser, Lichtmaschine, Dreifach-Unterbrecher
Kraftübertragung	Frontantrieb
Kupplung	Einscheiben-Trockenkupplung
Schaltung	Lenkradschaltung
Getriebe	Viergang mit Freilauf (abschaltbar)
I.	1 : 3,60
II.	1 : 1,88
III.	1 : 1,16
IV.	1 : 0,88
Fahrwerk	Profilrahmen-Bodenanlage, mit Karosserie verschweißt
Vorderradaufhängung	Querlenker mit längsliegenden Drehstäben, Querstabilisatoren
Hinterradaufhängung	Kurbelachse mit querliegendem Drehstab (Federpaket)
Lenkung	Selbstnachstellende Zahnstangenlenkung
Fußbremse	Öldruck-Vierradbremse
Handbremse	Mechanisch, auf Hinterräder wirkend
Fahrzeug	
Radstand mm	2480
Spur vorn mm	1330
Spur hinten mm	1326
Gesamtlänge mm	4280
Gesamtbreite mm	1618
Gesamthöhe mm	1459
Eigengewicht kg	860
Zul. Gesamtgewicht kg	1260
Bereifung	6,00 x 13
Wendekreis m	10,9
Verbrauch l/100 km	9,5
Höchstgeschwindigkeit km/h	135
Preise Limousine, zweitürig DM Limousine, viertürig DM	6 990,– (8.1963) 7 375,– (8.1963)
Anmerkungen	Quelle der Daten: Prospekt WB-5298-(680-G-126) und Literatur (A.T.Z.)

Die Hinterachse – mit geschlitztem Achsrohr – war an Kurbeln aufgehängt, die ihrerseits an zwei quer zur Fahrtrichtung liegenden Torsionsstäben befestigt waren. Die seitliche Führung der Hinterräder übernahm ein diagonal angeordneter Panhardstab.

Das Federungssystem wurde – vorn und hinten – durch Teleskopstoßdämpfer ergänzt.

Im Zeitpunkt seines Erscheinens fehlte es nicht an kritischen Stimmen, die den DKW F 102 sogar als automobiltechnischen Anachronismus bezeichneten. Und in der Tat, der Wagen fand nicht die erwartete Aufnahme. Kritiker wiesen darauf hin, daß der Wagen im unteren Drehzahlbereich nur unwillig Gas annahm, sie bemängelten die Verbrennungsgeräusche beim Gaswegnehmen, sie vermißten die Laufkultur eines Viertakt-Motors und stellten schließlich die Frage, weshalb die Auto Union diesen so gelungenen Wagen nicht mit einem Viertakt-Motor ausgerüstet habe.

46 348 zweitürige Limousinen wurden zwischen März 1964 und März 1966 vom DKW F 102 hergestellt.

Von der im Januar 1965 in Produktion gegangenen viertürigen Limousine rollten bis zu deren Produktionseinstellung im März 1966 6705 Wagen vom Fließband.

Insgesamt verließen 53 053 DKW F 102 das Ingolstädter Werk. Und mit ihnen ging die Zeit der Zweitakt-Automobile, die die Vier Ringe trugen, zu Ende...

Auto Union DKW Munga

Anfang 1953 begannen im Hause der Auto Union GmbH die Entwicklungsarbeiten für einen Geländewagen, der später die Bezeichnung »Mehrzweck-Universal-Geländewagen mit Allradantrieb«, abgekürzt MUNGA, erhielt. Das Fahrzeug war für die Land- und Forstwirtschaft gedacht; 1955 wurde der Munga erstmalig der Öffentlichkeit vorgestellt. Ein Jahr später, 1956, stellte sich ein weiterer Interessent für das neue Fahrzeug ein: die Bundeswehr.

Der Munga wurde einer eingehenden Prüfung durch das Bundesamt für Wehrtechnik und Beschaffung unterzogen und für tauglich befunden. Die Mitbewerber von Borgward und Porsche – letzterer war ein schwimmfähiger, allradgetriebener Wagen, der einen luftgekühlten 1,6 Liter-Motor besaß – schieden aus.[1]

Zwei Merkmale kennzeichneten den Munga: Die zweckmäßige Karosserie und die außergewöhnlich hohe Bodenfreiheit, die ein Durchwaten von Wasserstellen und Flußläufen von 50 cm Tiefe ohne Schwierigkeiten ermöglichte. Hinzu kam, daß beim Bau des Wagens weitestgehend Teile von Serienfahrzeugen verwendet wurden und mithin eine leichtere Wartung möglich war.

Als Triebwerk diente der vor der Vorderachse eingebaute wassergekühlte Dreizylinder-Zweitakt-Reihenmotor mit einem Hubvolumen von 980 cm^3 und einer Leistung von 44 PS bei 4250/min. Der Motor wurde später mit Frischöl-Automatik ausgerüstet. (Anfangs war der Motor des DKW F 91/4 eingebaut worden).

Die Kraftübertragung erfolgte über eine Einscheiben-Trockenkupplung und ein sperrsynchronisiertes Getriebe mit 8 Schaltstufen im Vorwärts- und 2 Schaltstufen im Rückwärtsgang: 4 Vorwärtsgänge und 1 Rückwärts-

---

[1] *Bentley, J. / Porsche, F.: Porsche – ein Traum wird Wirklichkeit, Düsseldorf und Wien, 1980, S. 326.*

Oben: Bundeswehr-Erprobungsfahrt mit dem DKW Munga. In seiner ursprünglichen Version entbehrte der Wagen des Markenzeichens mit den vier Ringen am Bug.

Rechts: Der Vorderradantrieb des DKW Munga. Deutlich erkennbar ist die Kardanwelle zum Antrieb der Hinterräder (bis 1956 wahlweise zuschaltbar).

Oben: Der DKW Munga mit sechssitzigem Pritschen- und viersitzigem Wannenaufbau. Die Ringe am Bug führte man im Sommer 1960 ein.
Rechts: Anfang 1962 wurde der 25 000. DKW Munga ausgeliefert.

Modell	Auto Union DKW Munga (F 91/4)		
Motor	Wassergekühlter Dreizylinder-Zweitaktmotor mit Frischölmischungsschmierung und DKW-Umkehrspülung		
Hub/Bohrung mm	76 / 71		76 / 74
Hubraum cm³	896		980
Verdichtung	1 : 6,5		1 : 7,25
PS bei U/min	38 / 4200[1]		44 / 4250
Vergaser	ZENITH-STROMBERG 32 NDIX		
Kühlung	Thermosyphon, 9,5 Liter Wasser		
Elektr. Anlage	Wahlweise 12 oder 24 Volt, Anlasser, Lichtmaschine, Dreifach-Unterbrecher		
Kraftübertragung	Frontantrieb, Allradantrieb[2]		
Kupplung	Einscheiben-Trockenkupplung		
Getriebe	Sperrsynchronisiertes Getriebe mit 8 Schaltstufen im Vorwärts- und 2 Schaltstufen im Rückwärtsgang		
I.	1 : 3,82		1 : 3,818
II.	1 : 2,41		1 : 2,411
III.	1 : 1,48		1 : 1,478
IV.	1 : 0,92		1 : 0,915
Differential-Übersetzung	1 : 6,33		1 : 6,333
Fahrwerk	Verbindungssteifer Kastenprofilrahmen mit doppelten Längsträgern		
Vorderradaufhängung	Querfedern und doppelt wirkende Teleskopstoßdämpfer		
Hinterradaufhängung	Teleskopstoßdämpfer		
Lenkung	Zahnstangenlenkung		
Fußbremse	Duplex-Öldruck-Vierradbremse		
Handbremse	Mechanisch, Innenbackenbremse über Kardanwelle auf alle Räder wirkend		
Fahrzeug	MUNGA 4	MUNGA 6	MUNGA 8
Radstand mm	2000	2000	2000
Spur vorn mm	1206	1206	1206
Spur hinten mm	1206	1206	1206
Gesamtlänge mm	3445	3445	3600
Gesamthöhe mm	1750	1915	1915
Gesamtbreite mm	1810	1830	1830
Eigengewicht kg	1085	1060	1120
Zul. Gesamtgewicht kg	1450	1750	1810
Wattiefe cm	50		
Bereifung	6,00 x 16 extra M		
Wendekreis m	11,5		
Verbrauch l/100 km	11–17		
Höchstgeschwindigkeit km/h	98	90	90
Niedr. Dauergeschwind. km/h	3		
Steigfähigkeit %	60		
Preis DM	9 500,– (1962) f. Wannenaufbau m. 4 Sitzen		
Anmerkungen	[1] 1957: 40 PS/4250 [2] Allradantrieb bis 1956 zuschaltbar		

gang für Straßenfahrt konnten im Gelände durch das Vorgelege nochmals untersetzt werden.

Der Kraftfluß auf die Hinterräder erfolgte über die verlängerte Abtriebswelle des Getriebes und die sich daran anschließende Kardanwelle auf das hintere Differential.

Der Chassisrahmen bestand aus zwei parallel laufenden Längsträgern, die mit Quertraversen verschweißt waren. Querfedern und doppelt wirkende Teleskopstoßdämpfer dienten zur Abfederung des Munga.

Drei Aufbauten standen zur Verfügung:

Typ 4   Viersitziger Wannenaufbau für die Personenbeförderung,
Typ 6   Pritsche (sechssitzig) für Sonderantrieb und Zusatzgeräte und
Typ 8   Pritsche mit großer Ladefläche (achtsitzig).

Der Munga war ein außerordentlich robustes Fahrzeug; von 1956 bis zum Dezember 1968 wurden 46 750 Stück hergestellt.

Rechts: Sechs Personen fanden auf der Pritsche des DKW Munga 8 – wenn auch beengt – Platz. Unten: Selbst im Rangierbetrieb fand der Munga auf manchem Werksgelände Verwendung. Unten rechts: Ein Munga 8 im Dienste der Landwirtschaft.

Gesamtproduktion von DKW- und Auto Union-Personenkraftwagen 1950–1968

DKW Meisterklasse F 89 P

Lm	2-T	(8. 1950 bis 4. 1954)	47 706
Cb	4-S	(8. 1951 bis 1953 – Karmann)	5 045
Cb	2-S	(1952 Hebmüller)	85
Cp	2-S	(1952 Hebmüller)	65
Uni – F 89 U			6 414
Gesamt			59 315

DKW Sonderklasse F 91

Lm Nr	2-T	(3. 1953 bis 9. 1955, ab 7. 1954 Panorama-Heckscheibe)	41 799
Lx/Cp	4-S	(3. 1953 bis 9. 1955)	13 657
Cb	4-S	(3. 1953 bis 9. 1955)	1 512
Cb	2-S	(3. 1953 bis 9. 1955 – Karmann)	432
Cp	2-S	(1953/1954)	25
Uni – F 91 U		(9. 1953 bis 6. 1957)	15 175
Gesamt			72 600

DKW 3 = 6 F 93

Lm Nr	2-T	(9. 1955 bis 8. 1959)	51 784
Sp/Lm	2-T	(9. 1955 bis 8. 1959)	62 766
Cb	4-S	(1956 Karmann)	239
Cb	2-S	(1956 Karmann)	132
Gesamt			114 921

DKW 3 = 6 F 94

Lm	4-T	(1. 1956 bis 7. 1959; ab 9. 1957 Türen vorn angeschlagen)	22 546

DKW 3 = 6 F 94 U

Uni	2-T	(2. 1957 bis 7. 1959)	19 526

DKW 3 = 6 Monza

900 cm³	(1957 Dannenhauer & Stauss)	23
1000 cm³	(1958 Wenk)	30
Gesamt		53

Auto Union 1000

Cp dL		(11. 1957 bis 7. 1959)	Modell 1958	33 387
Lm	4-T	(2. 1958 bis 7. 1959)		3 383
Lm	2-T	(8. 1959 bis 8. 1961)		25 123
Cp		(8. 1959 bis 12. 1959)		2 871
Cp S		(8. 1959 bis 8. 1961)	Modell 1960	46 601
Lm	4-T	(8. 1959 bis 8. 1961)		15 680
Lm	2-T	(7. 1961 bis 12. 1961)		1 603
Cp S		(7. 1961 bis 9. 1963)	Modell 1962	18 897
Cp S dL		(1. 1962 bis 9. 1963)		21 488
Lm	4-T	(7. 1961 bis 11. 1962)		2 309
Gesamt				171 342

Auto Union 1000 Universal

Uni	2-T	(8. 1959 bis 11. 1962)	16 421

Auto Union 1000 Spezial

Cp	2-S	(4. 1958 bis 3. 1965)	5 004
Rd	2-S	(9. 1961 bis 3. 1965)	1 640
Gesamt			6 644

DKW Junior / Junior de Luxe

Lm 750	2-T	(8. 1959 bis 12. 1962)	118 986
Lm dL	2-T	(7. 1961 bis 10. 1963)	118 619
Gesamt			237 605

DKW F 11

Lm	2-T	(9. 1963 bis 4. 1965)	30 738

DKW F 12

Lm	2-T	(1. 1963 bis 12. 1964)	69 030
Lm	2-T	(11. 1964 bis 4. 1965)	10 692
Rd 2-S	2-T	(1. 1964 bis 12. 1964)	2 794
Gesamt			82 516

DKW F 102

Lm	2-T	(3. 1964 bis 3. 1966)	46 348
Lm	4-T	(1. 1965 bis 3. 1966)	6 705
Gesamt			53 053

Auto Union DKW Munga

S	(1956 bis 12. 1968)	46 750

Cb	Cabriolet	Lx	Luxus	S	Sonder(aufbau)
Cp	Coupé	Nr	Normal	Sp	Spezial
dL	de Luxe	Rd	Roadster	Uni	Universal
2-S	Zweisitzer	2-T	Zweitürer	Lm	Limousine
4-S	Viersitzer	4-T	Viertürer		

Einige bemerkenswerte Konstruktionen und Prototypen von DKW-Automobilen der fünfziger Jahre

Als am 17. Mai 1950 in Ingolstadt der Presse die neue DKW Meisterklasse vorgestellt wurde, arbeitete Oberingenieur Kurt Schwenk schon mehr als sechs Monate an einem neuen Kleinwagen. Das ist an sich nichts Außergewöhnliches, daß die Entwicklungsabteilung einer Automobilfabrik im Zeitpunkt der Vorstellung eines neuen Modelles schon am Modell von morgen arbeitet; wenn man sich jedoch die Umstände in Erinnerung ruft, unter denen die Ingolstädter Unternehmung in den Nachkriegsjahren entstanden war, so verdient die damals getroffene Entscheidung, mit der Entwicklung eines neuen Kleinwagens zu beginnen, unsere Anerkennung. Der Auftrag lautete damals:
»Entwicklung eines viersitzigen Kleinwagens mit ausreichenden Raumverhältnissen, dessen Gewicht etwa 700 kg und dessen Höchstgeschwindigkeit 90 km/h betragen sollten. Gute Beschleunigung, ein vernünftiger Kraftstoffverbrauch und niedrige Unterhaltungskosten sind weitere Forderungen.«
Schwenk wählte für die Karosserie die Pontonform, die dem damaligen Geschmack entsprach. Das leicht und elegant wirkende Oberteil mit den großen Fenstern löste die Schwere des Unterteiles auf, insgesamt vermittelte die Karosserie den Eindruck einer sicheren Einheit. Als Türfenster waren Schiebefenster vorgesehen. Bereits im Februar 1950 entstand ein Modell im Maßstab 1:5 des FX, wie seine interne Bezeichnung lautete. Im April 1951 wurde der Geschäftsführung der Auto Union GmbH ein 1:1-Modell vorgestellt.
Aus den dem Verfasser zur Verfügung stehenden Unterlagen geht hervor, daß der Prototyp des FX am 27. November 1951 die erste Probefahrt absolvierte. Das verbesserte FX 2-Modell wurde am 25. Januar 1952 und das weiterentwickelte Modell FX 3 am 12. August 1952 fertiggestellt. Diese drei Prototypen entstanden in Ingolstadt; der vierte Versuchswagen – FX 4 – wurde dagegen im Werk Düsseldorf gebaut. Schwenk war ja zwischenzeitlich stellvertretender technischer Direktor des Werkes Düsseldorf geworden und betreute weiterhin – begleitend – die Entwicklung des Kleinwagens. Im Windkanal der J. M. Voith in Heidenheim an der Brenz wurde die Pontonkarosserie strömungstechnisch untersucht. Für den FX 3 und für den FX 4 wurden nahezu gleiche Luftwiderstandsbeiwerte festgestellt, nämlich 0,39 (die Vergleichswerte für den DKW Typ F 89 P und für den VW lauteten 0,34 und 0,52).
Die Ingenieure der Auto Union GmbH – und damit kehren wir an den Anfang der Entwicklung zurück – hatten sich nach eingehenden Vorstudien für einen Wagen entschieden, dessen Kastenrahmen mit der Pontonkarosserie verschweißt werden sollte. Die einzelnen Schritte der FX-Entwicklung können nicht nachvollzogen werden, da nur in den vorhandenen Unterlagen über den FX 3 und FX 4 Aussagen gemacht werden.
Der Unterboden des FX 3 war aus einem »Blechteil vollständig gefertigt«, der Unterboden des FX 4 war dagegen »sehr zerklüftet und nur in mehreren Blechstücken zu fertigen«.
Die vorderen Radkräfte wurden beim FX 3 über Rohrträger und Dreieckslenker auf den Kastenrahmen übertragen, beim FX 4 über doppelte Stehbleche und über die Spritzwand auf den Rahmen geleitet. Diese Folgewirkungen waren durch die Konstruktion der vorderen Radaufhängung bedingt:

Die Abfederung der Vorderräder des FX 3 erfolgte durch je einen parallel zur Wagenlängsachse angeordneten Torsionsstab, an dem der obere Lenker befestigt war und unten durch Dreieckslenker; der FX 4 hatte eine Doppellenker-Radaufhängung mit Schraubenfederung und innenliegendem Teleskopstoßdämpfer.
Die Hinterradaufhängung des FX 3 entsprach in ihrem konstruktiven Aufbau der des Schnellasters, es war eine Torsions-Kurbelachse mit Schwingarmen.
Die Bremstrommeln hatten einen Durchmesser von 200 mm und waren aus Aluminium gefertigt; die Radgröße wurde mit 5,60 × 13 angegeben unter Hinweis auf die von der Continental AG vorgelegten Versuchsergebnisse beim Hanomag Partner, der auf der IAA 1951 vorgestellt worden war, der aber nie in Produktion ging.
Für das Exportmodell wurden Räder in der Größe 5,50 × 15 vorgesehen. Der Radstand des FX 3 betrug 2340 mm, der des FX 4 2400 mm; die vordere Spurweite war mit 1300 mm um 110 mm größer als beim DKW Typ F 89 P. Die hintere Spurweite wurde mit 1250 mm angegeben.
Das Verhältnis von der vorderen Spurweite zum Radstand = 1:1,73 wurde von Schwenk als ein nach dem damaligen Stand der Automobiltechnik günstiges Verhältnis bezeichnet.
Der FX 3 und der FX 4 besaßen Zahnstangenlenkung; für beide Modelle war ein Zweizylindermotor von 600 oder 800 cm^3 Hubraum vorgesehen. »Bei Einbau des Dreizylinders von 900 cm^3 müßten die Vorderteile beider Fahrzeuge um ca. 10 cm verlängert werden.«
Die FX-Kommission, der die Herren B. Neumann, F. Trump, E. Wawrziniok und A. Wothke angehörten, unterzog den FX 3 und FX 4 einer kritischen Betrachtung.
Das äußere Erscheinungsbild der Wagen, ihr Innenraum und ihre Innenausstattung, das Fahrwerk, die Stabilität und die vorgesehenen Modellvarianten waren Gegenstand der Prüfung; die Kommission nahm auch zur Frage der voraussichtlichen Investitionen für die Produktionseinrichtungen Stellung.
Ohne an dieser Stelle auf Einzelheiten des Abschlußberichtes eingehen zu wollen, sollen zwei – aus der Sicht des Verfassers – bemerkenswerte Aussagen wiedergegeben werden:
»Was das rein Äußere beider Wagen anbelangt – und insbesondere die Pontonform betrifft – so schließt sich die Kommission einstimmig dem Urteil von Dr.-Ing. Max Schirmer an, dem Leiter der Windkanal-Versuche bei Voith-Heidenheim, der hierzu folgendes sagt:
Wagen-Form D (FX 4) ist eine Kompromißform und zeigt kein klares Gepräge.
Wagen-Form C (FX 3) erweckt im Vergleich zu der Form D einen viel prägnanteren Eindruck. Sie paßt sich der in der Weltentwicklung sich abzeichnenden Geschmacksrichtung am besten an, und zwar unter Vermeidung offenkundiger Nachahmung und Wahrung einer vornehmen Eigenart.«
Mit Nachdruck wurde darauf hingewiesen, daß die Wagen vier Türen erhalten müßten, sie »sind für den Export von ausschlaggebender Bedeutung, aber auch im Inland dürfte diese Ausführung mehr und mehr an Boden gewinnen ...«

Oben: DKW FX 3. Die Seiten des Unterteils der Pontonkarosserie sind glattflächig, die Ausschnitte der hinteren Türen geradlinig. Rechts daneben: DKW FX 4. Hier sind die Seiten des Unterteils der Pontonkarosserie nicht glattflächig; die nach außen gewölbten hinteren Kotflügel unterbrechen die Seitenflächen. Die Ausschnitte der hinteren Türen passen sich der Kotflügelform an.

Rechts: Ein FX 3 mit einer aus einem Stück gepreßten Kühlermaske des DKW F 89 P aus dem Jahre 1953.

Links: FX-Modell im Maßstab 1:5, wie es für die Luftkraftmessung bei der Firma J. M. Voith GmbH verwendet wurde.

Rechts: Heckansicht eines Modells vom FX 4.

Oben: Modell des DKW F 89 P im Maßstab 1:5 für Windkanal-Versuche.

Links: Ein FX-Modell im Windkanal der J. M. Voith GmbH in Heidenheim/Brenz. Fragen der Aerodynamik und der Druckverteilung an der Fahrzeugoberfläche waren Gegenstand eingehender Untersuchungen.

Unten: Prototyp des DKW-Schnellasters F 855 L.

Die FX-Kommission wies auch darauf hin, daß der FX 3 fertigungstechnische Vorteile gegenüber dem FX 4 bot.

Der FX 3 erhielt insgesamt eine bessere Beurteilung, der FX 4 stellte nach Auffassung der Kommissionsmitglieder eine Abwandlung des FX 3 dar, »die trotz teurer Fertigung keine entsprechenden Vorteile in bezug auf Haltbarkeit, Betriebssicherheit, oder etwa geringerer Reklamationsanfälligkeit bietet.«

Eine weitere Neuentwicklung wurde im Schnellaster-Bereich durchgeführt.

Der DKW-Schnellaster ¾ to, Typ F 89 L, erstmalig auf der Exportmesse in Hannover 1949 gezeigt, sollte 1952 vom Typ 855 L abgelöst werden. Der Entwurf dieses Typs stammte ebenfalls von Kurt Schwenk.

Zwei Prototypen wurden damals gebaut; ein Wagen hatte seitliche Schiebetüren und einen nach vorn umklappbaren Beifahrersitz, so daß der Fahrer ungehindert in den Laderaum treten konnte. Dieser Durchgangswagen war als Verkaufswagen gedacht, bei dem der Fahrer ohne Schwierigkeiten auch die Funktion des Verkäufers hätte wahrnehmen können.

Fünf Modellvarianten waren vorgesehen: Kastenwagen, Kombiwagen, Kleinbus, Hochlader und Tieflader.

Aus den Unterlagen geht hervor, daß ein »40 PS-Motor« zum Einbau kommen sollte; offensichtlich dachte man an den Dreizylinder-Zweitakt-Reihenmotor, der später – ab 1955 – auch beim Schnellaster eingebaut wurde.

Die Linienführung des »Kurzhaubers« eilte ihrer Zeit voraus; zwanzig Jahre später wurde sie von anderen Automobilherstellern für Nutzfahrzeuge mit Erfolg in großer Serie praktiziert.

Die beiden Prototypen des F 855 L wurden der Geschäftsführung der Auto Union GmbH mehrere Male vorgeführt; sie gingen nicht in die Serienfertigung. »Das Fahrzeug ist nicht gebaut worden, weil die notwendigen 2,5 Millionen DM für die Anfertigung der Werkzeuge und Bänder nicht zur Verfügung standen«, heißt es in einem Vermerk.

Das Tempo des Aufbaues wurde immer wieder durch Mangel an Eigenkapital gebremst; eine weitere Inanspruchnahme von Fremdkapital kam zu diesem Zeitpunkt nicht in Betracht, da die Aufnahme langfristiger Verbindlichkeiten für die Finanzierung von Investitionen schwierig war.

Ende 1955 war die finanzielle Situation der Auto Union GmbH eine ganz andere. Das kam in einem Gutachten einer Wirtschaftsprüfer-Sozietät zum Ausdruck:

»Dieser zum Jahresende 1955 in allen Teilen gesicherte Stand der Finanzierungsaufgaben des Unternehmens läßt es zu, daß die in den folgenden Jahren zu erwirtschaftenden liquiditätsmäßigen Überschüsse, soweit sie nicht zur Tilgung von Hypotheken und langfristigen Darlehen zu verwenden sind, voll für neue Investitionsaufgaben eingesetzt werden können.«

Dieses Gutachten war letztlich eine Antwort auf die Frage, ob die Serienfertigung des zwischenzeitlich entwickelten neuen Kleinwagens, der intern als »STM« bezeichnet wurde, wirtschaftlich vertretbar ist.

Bei diesem Kleinwagen handelte es sich um ein Fahrzeug mit Kunststoffkarosserie, das ursprünglich als Dreisitzer konzipiert und später zum Viersitzer weiterentwickelt wurde.

Die Auto Union AG war bereits vor dem Zweiten Weltkrieg der Frage nachgegangen, ob Automobilkarosserien aus Kunststoff hergestellt werden können. Alle Personenwagen der Auto Union AG hatten damals Karosserien der »gemischten Bauweise«: Das Holzgerippe war mit Stahlblech, bei der DKW-Reichsklasse und bei der DKW-Meisterklasse mit Sperrholz beplankt. Zwei Typen von Horch besaßen eine Ganzstahlkarosserie. Die Blechteile für die Karosserien wurden zum großen Teil eingekauft; auch für die Hohe Klasse von DKW, die ab 1940 auf den Markt kommen sollte, wäre der Einkauf von Karosserieteilen bei Unterlieferanten notwendig geworden. Der Bau eines Preßwerkes der Auto Union AG war also abzusehen; dabei darf nicht vergessen werden, daß die Budd Corp. in den USA 80 Patente und 40 Gebrauchsmuster auf dem Gebiet des Ganzstahlkarosseriebaues besaß, die man – zum Teil – hätte in Anspruch nehmen müssen. Die Inanspruchnahme der Patente hätte zu Lizenzaufwendungen geführt, es sei denn, man hätte die Ganzstahlaufbauten von der deutschen Tochter, der Ambi-Budd Preßwerk GmbH in Berlin-Johannistal, bezogen.[1]

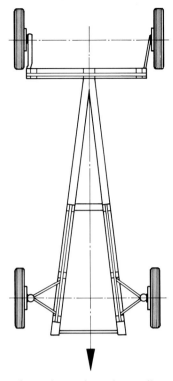

Unten: Chassis des STM II. Mit den aus Stahlblech bestehenden Innenwänden der vorderen Radhäuser sollte die Kunststoff-Karosserie ebenso verschraubt werden wie mit den am hinteren Querrohr des Rahmens eingeschweißten Stützen, mit denen zugleich die Teleskop-Stoßdämpfer verbunden waren.

Links: Schon in den fünfziger Jahren bestanden Kontakte zwischen der Auto Union GmbH und der Industrie Pininfarina SpA in Grugliasco/Turin. Das Foto zeigt eine Coupé-Studie des italienischen Carrossiers auf dem Chassis eines DKW F 91.

Oben: Skizze des Fahrgestells vom STM II. Die Abfederung der Vorderräder erfolgte durch Torsionsstäbe, die in den Rahmenlängsträgern fixiert waren. Die Hinterräder wurden ebenfalls durch Torsionsstäbe, jedoch quer zur Fahrtrichtung angeordnet, abgefedert.

Diese Überlegungen mögen wohl bestimmend gewesen sein für die Aufnahme von Gesprächen mit der Dynamit AG, Hersteller des Phenol-Formaldehyd-Harzes, im Februar 1936. Kurze Zeit später konnte die erste Kunststoff-Karosserie für einen DKW Typ F 7 präsentiert werden, die eingehenden Prüfungen unterzogen wurde. Bei simulierten Unfällen zeigte sich allerdings, daß die Bruchstellen des Phenolharz-Schichtstoffes zu schweren Verletzungen führen konnten.

Der Krieg zwang zur Einstellung der Entwicklungsarbeiten an der Kunststoff-Karosserie, doch schon 1949 wurden in Ingolstadt die Arbeiten wieder aufgenommen. An Stelle des vor dem Kriege verwendeten papierverstärkten Phenolharzes wählte man in Ingolstadt Polyesterharz, das mit Glasfasern verstärkt wurde. Durch das niedrige Gewicht der Kunststoffkarosserie konnte das Gesamtgewicht des Fahrzeuges gesenkt werden. Professor Dr. Robert Eberan von Eberhorst, der am 1. Dezember 1953 als Geschäftsführer und Leiter der Technischen Entwicklung bei der Auto Union GmbH eintrat, erkannte sofort die Bedeutung der zwischenzeitlich von Kurt Schwenk geleisteten Arbeit auf dem Gebiet der Kunststoff-Karosserie. Unter Leitung von Eberan von Eberhorst wurde anfangs 1954 mit der Entwicklung des eingangs genannten dreisitzigen Kleinwagens mit Kunststoff-Karosserie – STM II genannt – bei der Auto Union GmbH im Werk Düsseldorf begonnen.

Da die leichte Kunststoff-Karosserie größeren mechanischen Beanspruchungen kaum gewachsen war, mußte von Anbeginn der Konstruktion eines verwindungsfesten Chassis größte Aufmerksamkeit gewidmet werden. Das Chassis sollte die vertikalen und horizontalen Radkräfte aufnehmen, eine gute Spurtreue und eine gute Straßenlage sollten erreicht werden. Diese Forderungen erfüllte das dann entwickelte Chassis, dessen Längsträger nach hinten zusammenliefen und mit einem Querrohr verschweißt waren. Das Querrohr nahm zugleich die Drehstäbe für die Hinterradfederung auf.

Die Vorderräder waren an Dreieckslenkern aufgehängt; ihre Abfederung erfolgte mittels längsliegender, in den Längsträgern des Chassisrahmens fixierter Drehstäbe.

Die Kunststoff-Karosserie war an den vorderen Radhäusern (aus Stahlblech) angeschraubt; hinten wurde sie von zwei, am hinteren Querrohr des Rahmens angeschweißten Stützen getragen.

Der dreisitzige Wagen wog 350 kg; eingehende Fahrversuche gaben keinen Anlaß zu negativer Kritik. Nach 115 000 Kilometern war die Kunststoff-Karosserie unversehrt, sie hatte allen mechanischen Beanspruchungen standgehalten.

Dann wurde das Fahrzeug weiterentwickelt zum viersitzigen Wagen, bei dem der Sitzraum und der Kofferraum größer waren als beim VW. Im Frühjahr 1956 wurde der viersitzige Wagen mit der Bezeichnung STM III einer eingehenden Betrachtung durch den damaligen Vorsitzenden des Aufsichtsrates, Dr. E. h. Freiherr Friedrich Carl von Oppenheim, und durch Ernst Göhner, Zürich, Mitglied des Aufsichtsrates, sowie durch Herrn Dr. Schäfer als Vertreter der Flick-Gruppe unterzogen. Im Abschlußprotokoll hierzu heißt es, die Entwicklung »wird sehr ernst genommen und der Bau des Fahrzeuges für die Serie vorgeschlagen«. Das eingangs zitierte Gutachten eines Wirtschaftsprüfers datiert vom Juli 1956.

Die einzelnen Fertigungsschritte waren von der Arbeitsvorbereitung festgelegt. Für die Herstellung der Kunststoff-Karosserie sollte ein Preßwerk errichtet werden, dessen Pressen und Vorformmaschinen von der Firma

---

[1] Schwenk, K.: *Die Entwicklung von Personenkraftwagen mit Kunststoffaufbauten bei der Auto Union bis 1956*, GFK im Fahrzeugbau, Düsseldorf 1978, S. 1.

Becker van Hüllen bezogen werden sollten. Ein Optionsvertrag auf Kauf der Pressen war abgeschlossen worden, der Anlauf der Serienfertigung war für Mitte 1958 vorgesehen.²

Prof. Dr.-Ing. Robert Eberan von Eberhorst schied am 30. September 1956 aus der Geschäftsführung der Auto Union aus; bis zu diesem Zeitpunkt war er verantwortlich für die technische Entwicklung in der Unternehmung und damit auch für die Entwicklung des STM.³

Eberan von Eberhorst kommt zu dem Schluß, daß »die DKW-Kunststoff-Idee ... auseinander(-fiel), als Friedrich Flick – der allgegenwärtige deutsche Finanzier – im Jahre 1957 Hauptaktionär bei Auto Union wurde. Zu diesem Zeitpunkt war er auch im Stahlgeschäft und wollte ein Kunststoff-Fahrzeug nicht einmal in Erwägung ziehen, obwohl er nur zwei Jahre später sich auch in diesem Bereich einkaufte.«⁴

Rechts: Professor Dr.-Ing. Robert Eberan v. Eberhorst gratuliert Dr. Richard Bruhn zu dessen 70. Geburtstag.

---

² Schwenk, K.: Die Entwicklung von Personenkraftwagen mit Kunststoffaufbauten bei der Auto Union bis 1956, GFK im Fahrzeugbau, Düsseldorf 1978, S. 13.
³ Dem Automobilpionier Prof. Dr. Robert Eberan-Eberhorst zum Gedenken, Institut für Verbrennungskraftmaschinen und Kraftfahrwesen der Technischen Universität Wien, Wien 1982, S. 19:
»Andere Merkmale des Fahrzeuges waren genauso interessant, wie z. B. ein patentiertes Leichtmetallrad, bei dem Speichen und Bremstrommel in einem gegossen waren. Die ursprüngliche Idee war ein Dreisitzer mit dem Fahrersitz in der Mitte. Aber als uns bewußt wurde, wie leicht es realisierbar war, entschieden wir uns für vier Sitze und brachten die vier Prototyp-Limousinen auf ein Eigengewicht von 500 kg. Das hätte ein Modell für 1958 sein können.«
»Dies war gänzliches Neuland und hätte ein sensationelles Fahrzeug ergeben. Wir hatten sogar eine Pilot-Fertigungsstraße für Kotflügel, die im 3-Minuten-Takt arbeitete. Mit integrierter Farbgebung – und später sogar mit unterschiedlicher Textur, z. B. für Dachinnenverkleidung. Der Hauptvorteil bestand in einer kleineren, leichteren und daher billigeren Werkzeugausrüstung. Die Kunststoffkosten pro Gewichtseinheit waren zwar höher als bei Stahl, wir bauten aber ein so leichtes Fahrzeug, daß es mit Gewinn um 3500,– DM – das waren 10 Prozent weniger als ein VW – trotz größerem Innenraum, größerem Kofferraum und gleicher Leistung aus nur 500 cm³ – verkauft hätte werden können.«
⁴ a.a.O., S. 20.

Oben: Audi 100 GL, ab 1971 gebaute Modell-variante des Audi 100 der 1. Generation.

Unten: Audi 80 S der 1. Generation aus dem Jahre 1973.

Rechts: Löschübung mit einem als Feuerwehr-fahrzeug ausgerüsteten Munga.

Rechts: Audi 80 der 2. Generation, das Modell GLS von 1978 mit 1588-cm³-Motor, dessen Leistung 63 kW/85 PS bei 5600/min betrug.

Links: Audi 200 5 E des Modelljahrgangs 1982.

Rechts: Ein von Giorgetto Giugiaro gezeichnetes Coupé, das den Namen »Audi 80 Asso« erhielt und von der Wilhelm Karmann GmbH in Osnabrück als Einzelstück gebaut wurde.

Links: Audi 200 5 T von 1982, dessen Motor mit Kraftstoff-Einspritzung und Turbolader 125 kW/170 PS leistete.

Oben: Arbeiten in der Design-abteilung. Hier wird ein Plastilin-Modell im Maßstab 1:4 erstellt.

Oben rechts: Aus der Entwicklung des Audi 80 der 3. Generation. Nach zahlreichen Studien kristallisiert sich die endgültige Form heraus…

Oben: Aerodynamische Versuche im Windkanal.

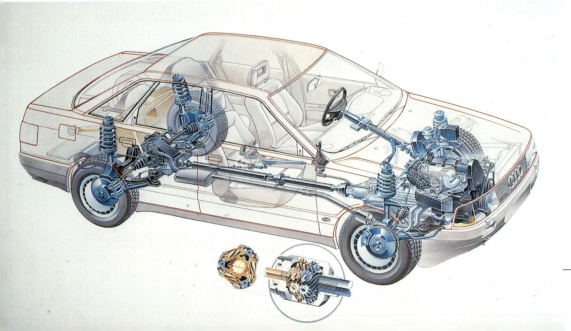

Links: Röntgendarstellung des Audi 80 quattro – ein Automobil, dessen Allradkonzeption neue technologische Maßstäbe setzte.

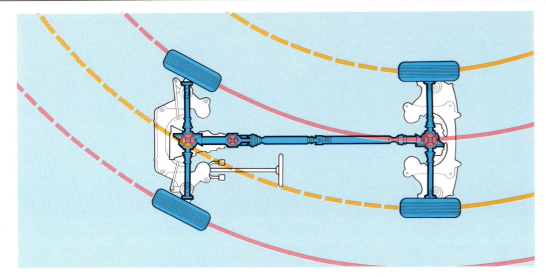

Links: Beim Durchfahren einer Kurve müssen die kurvenäußeren Räder einen längeren Weg zurücklegen als die kurveninneren, und die Vorderräder einen längeren Weg als die Hinterräder. Die unterschiedlichen Wege und die dadurch entstehenden unterschiedlichen Raddrehzahlen werden beim Audi quattro durch die drei Differentiale ausgeglichen. Ein »Verspannen« des Fahrzeugs oder ein unwilliges Reagieren beim Lenken werden dadurch vermieden.

Rechts: Die einzelnen Komponenten des Audi-Allradantriebs werden hier sichtbar: Das Vorderachs-Differential, das Schaltgetriebe mit Hohlwelle und dem Durchtrieb zum Vorderachsantrieb, das in das Getriebe integrierte Zwischendifferential (sperrbar) sowie das (ebenfalls sperrbare) Hinterachs-Differential.

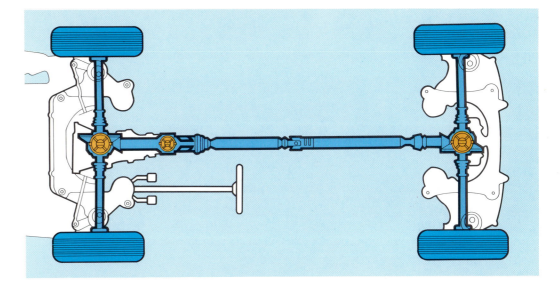

Links: Röntgendarstellung der Audi-Allrad-Technik. Die als Hohlwelle ausgelegte Sekundärwelle des Getriebes trägt an ihrem hinteren Ende das Zwischendifferential, das die Drehzahlunterschiede zwischen Vorder- und Hinterachse ausgleicht.

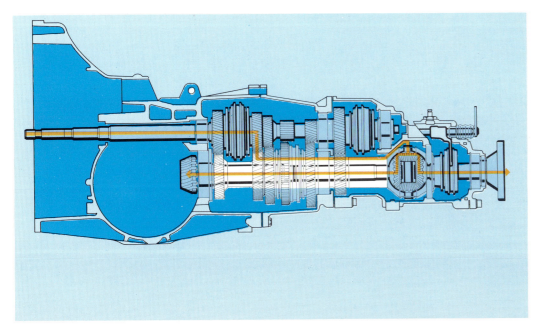

Auf dem 51. Genfer Automobilsalon im März 1981 stellte Pininfarina zum 75jährigen Jubiläum der in Bern erscheinenden »Automobil Revue« den Prototyp eines eleganten Coupés auf Basis des Audi quattro vor, genannt »Quarz«. Es ist um 269 mm kürzer sowie 80 mm niedriger als das Ingolstädter Seriencoupé. Das Interieur entspricht dem Standard hochklassiger Automobile.
Links: Einer der ersten Entwürfe zum Audi Quarz; er zeigt bereits die rundumlaufende Sicke. Um störende Luftwirbel zu vermeiden, hatte man rahmenlose Front- und Heckscheiben vorgesehen.

Mitte links: Die Herstellung der Türen für das Holzmodell.
Mitte rechts: Das – fast fertige – Holzmodell in Originalgröße, das mit Blech beplankt und für erste Windkanalversuche eingesetzt wurde.

Rechts: Der Audi Quarz, ein Turiner Meisterwerk, befindet sich heute im Eigentum der Audi AG.

Links: Das Audi quattro Coupé mit Allradantrieb stand im Mittelpunkt des 50. Genfer Automobilsalons. Foto: Leonardo Bezzola.

Unten: Das Torsen-Zwischendifferential gewährleistet zusätzlichen Traktionsgewinn bei unterschiedlichen Haftbedingungen der Räder.

Oben: Der wirtschaftliche Audi 50, Baujahr 1975. Unten: Audi quattro als attraktives Coupé von 1980.

Rechts: Der Antriebsstrang beim Audi quattro.

Oben: Die komfortable und luxuriöse Innenausstattung des Audi V 8.

Links: Der Audi V 8. Die Frontpartie – herabgezogene Motorhaube in Verbindung mit dem gerahmten Kühlergrill und den Breitbandscheinwerfern – verleiht dem Automobil ein exklusives Aussehen. Ausladende Radhäuser für die Breitreifen in der Dimension 215/60 auf 15 × 7½ Zoll Leichtmetallfelgen und tiefgezogene Front- und Heckschürzen ergänzen das Bild.
Die Eigenständigkeit dieses Wagens innerhalb der Audi-Baureihe konnte durch verschiedene Design-Komponenten erreicht werden.

Links: V-Achtzylindermotoren haben Tradition in den Automobilen mit den Vier Ringen. Vor fünfundfünfzig Jahren, im Februar 1933, stellte die damalige Auto Union AG auf der Internationalen Automobilausstellung in Berlin ihren Horch Typ 830 vor, der mit einem V 8-Motor ausgerüstet war. Dieser Motor verfügte über einen Hubraum von 3004 cm³ und leistete 70 PS bei 3400/min.
Der Leichtmetallmotor des Audi V 8 des Jahres 1988 leistet bei einem Hubraum von 3562 cm³ 184 kW/250 PS; seine Motornenndrehzahl liegt bei 5800/min, das beachtliche Drehmoment von 340 Nm wird bei 4000/min erreicht. Vier obenliegende Nockenwellen steuern die 32 Ventile. Mit der zentralen digitalen Motorsteuerung Motronic werden beispielsweise die Kraftstoffeinspritzung, die Zündung und der Leerlauf elektronisch geregelt; dieses System erlaubt in Verbindung mit der Vier-Ventil-Technik eine hohe Motorverdichtung (10,6) und dadurch eine sehr wirtschaftliche Nutzung des bleifreien Superbenzins.

Die Audi-Personenkraftwagen aus Ingolstadt

Ein entscheidendes Motiv zum Erwerb der Auto Union GmbH war für die Volkswagen AG die Möglichkeit, in Ingolstadt zusätzliche Fertigungskapazitäten zu erhalten.

Nach Übernahme der Auto Union GmbH durch die Volkswagen AG wurden umfangreiche technisch-organisatorische Maßnahmen unter der Regie von Rudolf Leiding durchgeführt mit dem Ziel, die Montage von VW-Käfern aus angelieferten Teilen und die Serienfertigung des neuen Audi vorzubereiten. Die Käfermontage lief schon im Mai 1965 in Ingolstadt an, die ersten Audi verließen im September 1965 das Fließband. Die Tagesproduktion konnte zügig gesteigert werden; 1966 rollten arbeitstäglich 325 Audi und 350 Käfer aus den Ingolstädter Werkshallen.

Die VW-Montage – das soll an dieser Stelle schon gesagt werden – wurde am 4. Juli 1969 in Ingolstadt eingestellt. Seit Aufnahme der Montage im Mai 1965 bis zu deren Einstellung wurden 347 869 Volkswagen im Werk der Auto Union gefertigt.

Mit der Aufnahme der Serienproduktion des neuen Audi begann ein neuer Abschnitt in der Geschichte der Auto Union GmbH, sie stieß jetzt in den Bereich der Automobile der gehobenen Mittelklasse vor.

Die Entwicklung des Audi-Modellprogramms zwischen 1965 und 1974

Der neue Audi, dessen technische Besonderheiten schon an anderer Stelle aufgezeigt wurden, hatte keine offizielle Typenbezeichnung. Er wurde oftmals als Audi 72 – entsprechend seiner PS-Leistung – bezeichnet.

Der Mitteldruckmotor dieses Wagens war – wie bereits gesagt – von der Daimler-Benz AG, die am 1. Januar 1958 die Kapitalmehrheit der Auto Union GmbH erworben hatte, entwickelt worden. Die Daimler-Benz AG hatte selbst anfangs der sechziger Jahre Frontantriebsstudien durchgeführt; 1962 entstanden in Untertürkheim unter Mithilfe von Konstrukteuren aus Ingolstadt zwei Prototypen »eines unteren Mittelklassewagens«.[1]

Leiter der Untertürkheimer Vorentwicklung war Ludwig Kraus, der Ende 1963 nach Ingolstadt kam und die Leitung der Entwicklungsabteilung der Auto Union GmbH übernahm. Der bei der Daimler-Benz AG entwickelte Mitteldruckmotor und das von Nallinger angeregte Frontantriebskonzept wurden nunmehr zur Serienreife gebracht und auf den DKW Typ F 102 übertragen. Der erste Ingolstädter Audi entstand; von ihm wurden weitere Varianten abgeleitet, die in ihrem technisch-konstruktiven Aufbau dem Audi 72 entsprachen, jedoch Motoren unterschiedlicher Leistung besaßen.

Im September 1966, ein Jahr nach Erscheinen des Audi 72, kam der Audi 80 auf den Markt. Drei Monate später, im Dezember 1966, gab der Audi Super 90, ein exklusiv ausgestatteter Wagen, sein Debüt. Der Audi 60, dessen Produktion im Januar 1968 anlief, entwickelte sich zum erfolgreichsten Wagen dieser Modellreihe. Mit dem 60er, dessen Motor einen Hubraum von 1496 cm^3 hatte und 55 PS leistete, etablierte sich die Ingolstädter Unternehmung fest im Markt der Mittelklassewagen.

Gegen Jahresende kam der Audi 75 heraus, der die Modelle Audi 72 und Audi 80 ablöste.

Der erfolgreiche Audi 60 wurde bis zum August 1972 gebaut. Berücksichtigt man die einzelnen Modellvarianten – normale Ausstattung, Luxusausstattung, zweitürige Limousine, viertürige Limousine, Variant (Kombilimousine) – so erscheint das Audi-Modellprogramm im ersten Audi-

---

[1] Behles, F. und Barske, H.: Die Frontantriebs-Entwicklung bei Audi, NSU, Auto Union und DKW, A.T.Z. 83. Jahrg. Nr. 11, S. 557, Stuttgart 1981.

Rechts: Der erste Audi aus Ingolstadt, entwickelt aus dem DKW F 102. Sein wassergekühlter Vierzylinder-Viertakt-Reihenmotor hatte einen Hubraum von 1696 cm^3 und eine Leistung von 72 PS bei 5000/min.

*Gegenüberliegende Seite: Oben der im September 1966 erschienene Audi 80, dessen Motor 80 PS bei 5000/min leistete.
Darunter: Audi 60 – ein Modell, mit dem den Ingolstädtern ein großer Wurf gelang. Der 1496-cm^3-Motor hatte eine Leistung von 55 PS bei 4750/min. Das Foto zeigt den Audi 60 L.*

Jahrzehnt nach dem Zweiten Weltkrieg geradezu verwirrend, zumal in diesem Dezennium auch die Modelle Audi 100 (1969) und Audi 80 (1972) sowie Audi 50 (im letzten Jahr des Dezenniums, 1974) in Serie gingen.

Mit dem Audi 100 und mit dem Audi 80 wurden von Dr.-Ing. E. h. Dipl.-Ing. Ludwig Kraus, dem früheren Mitglied der Geschäftsführung und Leiter der technischen Entwicklung der Auto Union GmbH und späterem Vorstandsmitglied – Ressort Entwicklung – der Audi NSU Auto Union AG, die Fundamente für zwei überaus erfolgreiche Modellreihen geschaffen, die bei konsequenter Weiterentwicklung und Modellpflege in den nachfolgenden Jahren die Produktpalette der Ingolstädter Unternehmung bis auf den heutigen Tag bestimmen. Auch der 1974 herausgebrachte Audi 50 war ein Werk von Ludwig Kraus. Dieser Kleinwagen wurde – als Nachfolge für die nach der Fusion mit der NSU Motorenwerke AG im Modellprogramm unterschiedlichen Charakters enthaltenen NSU-Heckmotorwagen vorgesehen – jedoch nicht in Ingolstadt hergestellt, er lief von den Fließbändern des Hauptwerkes der Muttergesellschaft, der Volkswagen AG, in Wolfsburg bis 1978. Der mit ihm technisch identische VW Polo wurde schon seit 1975 produziert.[2]

Die Einstellung der Produktion des Audi 50 wurde damals bedauert. Rückschauend muß die getroffene Entscheidung zur Einstellung der Produktion des Audi 50 gutgeheißen werden; denn letztlich bedeutete die damalige Entscheidung die Weichenstellung für die künftige Modellpolitik der Unternehmung: Audi sollte ein Wagen der gehobenen Mittelklasse werden.

Die technischen Daten des Audi 72, mit dem 1965 die erste Audi-Modellreihe begründet wurde, werden zunächst genannt. Dann werden die Modellreihen Audi 100 und Audi 80 sowie der Audi 50 Gegenstand der Betrachtung sein.

Der Verfasser bittet um Nachsicht, wenn er nur die Wagen näher betrachtet, mit denen eine neue Modellreihe oder eine neue Generation von Audi-

---

[2] Behles, F. und Barske, H.: a.a.O., S. 562: »Die Fahrzeugentwicklungen von Audi und NSU waren 1971 im neuerbauten Entwicklungszentrum in Ingolstadt vereinigt worden. Nun sollten die NSU-Heckmotorenwagen durch einen modernen frontgetriebenen Kleinwagen ersetzt werden. Leiding machte ein Konzern-Projekt daraus, das auch als Einstiegsmodell für VW sowie als Risiko-Absicherung für den stilistisch ungewohnten Golf dienen sollte. Letzteres erwies sich jedoch als unnötig. Der ›Audi 50‹ war als Vorhut für den technisch gleichen ›VW Polo‹ vorgesehen.«

Ganz oben: Ende 1966 kam der Audi Super 90 auf den Markt; sein 1770-cm³-Motor leistete 90 PS bei 5200/min. Mitte: Audi 60 Variant. Unten: Audi 75 Variant. Rechts: Der Ende 1968 herausgekommene Audi 75 mit 1696 cm³ Hubraum und einer Leistung von 75 PS bei 5000/min konnte mit Normalbenzin gefahren werden. Dieses Modell trat die Nachfolge des Audi 72 an, dessen Produktion im Herbst 1968 eingestellt worden war.

Automobilen eingeleitet wurde und wird. Im vorliegenden Falle ist das der Audi 72.

Die während der Produktionszeit der einzelnen Generation vorgenommenen Bauartänderungen und Modellpflegemaßnahmen sind nicht Gegenstand der Betrachtung.

Modell		Audi 72 PS (1965–1968)
Motor		Wassergekühlter Vierzylinder-Viertakt-Reihenmotor mit Graugußblock, um 40° nach rechts seitlich geneigt, seitliche Nockenwelle über Duplexkette angetrieben, hängende Ventile über Stoßstangen und Kipphebel gesteuert
Hub/Bohrung	mm	84,4 / 80
Hubraum	cm³	1 696
Verdichtung		1 : 11,2
kW/PS		53 / 72
Drehzahl	U/min	5000
Vergaser		1 Fallstromvergaser SOLEX 38 PDSI-1
Kühlsystem		Wasserpumpe, 7,5 Liter Wasser
Kraftübertragung		Frontantrieb
Kupplung		Einscheiben-Trockenkupplung
Getriebe		Vollsynchronisiertes Getriebe
	I.	1 : 3,40
	II.	1 : 1,94
	III.	1 : 1,32
	IV.	1 : 0,97
Fahrzeug		
Radstand	mm	2490
Spur vorn/hinten	mm	1341 / 1326
Länge/Breite/Höhe	mm	4380 / 1626 / 1461
Leergewicht	kg	980[1]
Zul. Gesamtgewicht	kg	1430[1]
Bereifung		165 x 13 (4 PR)
Wendekreis	m	10,9
Verbrauch	l/100 km	10,5
Höchstgeschwindigkeit	km/h	148
Preise Limousine, zweitürig	DM	7 690,– (September 1965)
Limousine, viertürig	DM	7 990,– (September 1965)
Anmerkungen		[1] Zweitürige Limousine

Produktionszeiträume der einzelnen Audi-Modelle 1965–1972

Typ / Jahr	1965	1966	1967	1968	1969	1970	1971	1972
Audi 72	9.			12.				
Audi 80		9.			12.			
Audi Super 90			12.				8.	
Audi 60				1.				8.
Audi 75				12.				8.

Im einzelnen wurden produziert:

Audi 72	85 089	davon 3 365 Variant
Audi 60	225 033	davon 8 046 Variant
Audi 75	35 785	davon 7 959 Variant
Audi 80	19 151	davon 6 135 Variant
Audi Super 90	51 794	davon 2 001 Variant

Insgesamt wurden von den obengenannten Modellen 416 852 Einheiten produziert; hiervon wurden 140 062 (33,6 %) exportiert.

Den höchsten Exportanteil – mehr als 50 % der hergestellten Einheiten – weisen die in relativ geringer Zahl gebauten Variant-Versionen der Typen Audi 60, Audi 80 und Audi Super 90 auf.

Die Weiterentwicklung des Audi-Modellprogramms seit 1969

Die Modellreihe des Audi 100

Der Audi 100 der 1. Generation – 1969 bis 1976

Bei der Entwicklung des Audi 100 ließ man sich von der Überlegung leiten, daß »ein technisch verfeinertes Produkt mit zweckmäßiger moderner, aber nicht modischer Linie, mit sowohl technisch als auch stilistisch langer Lebenserwartung, zu einem etwas höheren Preis (europäische Lösung)«[1] für die Konstrukteure der Auto Union GmbH das anzustrebende Ziel sei. Zur Realisierung dieses Zieles sollte eine strömungsgünstige Karosserie mit niedrigem Gewicht einerseits und vergrößerter Torsions- und Biegungssteifigkeit andererseits ebenso verwendet werden wie ein durch niedrigen Verbrauch gekennzeichneter Motor. Ein wirtschaftliches Automobil sollte geschaffen werden.

Bewährte Komponenten sollten beibehalten werden, so der Frontantrieb, wenngleich hinsichtlich Lenkung, Wendekreis, Überschieben beim Kurvenfahren etc. Fragen offen waren, die bei einem Wagen dieser Größenordnung noch beantwortet werden mußten.

Eine Reihe weiterer Fragen verlangte ebenfalls eine Antwort.

Das Ergebnis der Entwicklungsabteilung war ein europäischer Mittelklassewagen der Typenreihe Audi 100, Audi 100 S und Audi 100 LS, mit dem die Auto Union GmbH ihr Programm nach oben abrundete.

[1] Kraus, L.: *Der Audi 100, ein europäischer Mittelklassewagen*, A.T.Z. 71. Jahrg. Nr. 1, S. 1ff. Stuttgart 1969.

Links: Audi 100 Coupé S, eine sportliche Fließheck-Variante des Audi 100 der 1. Generation. Inzwischen avancierte der im Oktober 1970 vorgestellte Wagen zu einem gesuchten Liebhaberobjekt.

Unten: Das Armaturenbrett des Coupés mit zusätzlichen Instrumenten auf der Mittelkonsole.

Der um 40° geneigte Vierzylinder-Viertakt-Reihenmotor mit einem Hubraum von 1760 cm³ entsprach in seinem konstruktiven Aufbau dem des 72er Audi; Drall-Einlaßkanal und Brennraum im Kolben waren die charakteristischen Merkmale des Mitteldruckmotors, dessen Verdichtung beim Audi 100 mit 1:9,1 und beim Audi 100 S sowie beim Audi 100 LS mit 1:10,2 angegeben wurde.

Der in seiner ersten Stufe (bis etwa 140 km/h) sparsam abgestimmte Registervergaser ließ unterhalb dieser Geschwindigkeitsgrenze eine sehr wirtschaftliche Fahrweise zu.

Das Gewicht der Karosserie des Audi 100 lag nur wenige kg über dem Gewicht der Karosserien der kleinen Audi-Modelle trotz größerer Abmessungen und erheblich vergrößerter Torsions- und Biegungssteifigkeit. Mit Hilfe eines komplizierten Rechenverfahrens war die Karosserie vorausberechnet und optimiert worden.

Ein 1:1-Modell der Karosserie des »Audi 100« war im großen Windkanal der Technischen Hochschule in Stuttgart strömungstechnisch untersucht worden; der Luftwiderstand wurde mit $c_w = 0{,}369$ gemessen. Das niedrige Gewicht und der relativ niedrige Luftwiderstand der Karosserie wurden erkennbar in Höchstgeschwindigkeit und Verbrauch des Fahrzeuges: Der Audi 100 LS mit dem 100 PS-Motor erreichte eine Höchstgeschwindigkeit von 173 km/h, der Normverbrauch betrug 8,9 Liter Super-Kraftstoff auf 100 km.

Das Fahrwerk des Audi 100 war gekennzeichnet durch eine straffe Dämpfung, geringe Kurvenneigung und durch große Federwege; es bot letztlich hohen Fahrkomfort und Fahrsicherheit.

Die Vorderräder waren an je zwei steifen Dreieckslenkern aufgehängt. Der obere Querlenker stützte sich über ein Federbein gegen das Radhaus ab. Eine McPherson-Federung, wie sie bei Konkurrenzmodellen zum Einbau kam, erwies sich als nicht geeignet, da mit dieser nicht die gewünschten

Federwege erreicht werden konnten (der Audi 100 der folgenden Generation hatte jedoch eine McPherson-Federung).

Als Hinterachse hatte man in Ingolstadt die leichte Torsionsfeder-Starrachse wegen ihrer konstanten Spur und ihres gleichbleibenden Radsturzes gewählt, da sie sich hinsichtlich Geradeauslauf und plötzlichen Richtungsänderungen (des sogenannten »Wedelns«) als das geeignete Federungssystem erwies. Die Achse wurde in Längsrichtung durch zwei Längslenker und in Querrichtung durch einen diagonal angeordneten Panhardstab geführt.

Die gesamte Hinterachse mit Querrohr und Federstäben war mit wenigen Schrauben unten an der Karosserie befestigt.

Ein auf der Basis des Audi 100 der 1. Generation entwickeltes Fahrzeug war das Audi 100 Coupé, das im Herbst 1970 auf den Markt kam. Der sportlich ambitionierte Fahrer sollte mit diesem Modell angesprochen werden. Die Karosserie entsprach mit dem aerodynamisch günstigen »Abreißheck« dem damaligen Geschmack.

Der Hubraum des Motors war auf 1,87 Liter vergrößert worden (gegenüber 1,76 Liter beim Audi 100) und leistete 115 PS. Die Höchstgeschwindigkeit betrug 185 km/h, in 9,9 s kam der Wagen von 0 auf 100 km/h.
Die von der Limousine abweichenden Daten lauteten:
Radstand   2560 mm   (statt 2675 mm)
Reifen   185 70 HR 14   (statt 165 SR 14).
Die Achslastverteilung – bei zwei Personen – betrug vorn/hinten 58/42 Prozent, bei vier Personen 52/48 Prozent.
Eine Zweikreisbremse (ein Vollkreis und einen zweiten Kreis vorn allein) sowie eine Sicherheitslenksäule mit zwei Gelenken waren weitere Konstruktionsmerkmale des Audi 100 Coupé. Der Preis dieses Wagens betrug im Herbst 1970 DM 14 400.

Modell		Audi 100 – 1. Generation (1969)		
Typ		100	100 S	100 LS
Motor		Wassergekühlter Vierzylinder-Viertakt-Reihenmotor mit Leichtmetallzylinderkopf, seitliche Nockenwelle über Kette angetrieben, hängende Ventile, Brennraum im Kolben		
Hub/Bohrung	mm	84,4 / 81,5		
Hubraum	cm^3	1760		
Verdichtung		1 : 9,1	1 : 10,2	1 : 10,2
kW/PS		59 / 80	66,2 / 90	73,6 / 100
Drehzahl	U/min	5000	5500	5500
Vergaser		Fallstrom-Vergaser	Fallstrom-Vergaser	Fallstrom-Register-Vergaser
Kühlsystem		Geschlossen / Elektrolüfter		
Kraftübertragung		Frontantrieb		
Kupplung		Einscheiben-Trockenkupplung		
Getriebe		Vollsynchronisiertes Getriebe		
	I.	1 : 3,399		
	II.	1 : 1,944		
	III.	1 : 1,36		
	IV.	1 : 0,966		
Fahrzeug				
Radstand	mm	2675		
Spur vorn/hinten	mm	1420 / 1425		
Länge/Breite/Höhe	mm	4590 / 1729 / 1422		
Leergewicht	kg	1050		
Zul. Gesamtgewicht	kg	1530		
Bereifung		165 SR 14		
Wendekreis	m	11,2		
Verbrauch	l/100 km	8,9 Normal	8,9 Super	8,9 Super
Höchstgeschwindigkeit	km/h	158	167	173
Preise	DM	8 590,–[1]	8 990,–[1]	9 290,–[1]
	DM	8 890,–[2]	9 290,–[2]	9 590,–[2]
Anmerkungen		[1] Zweitürige Limousine (1968) [2] Viertürige Limousine (1968)		

Ein Einzelstück: Der Audi 100 LS des Modelljahrgangs 1972 als Cabriolet, gebaut von der Wilhelm Karmann GmbH. Das untere Foto zeigt die Heckpartie eines ebenfalls von Karmann gebauten Cabriolets auf Basis des Audi Super 90.

Der Audi 100 der 2. Generation – 1976 bis 1982

Der neue Audi 100 entsprach in seinem Grundkonzept seinem Vorgänger, er war dennoch eine völlige Neukonstruktion, die auf Grund der zwischenzeitlich geänderten Aufgabenstellung notwendig geworden war.

Der Audi 100 des Jahres 1969 war als viertürige Europa-Limousine konzipiert, aus der während der mehr als siebenjährigen Bauzeit einige Varianten entwickelt wurden. Bei der Entwicklung des neuen Audi 100 dachte man an eine »weltweit einsetzbare Fahrzeugfamilie mit großer Variationsbreite« und wiederum mit sehr langer Produktionsdauer.[1]

Sicherheit und Komfort hatten bei der Entwicklung höchste Priorität. In den europäischen Ländern wurde der neue Audi 100 mit drei Motoren geliefert.

1. Vierzylinder-Viertakt-Reihenmotor mit einem Hubraum von 1588 cm^3 und einer Leistung von 85 PS bei 5600/min. Dieser Motor entsprach in seiner Ausführung dem des alten Audi 100 und stammte aus der Audi 80-Modellreihe. Varianten dieses Motorentyps fanden innerhalb des VW-Konzerns Verwendung für andere Typen, so für den VW Golf, Scirocco und Passat.

2. Vierzylinder-Viertakt-Reihenmotor mit einem Hubraum von 1984 cm^3 und einer Leistung von 115 PS bei 5500/min. Dieser Motor war eine Weiterentwicklung des Motors des alten Audi 100 und entsprach jetzt dem neuesten Stand der Motorentechnik: zahnriemengetriebene obenliegende Nockenwelle, Tassenstößel, Sichelölpumpe auf der Kurbelwelle, Zahnriemenspannung durch exzentrisch gelagerte Wasserpumpe, Antrieb des Zündverteilers durch die Nockenwelle.[2]

3. Fünfzylinder-Viertakt-Reihenmotor mit einem Hubraum von 2144 cm^3 und einer Leistung von 136 PS bei 5700/min. Dieser Motor war – im Gegensatz zu den unter Ziff. 1 und 2 genannten Vierzylindermotoren, die mit einem Fallstrom-Registervergaser ausgerüstet waren – mit der Bosch-K-Jetronic-Benzineinspritzung ausgestattet.

Die damalige Audi NSU Auto Union AG wollte ihr Motorenangebot nach oben erweitern. Es wäre naheliegend gewesen, dafür einen Sechszylindermotor zu wählen. Bei Beibehaltung des Audi-Konstruktionsprinzips – Anordnung des Motors vor dem Getriebe und dem Differential – wäre das Fahrzeug zu lang geworden und die Vorderachslast hätte die Vorteile des Frontantriebs eingeschränkt. Der Reifenverschleiß hätte sich erhöht und die Fahreigenschaften wären nachhaltig beeinflußt worden. Beim Quereinbau des Motors wären Probleme mit der Getriebeanordnung entstanden. Der Motor sollte außerdem in ein Baukastensystem bereits vorhandener Motoren passen.

Die Entscheidung fiel infolgedessen zugunsten des Fünfzylinder-Reihenmotors, zumal auch das Problem der Beherrschung des Massenausgleichs gelöst werden konnte. In seiner Laufcharakteristik unterschied er sich nicht vom Sechszylindermotor; Laufruhe, Elastizität und Wirtschaftlichkeit waren seine Merkmale. Hinzu kam, daß der Fünfzylinder-Reihenmotor die Möglichkeit zur rationellen Fertigung bot und darüber hinaus auch wartungsfreundlich war.

Der »neue Audi 100« konnte mit Handschalt- oder auf Wunsch und gegen Mehrpreis mit Automatik-Getriebe geliefert werden. Das Differential war in das Getriebegehäuse integriert.

Der 85 PS leistende Motor wurde mit dem aus dem Audi 80 stammenden Handschaltgetriebe in verstärkter Form geliefert.

Die stärkeren Motoren wurden mit einem neuen, stärker dimensioniertem Getriebe ausgerüstet, das bereits im »alten« Audi 100 und seit 1975 im Porsche 924 eingesetzt worden war.

Die Abfederung der Vorderräder erfolgte mittels McPherson-Federung. Neu war der gummiisolierte Fahrschemel, auf den sich das Triebwerk hinten abstützte; Getriebe- und Rollgeräusche konnten dadurch weitgehend aufgehoben werden.

Modell	Audi 100 – 2. Generation (1976)		
Typ	1,6 Liter Vierzylinder	2 Liter Vierzylinder	2,2 Liter Fünfzylinder
Motor	Wassergekühlter Viertakt-Reihenmotor mit Leichtmetallzylinderkopf, obenliegende Nockenwelle und hängende Ventile		
Hub/Bohrung mm	80 / 79,5	84,4 / 86,5	86,4 / 79,5
Hubraum cm^3	1588	1984	2144
Verdichtung	1 : 8,2	1 : 9,3	1 : 9,3
kW/PS	62,5 / 85	84,6 / 115	100 / 136
Drehzahl U/min	5600	5500	5700
Gemischaufbereitung	Fallstrom-Register-Vergaser		K-Jetronic
Kühlsystem	Geschlossen / Elektrolüfter		
Kraftübertragung	Frontantrieb		
Kupplung	Einscheiben-Trockenkupplung		
Getriebe	Vollsynchronisiertes Getriebe		
I.	1 : 3,454	1 : 3,6	
II.	1 : 1,944	1 : 2,125	
III.	1 : 1,286	1 : 1,36	
IV.	1 : 0,909	1 : 0,966	
Fahrzeug			
Radstand mm	2685		
Spur vorn/hinten mm	1470 / 1445		
Länge/Breite/Höhe mm	4680 / 1768 / 1393		
Leergewicht kg	1110	1150	1170
Zul. Gesamtgewicht kg	1570	1610	1630
Bereifung	165 SR 14 bzw. 185/70 HR 14		
Wendekreis m	11,3		
Verbrauch l/100 km	8,9	9,6	10,5
Höchstgeschwindigkeit km/h	160	179	190
Preise DM	15 090,–[1]	15 550,–[1]	–
DM	15 630,–[2]	16 090,–[2]	18 020,–[3]
Anmerkungen	[1] 2türige Limousine (1976) [2] 4türige Limousine (1976) [3] 4türige Limousine (1977)		

---

[1] Piëch, F. / Behles, F.: Der neue Audi 100, A.T.Z., 78. Jahrg. Nr. 10, S. 411 ff., Stuttgart 1976.
[2] In modifizierter Form wurde dieser Motor auch in den Porsche 924 (hier mit Benzineinspritzung Bosch-K-Jetronic, Verdichtung 1 : 9,3, Leistung 92 kW/ 125 PS und in den VW-Transporter LT 28 (hier mit Einfachvergaser SOLEX PDSIT und Verdichtung 1 : 8,1) eingebaut. Der Motor konnte nicht nur in der Leistung gesteigert, er konnte zugleich den damaligen Abgasemissionsvorschriften in den USA angepaßt werden. Der Motor wurde auch in den Kleinwagen »Gremlin« der American Motors Corporation eingebaut. Weitere technische Details vgl. Hauk, F. / Röder, G.-J.: Der neue 2-Liter-Audi-Motor – Konstruktion und Versuchsergebnisse, A.T.Z., 78. Jahrg., Nr. 3, S. 95 ff., Stuttgart 1976.

Oben: Audi 100 GLS, ein Vertreter der 2. Generation der 100er Baureihe. Die 115 PS leistende Maschine mit einem Hubraum von 1984 cm³ war eine Weiterentwicklung des Motors vom »alten« Audi 100.

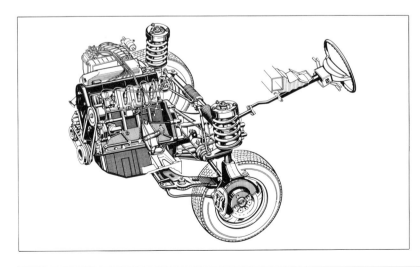

Unten: Frontantriebseinheit des Audi 100. Die Abfederung der Vorderräder erfolgte – im Gegensatz zum Audi 100 der 1. Generation – mittels McPherson-Federung.

Die Lenkung des neuen Audi 100 entsprach in ihrem Aufbau der des Audi 80; es handelte sich um eine Zahnstangenlenkung mit mittig angelenkten Spurstangen. Die Lenkung war so konstruiert, daß die Lenksäule bei einem Aufprall nicht gefährlich in den Fahrgastraum eindringen konnte (neben der manuellen Lenkung konnte der neue Audi 100 mit einer Servo-Lenkung ausgerüstet werden).

Die Hinterradaufhängung war identisch mit der des alten Audi 100, es handelte sich hier um die leichte Torsionsfeder-Starrachse.

Drei Karosserievarianten standen für den neuen Audi 100 zur Wahl: die zweitürige Stufenhecklimousine, die viertürige Stufenhecklimousine und die Schräghecklimousine.

Die Frontpartie der Karosserie war etwas nach hinten geneigt, die Karosserie war – von oben gesehen – leicht bauchig. Sie war stilistisch zweifellos gelungen und bot auch aerodynamische Vorteile. Die längeren Glasflächen ließen den Wagen optisch weitaus größer erscheinen als seinen Vorgänger. Er war tatsächlich nur 4 cm länger und nur 4 cm breiter, jedoch 3 cm niedriger als der alte Audi 100. Sein Innenraum, bei dessen Ausgestaltung Prof. Nestler mitgewirkt hatte, war größer als der des Vorgängers. Computerberechnete Knautschzonen vorn und hinten wirkten stoßabsorbierend.

Während der sechs Jahre andauernden Produktionszeit des Audi 100 der 2. Generation verließen 896 299 Wagen die Fließbänder.

Der Audi 100 der 3. Generation – 1982

Der Ölpreisanstieg in der zweiten Hälfte der siebziger Jahre und die damit verbundene Verteuerung des Kraftstoffes hatten zu einer unverhältnismäßig hohen Steigerung der Unterhaltungskosten für Kraftfahrzeuge geführt.

Der Kleinwagen mit niedrigen Unterhaltungskosten war das gesuchte Fahrzeug jener Jahre. Der – ökonomischer denkende – Kunde verlangte aber auch von einem Mittelklassewagen günstigere Verbrauchswerte und zugleich ein entsprechendes Raumangebot und einen entsprechenden Komfort. Die Erfüllung der Sicherheitsanforderungen war eine Selbstverständlichkeit. Eine weitere Forderung wurde damals laut: In Anbetracht der immer kleiner werdenden Ressourcen an Rohstoffen verlangte man langlebige Güter, auch langlebige Autos.

Die sich aus diesen Rahmenbedingungen ergebende Aufgabenstellung für den Konstrukteur lautete demzufolge: Entwicklung eines wirtschaftlichen Fahrzeugs mit hohem Gebrauchswert. Eine für die Audi-Konstrukteure ebenso reizvolle wie schwierige Aufgabe.

Die Verminderung des Luftwiderstandes und die Senkung des Fahrzeuggewichtes waren ebenso geeignet zur Lösung der gestellten Aufgabe wie Maßnahmen im motortechnischen Bereich.

Mit dem Audi 100 der 3. Generation setzten die Ingolstädter neue Maßstäbe im Automobilbau. Die Hauptmerkmale dieses Wagens sind die strömungsgünstige Karosserie und die Verwendung elektrolytisch und feuerverzinkter Bleche für den Bau dieser Karosserie.

Modell		Audi 100 – 3. Generation (1982)			
Typ		55/75 kW/PS Vierzylinder	74/100 kW/PS Fünfzylinder	100/136 kW/PS Fünfzylinder	51/70 kW/PS Fünfzylinder
Motor		Wassergekühlter Viertakt-Reihenmotor mit Leichtmetallzylinderkopf, obenliegende Nockenwelle und hängende Ventile			Dieselmotor
Hub/Bohrung	mm	86,4 / 81	77,4 / 79,5	86,4 / 79,5	86,4 / 76,5
Hubraum	cm³	1781	1921	2144	1986
Verdichtung		1 : 8,75	1 : 10,0	1 : 9,3	1 : 23,0
kW/PS		55 / 75	74 / 100	100 / 136	51 / 70
Drehzahl	U/min	4600	5600	5700	4800
Gemischaufbereitung		Fallstrom-Vergaser		K-Jetronic	Einspritzpumpe
Kühlsystem		Geschlossen / Elektrolüfter			
Kraftübertragung		Frontantrieb			
Kupplung		Einscheiben-Trockenkupplung			
Getriebe		Vollsynchronisiertes Getriebe			
	I.	1 : 3,455	1 : 2,846	1 : 3,600	1 : 3,600
	II.	1 : 1,789	1 : 1,524	1 : 1,882	1 : 1,882
	III.	1 : 1,065	1 : 0,909	1 : 1,185	1 : 1,185
	IV.	1 : 0,703	1 : 0,641	1 : 0,844	1 : 0,844
	V.	–	1 : 0,488	1 : 0,641	1 : 0,641
Fahrzeug					
Radstand	mm	2687			
Spur vorn/hinten	mm	1470 / 1460			
Länge/Breite/Höhe	mm	4793 / 1814 / 1416			
Leergewicht	kg	1080	1145	1210	1210
Zul. Gesamtgewicht	kg	1580	1645	1710	1710
Bereifung		165 SR 14	165 SR 14	185/70 HR 14	185/70 SR 14
Wendekreis	m	11,4			
Verbrauch	l/100 km	7,5	7,6	7,8	7,1
Höchstgeschwindigkeit	km/h	165	176	200	155
Preise	DM	21 600,–[1]	23 490,–[1,2]	26 260,–[1]	26 140,–[1,2]
Anmerkungen		[1] Audi 100 (1972) [2] 4 + E-Gang – weitere Modellvarianten unberücksichtigt (1972)			

Ein Blick in das Cockpit des Audi 100 CS, Modelljahrgang 1987.

Audi 100 Avant CC Diesel, Modelljahrgang 1987. Ein sehr geräumiges und zugleich wirtschaftliches Qualitäts-Automobil.

Unter Zugrundelegung des Platzbedarfs der Fahrgäste und des Raumbedarfs für den Motor sowie seiner Nebenaggregate und des Raumbedarfs für das Gepäck wurde von den Aerodynamikern der strömungstechnisch optimale »Fahrzeug-Grundkörper« entwickelt. Aus diesem »Fahrzeug-Grundkörper« wurde gemeinsam von Aerodynamikern und Stilisten die endgültige Karosserieform der viertürigen Stufenhecklimousine abgeleitet.[1]

Das Ergebnis war beeindruckend: Mit einem Luftwiderstandsbeiwert von $c_w = 0,30$ wurde der Audi 100 der 3. Generation zur aerodynamisch günstigsten Serienlimousine der Welt. (Dieser Wert gilt für den Audi 100 mit 55 und 74 kW-Motoren, erhöhter Kühlluftbedarf und breitere Reifen steigern den Wert beim 100-kW-Wagen und beim Modell mit Dieselmotor auf 0,32).

---

[1] Piëch, F. und Klingel, J.: Der neue Audi 100, A.T.Z., 85. Jahrg., Nr. 1, S. 7ff., Stuttgart 1983.

Durch Verwendung von Aluminium und hochwertigem Kunststoff für einzelne Bauteile konnte das Eigengewicht des Audi 100 erheblich gesenkt werden.

Die Motoren des Audi 100 der 3. Generation bieten im unteren Drehzahlbereich ein höheres Drehmoment an mit der Folge, daß mehr in diesem Bereich gefahren werden kann. Das bedeutet letztlich geringeren Kraftstoffverbrauch als das Fahren bei hohen Drehzahlen des Motors.

Durch Erhöhung des Hubraums (beim Vierzylinder-Motor von 1588 auf 1781 cm^3) und der Verdichtung von 1:8,2 auf 1:8,75 hatte man dieses Ergebnis erreicht.

Die Fünfzylinder-Motoren wurden mit einer »Schubabschaltung« ausgestattet: Im Schubbetrieb wird bei Drehzahlen von mehr als 1200/min die Kraftstoffzufuhr unterbrochen.

Die Modelle mit Fünfzylinder-Motoren erhielten serienmäßig ein Fünfgang-Getriebe, bei dem der 5. Gang als Spargang diente. Auch das mit Diesel-Motor ausgerüstete Modell besitzt ein Fünf-Gang-Getriebe. Vorderradaufhängung und Lenkung des Audi 100 der 3. Generation wurden vom Vorgängermodell im Prinzip übernommen und im Detail verbessert (der Nachlauf wurde vergrößert, um die Richtungsstabilität und den Lenkrücklauf zu verbessern).

Die neue Hinterachse – mit schräg angeordneten Federbeinen, langen Längslenkern und querliegendem Panhardstab – verbessert die Fahreigenschaften.

Alle Modelle sind serienmäßig mit Bremskraftverstärker ausgerüstet. Eine Reihe von Maßnahmen technisch-konstruktiver Art dient der aktiven und passiven Sicherheit.

Elektrolytisch und feuerverzinktes Blech wird für den Bau der Karosserie verwendet; damit wird der eingangs genannten Forderung nach langfristigem Werterhalt und hohem Gebrauchswert entsprochen.

Die Modellreihe des Audi 200

Der Audi 200 der 1. und 2. Generation – 1979 und 1983

Im September 1979 wurde der Audi 200 der 1. Generation vorgestellt. Mit diesem Fahrzeug, dessen Serienproduktion im Frühjahr 1980 anlief, etablierte sich die Ingolstädter Unternehmung auch in der automobilen Oberklasse.

In seinem äußeren Erscheinungsbild unterschied sich der Audi 200 vom Audi 100 durch den Bugspoiler und durch die Scheinwerferanlage; Stoßfänger und seitliche Profilleisten waren schwarz. Ein wenig Understatement im Äußeren stand im Gegensatz zur geradezu luxuriösen Innenausstattung des Wagens. Servolenkung, Zentralverriegelung und elektrische Fensterheber gehörten zur serienmäßigen Ausstattung. Zwei Versionen standen zur Auswahl:

Der Audi 200 5E mit einem 100 kW/136 PS Fünfzylinder-Reihenmotor mit Benzineinspritzung und

der Audi 200 5T, dessen Motor mit Benzineinspritzung und Turbolader 125 kW/170 PS leistete.

Der letztgenannte Wagen war damals die stärkste Limousine mit Frontantrieb in Europa.

Der Audi 200 war ein aus dem Audi 100 entwickeltes Hochleistungsfahrzeug, das zu einem Zeitpunkt erschien, zu dem der Audi 100 der 2. Generation mehr als vier Jahre produziert wurde. Als Ende 1982 der Audi 100 der 3. Generation herauskam, war es nur noch eine Frage der Zeit, wann

der neue Audi 200 auf den Markt kommen würde. Die neue große Ingolstädter Limousine, der Audi 200 der 2. Generation, erlebte dann sein Debut auf der im Herbst 1983 in Frankfurt am Main eröffneten Internationalen Automobil-Ausstellung.

Die hervorragenden aerodynamischen Eigenschaften in Verbindung mit der gewichtsgünstigen Bauweise und dem neuen 134 kW/182-PS-Fünfzylinder-Reihenmotor mit Benzineinspritzung und Turbolader verliehen dem neuen Ingolstädter Flaggschiff ganz außergewöhnliche Fahrleistungen bei gleichzeitig günstigem Verbrauch.

Neben dem genannten neuen 134 kW/182-PS-Motor kommt im Audi 200 der 2. Generation der seit 1976 in Produktion befindliche 100 kW/136 PS starke Fünfzylinder-Reihenmotor mit Benzineinspritzung zum Einbau. Dieser Motor, der sich durch eine hohe Laufkultur und kompakte Bauweise auszeichnet, war zwischenzeitlich weiterentwickelt worden und weist nunmehr zahlreiche Verbesserungen auf; er besitzt eine elektronische Zündung und die Kraftstoffabschaltung im Schubbetrieb.

Der leistungsstärkere Motor, der turboaufgeladene 134 kW/182 PS Fünfzylinder-Reihenmotor repräsentiert den neuesten Stand der Motorentechnologie: Im unteren Drehzahlbereich konnte das Drehmoment angehoben und zugleich eine Verbrauchsreduzierung erreicht werden. Vollelektronische Zündung und Schubabschaltung sind weitere Merkmale dieses Motors. Der Strecken-Kraftstoffverbrauch bei konstant 90 km/h wurden um 10 Prozent und bei 120 km/h um 15 Prozent gesenkt.

Das Fahrwerk entspricht im wesentlichen dem des Audi 100 der 3. Generation. Mit Rücksicht auf Fahrverhalten und Fahrsicherheit bei angehobener Höchstgeschwindigkeit – insbesondere beim Modell mit aufgeladenem Ottomotor – wurde das Fahrwerk überarbeitet: Der Audi 200 besitzt härtere Vorder- und Hinterfedern sowie einen Stabilisator an der Hinterachse.

Alle vier Räder haben Scheibenbremsen; das Modell mit 134 kW/182-PS-Motor wird serienmäßig mit ABS ausgestattet.

Der Audi 200 der 2. Generation ist ein Automobil für höchste Ansprüche.

Modell		**Audi 200 – 1. Generation (1979)**	
Typ		100/136 kW/PS	125/170 kW/PS
Motor		Wassergekühlter Fünfzylinder-Viertakt-Reihenmotor mit Leichtmetallzylinderkopf, obenliegende Nockenwelle über Zahnriemen getrieben, hängende Ventile über Tassenstößel betätigt	
Hub/Bohrung	mm	86,4 / 79,5	
Hubraum	cm³	2144	
Verdichtung		1 : 9,3	1 : 7,0
kW/PS		100 / 136	125 / 170
Drehzahl	U/min	5700	5300
Gemischaufbereitung		Mechanische Einspritzanlage mit Warmlaufregler	Mechanische Einspritzanlage, Abgas-Turbolader mit Ladeluftkühlung
Kühlsystem		Geschlossen / Elektrolüfter	
Kraftübertragung		Frontantrieb	
Kupplung		Einscheiben-Trockenkupplung	
Getriebe		Vollsynchronisiertes Getriebe	
	I.	1 : 3,600	1 : 3,600
	II.	1 : 1,941	1 : 2,125
	III.	1 : 1,231	1 : 1,360
	IV.	1 : 0,903	1 : 0,967
	V.	1 : 0,684	1 : 0,829
Fahrzeug			
Radstand	mm	2677	
Spur vorn/hinten	mm	1475 / 1453	
Länge/Breite/Höhe	mm	4695 / 1768 / 1390	
Leergewicht	kg	1260	
Zul. Gesamtgewicht	kg	1765	
Bereifung		205/60 HR 15	
Wendekreis	m	11,3	
Verbrauch	l/100 km	9,3	10,3
Höchstgeschwindigkeit	km/h	188	202
Preis	DM	27 875,– (1979)	30 550,– (1979)

Gegenüberliegende Seite: Audi 200 quattro, Spitzenmodell des Jahrgangs 1985. Mit Turbolader rangierte der Wagen in der 45 000-Mark-Klasse.

Oben: Interieur des Audi 200 quattro. Unten: Blick auf den Motor eines Audi 200 der 2. Generation. Die Maschine leistete in der Normalversion 100 kW/ 136 PS bei 5700/min.

Den Ingenieuren gelang es, die zum Teil divergierenden Kriterien – Komfort, Fahrleistung und Wirtschaftlichkeit – miteinander in Einklang zu bringen. Mit diesem Wagen trat die Ingolstädter Unternehmung auf dem für sie wichtigen Absatzmarkt der U.S.A. in die Klasse der »European luxury cars« ein.

Modell	**Audi 200 – 2. Generation (1983)**	
Typ	134/182 kW/PS	100/136 kW/PS
Motor	Wassergekühlter Fünfzylinder-Viertakt-Reihenmotor mit Leichtmetallzylinderkopf, obenliegende Nockenwelle über Zahnriemen getrieben, hängende Ventile über Tassenstößel betätigt	
Hub/Bohrung mm	86,4 / 79,5	
Hubraum cm³	2144	
Verdichtung	1 : 8,8	1 : 9,3
kW/PS	134 / 182	100 / 136
Drehzahl U/min	5700	5700
Gemischaufbereitung	Mechanische Einspritzanlage, Abgas-Turbolader mit Ladeluftkühlung	Mechanische Einspritzanlage
Kühlsystem	Geschlossen / Elektrolüfter	
Kraftübertragung	Frontantrieb	
Kupplung	Einscheiben-Trockenkupplung	
Getriebe	Vollsynchronisiertes Getriebe	
I.	1 : 3,600	1 : 3,600
II.	1 : 2,125	1 : 2,125
III.	1 : 1,360	1 : 1,458
IV.	1 : 0,967	1 : 1,071
V.	1 : 0,778	1 : 0,829
Fahrzeug		
Radstand mm	2687	
Spur vorn/hinten mm	1468 / 1469	
Länge/Breite/Höhe mm	4807 / 1814 / 1422	
Leergewicht kg	1290	1260
Zul. Gesamtgewicht kg	1790	1760
Bereifung	205/60 VR 15	205/60 HR 15
Wendekreis m	11,6	11,6
Verbrauch l/100 km	8,9	7,3
Höchstgeschwindigkeit km/h	230	200
Preis DM	44 950,– (1983)	39 950,– (1983)

Im Sommer 1984 erschien der Audi 200 quattro, die mit permanentem Allrad-Antrieb und Turbomotor ausgestattete Komfort-Limousine. Mit relativ geringem Änderungsaufwand vorhandener Bauteile des Audi 200 wurde dieser Wagen entwickelt.

Die Kardanwelle für den Hinterradantrieb machte eine Erhöhung des Tunnels der Karosserie – und damit eine Änderung der Innenausstattung (der Teppiche und des hinteren Sitzbankgestelles) – notwendig. Der Kraftstofftank mußte ebenfalls geändert werden. Die Hinterachse stellt eine Neukonstruktion dar, bei deren Entwicklung zwei grundlegende Forderungen zu erfüllen waren:

Erzielung hervorragender Fahreigenschaften und Bemessung des Raumbedarfs für die Hinterachse in der Weise, daß die Hinterwagenstruktur samt Federbeinaufnahme und die Bodengruppe mit Reserveradmulde ungeändert vom Frontantriebswagen übernommen werden konnten.[1]

Beide Forderungen wurden mit der Viergelenk-Trapezlenkerachse erfüllt. Der Audi 200 quattro wurde zum Erfolg. Fast jeder zweite Audi 200, der 1986 vom Fließband rollte, war ein Audi 200 quattro.

[1] *Leitermann, W., Schrom, P., Boms, M.: Der neue Audi 200 quattro, A.T.Z., 86. Jahrg., Nr. 10, S. 417 f., Stuttgart 1984.*

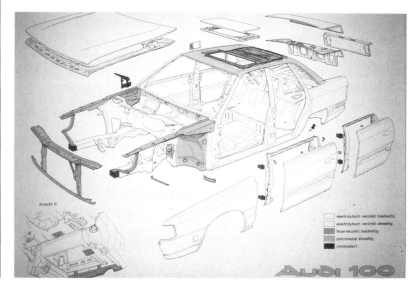

Oben: Die Audi AG ist seit 1986 der erste Automobilhersteller, der Limousinen in Großserie mit vollverzinkter Karosserie baut. Der dauerhafte Korrosionsschutz garantiert einen hohen Werterhalt durch Langzeit-Qualität.

Links: Ein Audi 200 der 2. Generation, ein quattro von 1986. Der Fünfzylinder-Einspritzmotor mit Abgas-Turboladung leistet 134 kW/182 PS. Die mit permanentem Allradantrieb ausgestattete Luxuslimousine erreicht eine Höchstgeschwindigkeit von 230 km/h.

Die Modellreihe des Audi 80

Die Weiterentwicklung der Audi-Modelle 60 und 75, deren Serienproduktion 1968 aufgenommen worden war, erschien nicht mehr lohnenswert, weil beide Modelle als Mittelklassewagen relativ schwer und teuer waren. In Ingolstadt entschied man sich für die Entwicklung eines neuen Wagens, des Audi 80, der in großen Stückzahlen über mehrere Jahre hinweg gebaut werden und weltweite Verbreitung finden sollte. Mit diesem Automobil wurde, wie bereits an anderer Stelle gesagt, das Fundament für eine zweite erfolgreiche Modellreihe der Ingolstädter Unternehmung geschaffen.

Der Audi 80 der 1. Generation – 1972 bis 1978

Der Audi 80 sollte – so forderte es der Konstruktionsauftrag – ein gediegenes und solides Auto bei geringem Gewicht sein, das den Insassen hinreichenden Komfort gewährt und ansprechende Fahrleistungen aufweist. Der Wagen sollte ein modernes, keineswegs modisches Aussehen haben, die Herstellungs- und die späteren Unterhaltungskosten sollten niedrig sein.

Nachdem die Karosseriestruktur, d. h. die Form der Karosserie und ihr konstruktiver Aufbau, festgelegt war, wurde in umfangreichen Optimierungsarbeiten mit Hilfe der EDV eine leichte und dennoch stabile Karosserie geschaffen. Der leichte Bau der Karosserie führte zu einem niedrigen Fahrzeuggewicht; es betrug 835 kg und lag damit wesentlich unter dem

Eigengewicht der Vorgängermodelle, des Audi 60 mit 960 und des Audi 75 mit 1010 kg. Trotz des niedrigen Gewichtes konnten die Sicherheitsanforderungen – Beanspruchung der Fahrzeugzelle beim Aufprall und bei extremen Dachbelastungen, wie sie beim Überschlag auftreten – erfüllt werden.

Der wassergekühlte Vierzylinder-Viertakt-Reihenmotor hatte hängende Ventile, die von der obenliegenden, über Zahnriemen angetriebenen Nockenwelle gesteuert wurden.

Der Motor hatte auch, wie die Motoren der anderen Audi-Modelle, Drall-Einlaßkanäle; für die Verbrennung hatte man ein abgeschwächtes Mitteldruckverfahren gewählt, man hatte weniger Drall und infolgedessen weniger Drosselung im Ansaugkanal angewendet. Der Verbrennungsraum lag nicht mehr in einer Mulde des Kolbens; er war vielmehr mit den Ventilen nach oben verschoben.

Der Zylinderkopf bestand aus Aluminium, der Motorblock war aus Grauguß.

Der Motor war längsliegend vor der Vorderachse angeordnet und um 40° nach rechts geneigt.

Der Audi 80 der 1. Generation hatte ein vollsynchronisiertes Vier-Gang-Getriebe; gegen Aufpreis konnten die Modelle mit 1,5-Liter-Motor mit einem vollautomatischen Getriebe (Drei-Gang-Planetengetriebe mit vorgeschaltetem Drehmomentwandler) geliefert werden.

Rechts: Schematische Darstellung des negativen Lenkrollradius beim Audi 80.

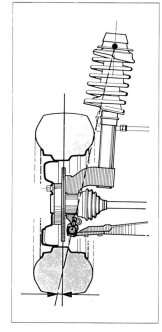

Links: Audi 80 der 1. Generation von 1972/73. Mit seinem 1296-cm³-Motor (55 PS) kam der Wagen auf eine Höchstgeschwindigkeit von 145 km/h; beim 80 GL (1470 cm³, 85 PS) betrug die Spitze 170 km/h.

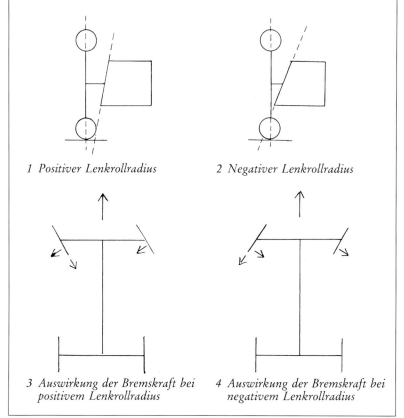

1 Positiver Lenkrollradius *2 Negativer Lenkrollradius*

3 Auswirkung der Bremskraft bei positivem Lenkrollradius *4 Auswirkung der Bremskraft bei negativem Lenkrollradius*

Modell		Audi 80 – 1. Generation (1972)		
Typ		80, 80 L	80 S, LS	80 GL
Motor		Wassergekühlter Vierzylinder-Viertakt-Reihenmotor mit Leicht-metallzylinderkopf, obenliegende Nockenwelle über Zahnriemen angetrieben, hängende Ventile über Tassenstößel betätigt		
Hub/Bohrung	mm	73,4 / 75	80 / 76,5	80 / 76,5
Hubraum	cm³	1296	1470	1470
Verdichtung		1 : 8,5	1 : 9,7	1 : 9,7
kW/PS		40,5 / 55	55,2 / 75	62,6 / 85
Drehzahl	U/min	5500	5800	5800
Gemischaufbereitung		Fallstrom-Vergaser	Fallstrom-Vergaser	Fallstrom-Register Vergaser
Kühlsystem		Geschlossen / Elektrolüfter		
Kraftübertragung		Frontantrieb		
Kupplung		Einscheiben-Trockenkupplung		
Getriebe		Vollsynchronisiertes Getriebe		
	I.	1 : 3,454		
	II.	1 : 2,055		
	III.	1 : 1,370		
	IV.	1 : 0,968		
Fahrzeug				
Radstand	mm	2470		
Spur vorn/hinten	mm	1340 / 1335		
Länge/Breite/Höhe	mm	4175 / 1600 / 1360		4201 / 1600 / 1360
Leergewicht	kg	835	850	855
Zul. Gesamtgewicht	kg	1260	1275	1280
Bereifung		155–13	155 SR 13	155 SR 13
Wendekreis	m	10,28		
Verbrauch	l/100 km	8,8 Normal	8,6 Super	8,6 Super
Höchstgeschwindigkeit	km/h	145	160	170
Preise	DM	80: 7 990,–¹	80 S: 8 340,–¹	–
	DM	80 L: 8 440,–¹	80 LS: 8 790,–¹	9 250,–¹
Anmerkungen		¹ Zweitürige Limousine (1972)		

Oben: Volant des Audi 80 GT – sportliche Variante des Audi 80 der 1. Generation. Unten: Sehr viel schlichter ging es in der Grundversion des Audi 80, Modelljahrgang 1973, zu.

Rechts: Audi 80 in der zweitürigen GT-Ausführung des Modelljahrgangs 1974. Der Preis des Wagens betrug DM 12 145 (mit Rallye-Ausstattung) 2410 Mark mehr als das Grundmodell. Die 74 kW/100 PS-Maschine verhalf dem Wagen zu einer Spitzengeschwindigkeit von 175 km/h.

Für die Vorderradaufhängung hatte man die McPherson-Federung gewählt, für die Hinterradaufhängung eine Weiterentwicklung der Audi-Torsionskurbelachse. Statt der Drehstabfedern, die räumlich schwer unterzubringen waren, wurden Federbeine verwendet. Die selbsttragende Karosserie, das bleibt an dieser Stelle nachzutragen, war an besonders gefährdeten Stellen mit Zinkstaubfarbe behandelt worden und hatte einen PVC-Unterbodenschutz. Stoßstangen und Radzierkappen waren aus rostfreiem Edelstahl hergestellt. – Eine vieldiskutierte technische Besonderheit des Audi 80 der 1. Generation war das lenkstabile Bremssystem mit negativem Lenkrollradius, das in der Folgezeit auch von anderen Automobilherstellern übernommen wurde. Das Wesentliche dieser Konstruktion soll hier gesagt werden.

Das Ziel der Automobilkonstrukteure war stets, die unterschiedlichsten Parameter der Vorderradaufhängung wie Sturz, Spreizung, Nachlauf etc. so aufeinander abzustimmen, daß ein flatterfreier Lauf der Vorderräder eines Automobiles erreicht wird.

Über die Auswirkungen der Bremskräfte auf das Lenkverhalten bestanden kaum Vorstellungen: Die Bremskräfte üben über den sogenannten *Lenkrollradius* ein Drehmoment auf den Achsschenkel aus, vergleichbar mit einem Lenkeinschlag. Diese Aussage bedarf einer weiteren Erklärung.

Als Lenkrollradius wird der Abstand zwischen dem Schnittpunkt der verlängerten Schwenkachse des Rades mit der Fahrbahn und der Mittelebene des Rades bezeichnet.

Ein *positiver* Lenkrollradius ist gegeben, wenn der Schnittpunkt der verlängerten Schwenkachse innerhalb der Radmittelebene des gelenkten Rades liegt (siehe Zeichnung 1 auf Seite 175). Ein *negativer* Lenkrollradius liegt vor, wenn der Schnittpunkt der verlängerten Schwenkachse außerhalb der Radmittelebene liegt (Zeichnung 2, S. 175).

Bei positivem Lenkrollradius wird beim Bremsen auf das rechte Vorderrad ein nach rechts gerichtetes Achsschenkeldrehmoment und auf das linke Vorderrad ein nach links gerichtetes Achsschenkeldrehmoment ausgeübt. Diese beiden entgegengerichteten Achsschenkeldrehmomente heben sich bei gleichmäßiger Bremskraftverteilung auf.

Da die Bremskraftverteilung – durch unterschiedliche Haftung der Räder auf der Fahrbahn (das linke Vorderrad auf trockenem Asphalt, das rechte Vorderrad auf Eis oder im Schnee) oder durch unterschiedliche Reibwerte der Bremsbeläge bedingt – jedoch ungleichmäßig erfolgt, kommt es zu einer einseitigen Bremswirkung. Der Wagen weicht vom gewünschten Kurs ab, schwere Unfälle können die Folge sein.

Bei negativem Lenkrollradius tritt die umgekehrte Wirkung ein, das linke Rad dreht sich einwärts und steuert damit der einseitigen Bremskraft automatisch entgegen. Das mit der Spurstange verbundene rechte Rad führt die gleiche Lenkbewegung aus. Jetzt bauen sich entsprechende Seitenkraftmomente auf, die letztlich ein Ausbrechen des Wagens verhindern.[1]

Durch die diagonale Bremskraftaufteilung in Verbindung mit dem negativen Lenkrollradius wurde ein bis dahin kaum erreichbares Maß an Bremsstabilität und Lenkfähigkeit erreicht.

Auf eine technische Besonderheit muß an dieser Stelle noch hingewiesen werden: Der negative Lenkrollradius macht ein Hinausrücken des Führungsgelenkes des unteren Querlenkers bis fast zur Radmittelebene notwendig (Zeichnung 2, S. 175). Das konnte nur realisiert werden durch den Einbau einer Schwimmrahmen-Scheibenbremse, da diese durch ihren geringen Raumbedarf einen Einbau in der tieferen Radschüssel ermöglicht.

---

[1] Banholzer, D.: Negativer Lenkrollhalbmesser und Diagonal-Bremskreisaufteilung am Personenwagen, A.T.Z., Nr. 11, S. 9ff., Stuttgart 1972.

Oben: Ein von Giorgetto Giugiaro bei der Firma Ital Design entworfenes Coupé, genannt »Audi 80 Asso«. Es wurde als Einzelstück bei Karmann gebaut. Unten: Blick in das Cockpit dieses Wagens.

Diese im Audi 80 der 1. Generation verwirklichte Konstruktion stammt von Diplom-Ingenieur Detlef Banholzer, der »in Würdigung seiner besonderen wissenschaftlichen Leistungen auf dem Gebiet der Fahrwerksentwicklung von Kraftfahrzeugen« 1977 den Porsche-Preis der Technischen Universität Wien erhielt. Vier Jahre zuvor, am 28. Februar 1973, hatte der Reichsverband Schwedischer Kraftfahrer, Motormännens Riksförbund, die Banholzer'sche Konstruktion als einen wesentlichen Beitrag zur Verkehrssicherheit gewertet und der Audi NSU Auto Union AG die Verkehrssicherheitsbelohnung für 1972 zuerkannt, da das Unternehmen beim Audi 80 »die Vorderradaufhängung so ausgeführt hat, daß die Kursstabilität des Kraftfahrzeuges auch bei großen Unterschieden zwischen den Vorderrädern in bezug auf Rollwiderstand und Bremswirkung bewahrt wird. Das auf diese Weise verringerte Risiko unbeabsichtigter Kursänderungen wegen des Fahrbahnwiderstandes oder wegen Fehler der Reifen und Bremsen ist … ein wertvoller kraftfahrzeugtechnischer Beitrag zur Verkehrssicherheit.«

Mit dem Audi 80 der 1. Generation hatten die Ingolstädter Ingenieure neue Maßstäbe im Automobilbau gesetzt. Der Wagen wurde zum großen Erfolg; von August 1972 bis Juli 1978 wurden 997017 Einheiten dieses Typs gebaut.

Der Audi 80 der 2. Generation – 1978 bis 1986

Nahezu eine Million verkaufter Audi 80 der 1. Generation waren eine Bestätigung für die Richtigkeit der Konzeption, die diesem Wagen zugrundelag. Es galt jetzt, einen größeren, schöneren und sicheren Wagen zu entwickeln, mit dem auch innerhalb der Audi-Angebotspalette der Abstand zum »großen Audi«, zum Audi 100, verringert werden sollte. Dieses Aufrücken entsprach letztlich dem Auftrag der Marke Audi innerhalb des VW-Konzerns.

Radstand, Spurweite, Länge und Breite wurden vergrößert, dadurch konnten die Länge des Innenraums und die Knautschzonen vergrößert, der hintere Einstieg und der Fahrkomfort verbessert werden.

In zwei Merkmalen technisch-konstruktiver Art wich der Audi 80 der 2. Generation von seinem Vorgänger ab: Der Kühler stand nicht mehr links neben dem Motor, er hatte jetzt seinen Platz vor dem Motor, und der Tank war über der Hinterachse angeordnet.

Die tragenden Strukturen der Karosserie wurden vom Vorgänger übernommen. Durch die bereits erwähnte Anordnung des Tanks konnte der gesamte hintere Kofferraum als Knautschzone vorgesehen werden. Zur passiven Sicherheit, die bei dieser Betrachtung angesprochen wird, gehörte auch die Sicherheitslenksäule mit »Ausklinkelement«: Bei einem frontalen Aufprall ergab sich eine dynamische Lenkradverschiebung von 60 mm.

Vier Motoren und damit vier Modellvarianten standen 1978 zur Verfügung:

1. Der weiterentwickelte 1,3-Liter-Motor des Audi 50 mit hängenden Ventilen, die von der obenliegenden, über Zahnriemen angetriebenen Nockenwelle über Schlepphebel gesteuert wurden. Der gleiche Motor wurde auch beim VW Derby und VW Passat verwendet,
2. der 1,6-Liter-Motor mit 55 kW/75 PS – Einfachvergaser,
3. der 1,6-Liter-Motor mit 63 kW/85 PS – Registervergaser,
4. der 1,6-Liter-Motor mit 81 kW/110 PS – Benzineinspritzung.

Das Fahrwerk – vorn McPherson-Federung, hinten Torsionskurbelachse – war verbessert worden. Der Federweg der Hinterachse konnte um 17 mm vergrößert werden und die Dämpferabstimmung war geändert worden. Der Audi 80 der 2. Generation besaß wie seine Vorgänger vorn Scheiben- und hinten Trommelbremsen. Die Wartungs- und Pflegearbeiten konnten erheblich gesenkt werden: Radaufhängungen, Antriebswellen und Fahrwerk waren wartungsfrei! Der Hersteller empfahl zweimal jährlich einen

Modell		Audi 80 – 2. Generation (1978)			
Typ		40/55 kW/PS	55/75 kW/PS	63/85 kW/PS	81/110 kW/PS
Motor		Wassergekühlter Vierzylinder-Viertakt-Reihenmotor mit Leichtmetallzylinderkopf, obenliegende Nockenwelle, über Zahnriemen angetrieben, hängende Ventile über Tassenstößel[1] betätigt			
Hub/Bohrung	mm	72 / 75	80 / 79,5	80 / 79,5	80 / 79,5
Hubraum	cm³	1272	1588	1588	1588
Verdichtung		1 : 8,2	1 : 8,2	1 : 8,2	1 : 9,5
kW/PS		40 / 55	55 / 75	63 / 85	81 / 110
Drehzahl	U/min	5800	5600	5600	6100
Gemischaufbereitung		Fallstrom-Vergaser	Fallstrom-Vergaser	Fallstrom-Register-Vergaser	K-Jetronic
Kühlsystem		Geschlossen / Elektrolüfter			
Kraftübertragung		Frontantrieb			
Kupplung		Einscheiben-Trockenkupplung			
Getriebe		Vollsynchronisiertes Getriebe			
	I.	1 : 3,455		1 : 3,455	
	II.	1 : 1,944		1 : 1,944	
	III.	1 : 1,286		1 : 1,286	
	IV.	1 : 0,969		1 : 0,909	
Fahrzeug					
Radstand	mm	2541			
Spur vorn/hinten	mm	1400 / 1420			
Länge/Breite/Höhe	mm	4383 / 1682 / 1365			
Leergewicht	kg	910	950	950	950
Zul. Gesamtgewicht	kg	1370	1410	1410	1410
Bereifung		155 SR 13	165 SR 13	175/70 SR 13	175/70 HR 13
Wendekreis	m	10,4			
Verbrauch	l/100 km	8,9 Normal	8,9 Normal	8,6 Normal	8,4 Super
Höchstgeschwindigk.	km/h	145	160	165	182
Preis	DM	80: 11 684,– (1978)	80 L: 12 496,– (1978)	80 GLS: 13 818,– (1978)	80 GTE: 15 957,– (1978)
Anmerkungen		[1] beim 40/55 über Schlepphebel			

Pflegedienst mit Ölwechsel und einmal jährlich oder alle 15 000 km eine Wartung.

Der Audi 80 der 2. Generation wurde im Herbst 1978 vorgestellt und erfreute sich sofort reger Nachfrage. Ab März 1979 verließen arbeitstäglich 700 Einheiten die Ingolstädter Fließbänder; die Produktion mußte weiter gesteigert werden und im folgenden Jahr wurden je Arbeitstag 806 Audi 80 hergestellt.

Mit dem mit 1,6-Liter-Dieselmotor ausgestatteten Audi 80 der 2. Generation nutzten die Ingolstädter ab 1980 die hohe Nachfrage nach Dieselfahrzeugen; der Wagen zeichnete sich durch gute Fahrleistungen und hohe Wirtschaftlichkeit bei geringen Schadstoffemissionen aus.

Im Dezember 1982 erschien dann der Audi 80 quattro; damit wurde der Großserienbau des permanenten Vierradantriebes eingeleitet. Zwei Jahre später, 1984, erweiterte die Ingolstädter Unternehmung ihre Modellpalette um den Audi 90. Die bisher, seit Herbst 1981 im Audi 80 eingebauten Fünfzylinder-Reihenmotoren blieben von nun an dem 90er vorbehalten. Der Audi 80, ausschließlich mit Vierzylinder-Reihenmotoren ausgerüstet, erhielt für das Modelljahr noch Detailverbesserungen; er wurde noch bis Mai 1987 produziert.

Während der fast neunjährigen Serienfertigung wurden 1 653 949 Audi 80 der zweiten Generation hergestellt. Er wurde damit zum bisher erfolgreichsten Modell der Ingolstädter Unternehmung.

Gegenüberliegende Seite: Audi 80 GTE, der Motor war mit mechanischer Benzineinspritzung (Bosch-K-Jetronic), ausgerüstet. 1977/78.

Oben: Audi 80 quattro vom Modelljahrgang 1985, ein Fahrzeug der 2. Generation dieser Reihe.

Der Audi 80 der 3. Generation – 1986

Im September 1986 wurde der Audi 80 der 3. Generation herausgebracht. Mit diesem Modell setzte die Ingolstädter Unternehmung neue Maßstäbe im Automobilbau der Mittelklasse.

Die Optimierung der Fahrzeugumströmung war ein wesentliches Entwicklungsziel; zugleich sollte die Linienführung des neuen Wagens zweckmäßig und ästhetisch sein ohne Einbußen an Raumkomfort. Nach Vorgabe der Hauptabmessungen des Fahrzeuges hatte man in Ingolstadt einen »idealisierten« Grundkörper mit dem sehr niedrigen Luftwiderstandsbeiwert von 0,24 entwickelt. Aus dieser Primärform wurde durch sorgfältige Detailarbeit im Windkanal ein Automobil geschaffen, das in seiner Formgebung den eingangs gestellten Forderungen hinsichtlich Funktionalität und Ästhetik entspricht, bei dem aber auch ein hohes Maß an Wirtschaftlichkeit erreicht wird.

Bei der Gestaltung des Innenraums des Audi 80 der 3. Generation wurde dem Bedienungskomfort höchste Priorität eingeräumt. Alle zur Bedienung des Fahrzeuges notwendigen Hebel, Schalter etc. sind ergonomisch und funktionsgerecht angeordnet.

Wie schon die Modelle Audi 100 und Audi 200, besitzt der Audi 80 eine Karosserie aus beidseitig verzinktem Stahlblech. In Verbindung mit einem hochwertigen Lacksystem wird der beste Schutz vor Rost, den es nach dem heutigen Stand der Technik gibt, erreicht.

Der Käufer kann zwischen vier schadstoffarmen Vierzylinder-Ottomotoren und zwei Dieselmotoren wählen. Die Leistungsskala beginnt beim 1,6 Liter und 55 kW/75 PS leistenden Ottomotor bzw. beim 40 kW/54 PS leistenden Dieselmotor. Das Spitzenmodell ist ein Katalysatormotor mit 1,9 Liter Hubraum und 83 kW/113 PS; dieser Motor verfügt über eine selektive Klopfregelung und kann sowohl mit bleifreiem Super- als auch Normalbenzin betrieben werden. Ein Sensor kontrolliert das Geräusch des Motors. Der klopfende Motor sendet akustische Signale aus, die vom Sensor aufgefangen und einer im Zündsystem enthaltenen Regelelektronik zugeführt werden. Kommt ein Zylinder in den kritischen Bereich, wird durch die Elektronik der Zündzeitpunkt zurückgenommen. Für alle Varianten des Audi 80 der 3. Generation wurde ein völlig neues Getriebe entwickelt, das sich durch höchste Stabilität, geringes Gewicht und eine deutlich verbesserte Synchronisierung auszeichnet. Auch der Rückwärtsgang ist synchronisiert. Je nach gewählter Motorenvariante wird das Getriebe mit vier oder fünf Gängen geliefert.

Das Fahrwerk wurde überarbeitet. Alle Modelle haben 14-Zoll-Räder; sie ermöglichen die Übernahme der großen Bremsscheiben des Audi 100. Für die Hinterräder werden – bis zum Modell mit 66 kW/90 PS Motor – selbstnachstellende Trommelbremsen verwendet, bei den übrigen Modellen und bei allen quattro-Modellen kommen Scheibenbremsen zum Einbau. Die Vorderräder werden einzeln an unteren Querlenkern und Federbeinen geführt, die Hinterräder an einer Torsionskurbelachse.

Beim Audi 80 quattro wird – und darauf wird an anderer Stelle hingewiesen – das Kegelrad-Zwischendifferenzial durch das Torsen-Zwischendifferential ersetzt. Für den Audi 80 quattro stehen drei schadstoffarme Motoren zur Verfügung, nämlich mit 65 kW/88 PS, mit 66 kW/90 PS und mit 83 kW/113 PS.

Der Audi 80 kann auf Wunsch – gegen Mehrpreis – mit dem Sicherheitssy-

Modell	Audi 80 – 3. Generation (1986)		
Typ	66/90 kW/PS	83/113 kW/PS	59/80 kW/PS
Motor	Wassergekühlter Vierzylinder-Viertakt-Reihenmotor mit Leichtmetallzylinderkopf, obenliegende Nockenwelle, über Zahnriemen angetrieben, hängende Ventile		Turbo-Diesel
Hub/Bohrung mm	86,4 / 81	86,4 / 82,5	86,4 / 76,5
Hubraum cm³	1781	1847	1588
Verdichtung	1 : 9,0	1 : 10,5	1 : 23,0
kW/PS	66 / 90	83 / 113	59 / 80
Drehzahl U/min	5400	5600	4500
Gemischaufbereitung	Mechanische Einspritzanlage. Katalysator mit Lambdaregelung	Mechanische Einspritzanlage mit selekt. Klopfregelung. Katalysator mit Lambdaregelung	Verteiler-Einspritzpumpe, Kaltstartbeschleuniger, wassergekühlter Abgasturbolader mit Ladeluftkühlung
Kühlsystem	Geschlossen / Elektrolüfter		
Kraftübertragung	Frontantrieb		
Kupplung	Einscheiben-Trockenkupplung mit hydraulischer Betätigung		
Getriebe	Vollsynchronisiertes Getriebe		
I.	1 : 3,545[1]	1 : 3,545	1 : 3,545[1]
II.	1 : 1,857	1 : 2,105	1 : 1,857
III.	1 : 1,156	1 : 1,300	1 : 1,156
IV.	1 : 0,838	1 : 0,943	1 : 0,789
V.	1 : 0,683	1 : 0,789	1 : 0,643
Fahrzeug			
Radstand mm	2546		
Spur vorn/hinten mm	1411 / 1431		
Länge/Breite/Höhe mm	4393 / 1695 / 1397		
Leergewicht kg	1050	1050	1090
Zul. Gesamtgewicht kg	1510	1510	1550
Wendekreis m	10,3	10,3	10,3
Bereifung	175/70 HR 14	175/70 HR 14	175/70 SR 14
Verbrauch l/100 km	6,9 Normalbenzin, bleifrei, 91 ROZ	6,8 Superbenzin, bleifrei, 95 ROZ	5,3 Diesel
Höchstgeschwindigk. km/h	182	196	174
Preis DM	25 760,– (9. 1986)	27 970,– (9. 1986)	26 115,– (9. 1986)
Anmerkungen	[1] 5-Gang-Getriebe als Sonderausstattung		

Links: Audi 80 der 3. Generation. Für den im September 1986 auf den Markt gekommenen Wagen stehen sechs schadstoffarme Vierzylindermotoren – davon zwei Diesel – zur Auswahl.

Rechts: Cockpit des Audi 80 1.8 S und die Rückansicht des Audi 80 quattro, Modelljahrgang 1987.

stem »procon-ten« ausgerüstet werden. Die Audi AG leistet damit einen Beitrag zum höchstmöglichen Schutz bei Frontalunfällen. Die Konstruktion des Fahrzeugs ist so angelegt, daß sich bei einer bestimmten Aufprallgeschwindigkeit der Motor aus der vorderen Knautschzone nach hinten in den Getriebetunnel und unter den Fahrzeugboden verlagert. Die dabei entstehende Schubkraft wird in der Weise genutzt, indem das Lenkrad nach vorn – also aus dem Aufschlagbereich des Fahrers – gezogen und die Sicherheitsgurte vorgespannt, also gestrafft werden. Die Sicherheitswirkung wird durch die zuletztgenannte Maßnahme erhöht.

Aus diesen Funktionen – Zusammenziehen (*programmed con*traction) und Spannen (*ten*sion) ergibt sich die Bezeichnung »procon-ten«. Das System besteht im wesentlichen aus zwei Edelstahlseilen.

Für den Audi 80 und für den Audi 80 quattro wurde ein vielfältiges Motorenprogramm entwickelt. Die folgende Tabelle gibt Aufschluß darüber, welche Motoren in welchem Modell zum Einbau kommen:

Das Tableau auf Seite 181 enthält nur die technischen Daten des 66 kW/90-PS-Modelles, des neu im Audi-Programm enthaltenen 83 kW/113-PS-Modelles und des überarbeiteten 1,6-Liter-Turbo-Diesel – von nun an mit flüssigkeitsgekühltem Abgas-Turbolader und Ladeluftkühlung ausgerüstet. Der letztgenannte leistet in der 1988er Version 59 kW/80 PS.

Motoren für den Audi 80 und den Audi 80 quattro					
Modell	**Motoren-Bauart**	**Hubraum Liter (cm³)**	**Leistung kW/PS**	**Serien-Getriebe**	**Kraftstoff**
Audi 80	4-Zylinder-Vergaser-Motor	1,6 (1595)	55/75	4-Gang	Normal
Audi 80	4-Zylinder-Vergaser-Motor[1]	1,8 (1781)	55/75	4-Gang	Normal, bleifrei
Audi 80 1,8 S	4-Zylinder-Vergaser-Motor[1]	1,8 (1781)	65/88	4-Gang	Normal, bleifrei
Audi 80 quattro	4-Zylinder-Vergaser-Motor[1]	1,8 (1781)	65/88	5-Gang	Normal, bleifrei
Audi 80 1,8 S	4-Zylinder-Einspritz-Motor[2]	1,8 (1781)	66/90	4-Gang	Normal, bleifrei
Audi 80 quattro	4-Zylinder-Einspritz-Motor[2]	1,8 (1781)	66/90	5-Gang	Normal, bleifrei
Audi 80 1,8 S	4-Zylinder-Vergaser-Motor	1,8 (1781)	66/90	4-Gang	Super
Audi 80 quattro	4-Zylinder-Vergaser-Motor	1,8 (1781)	66/90	5-Gang	Super
Audi 80 1,8 E	4-Zylinder-Einspritz-Motor	1,8 (1781)	82/112	5-Gang	Super
Audi 80 quattro	4-Zylinder-Einspritz-Motor	1,8 (1781)	82/112	5-Gang	Super
Audi 80 1,9 E	4-Zylinder-Einspritz-Motor[2]	1,9 (1847)	83/113	5-Gang	Super, bleifrei
Audi 80 quattro	4-Zylinder-Einspritz-Motor[2]	1,9 (1847)	83/113	5-Gang	Super, bleifrei
Audi 80 Diesel	4-Zylinder-Diesel-Motor	1,6 (1588)	40/54	4-Gang	Diesel
Audi 80 Turbo-Diesel	4-Zylind.-Turbo-Diesel-Motor	1,6 (1588)	59/80	5-Gang	Diesel

[1] mit Abgasreinigung nach Euro-Norm
[2] mit Abgasreinigung nach US-Standard

Oben: Die vollverzinkte Karosserie des Audi 80 der 3. Generation.

Gegenüberliegende Seite oben: Links das Schnittmodell des neuen Getriebes mit Torsen-Differential. Das Gehäuse besteht aus Aluminium; die Schaltwellen sind kugelgelagert, wodurch ein weiches und leichtes Schalten gewährleistet ist. Mit diesem Zwischendifferential hat der Audi 80 quattro ein mechanisch arbeitendes Ausgleichsgetriebe erhalten, das eine automatische Regelung der Antriebsmoment-Verteilung zwischen Vorder- und Hinterachse bis zu einem Verhältnis von 22:78 bewirkt. Rechts daneben: Schema des Sicherheitssystems procon-ten im Audi 80 und Audi 90.

Rechts: Im Januar 1986 verließ der zweimillionste Audi 80 das Ingolstädter Werk. Um diese Zeit wurden arbeitstäglich 629 Limousinen dieses Typs einschließlich der quattro Modelle dieser Baureihe hergestellt.

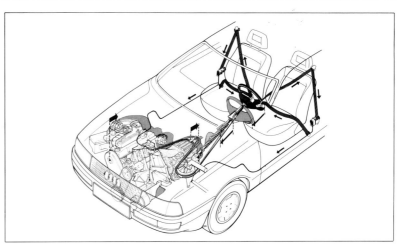

Der Audi 90 – 1987

Der Audi 90, mit dem die Modellpalette der Ingolstädter Unternehmung 1984 ergänzt worden war, erhielt im Mai 1987 seinen gleichnamigen Nachfolger.

Der neue Audi 90 ist in seinem äußeren Erscheinungsbild mit dem Audi 80 nahezu identisch. Unterscheidungsmerkmale sind die in Wagenfarbe lackierten Bug- und Heckschürzen, die umlaufenden Chromleisten auf Bug- und Heckschürzen sowie auf den seitlichen Stoßprofilen, verchromte Dachzierleisten, Umrandungen von Windschutz- und Heckscheibe und Fensterschachtleisten sowie das große, durchgehende Heckleuchtband.

Die Gesamtausstattung ist anspruchsvoller. Drei Motoren stehen zur Auswahl: der 2-Liter-Fünfzylindermotor mit 85 kW/115 PS, ein 2,3-Liter-Fünfzylindermotor mit 100 kW/136 PS sowie eine Vier-Ventil-Version (»20 V«) mit 120 kW/170 PS, eingeführt im Juni 1988.

Die mit geregelten Katalysatoren serienmäßig ausgestatteten schadstoffarmen Einspritzmotoren entsprechen den strengen US-Vorschriften.

Der Audi 90 quattro wird mit dem 2,3-Liter-Fünfzylindermotor mit 100 kW/136 PS ausgerüstet. Äußerliche Erkennungsmerkmale sind die Schriftzüge am Heck, in der beheizbaren Heckscheibe, in den hinteren Seitenfenstern und im Kühlergrill sowie ein Doppelendrohr an der Abgasanlage.

Modell	Audi 90	
Typ	2 Liter	2,4 Liter
Motor	Wassergekühlter Fünfzylinder-Viertakt-Reihenmotor mit Leichtmetallzylinderkopf, obenliegende Nockenwelle über Zahnriemen getrieben, hängende Ventile	
Hub/Bohrung mm	77,4 / 81,0	86,4 / 82,5
Hubraum cm³	1994	2309
Verdichtung	1 : 10,0	1 : 10,0
kW/PS	85 / 115	100 / 136
Drehzahl U/min	5400	5700
Gemischaufbereitung	Mechanisch-elektronische Einspritzanlage, Schubabschaltung, Füllungsregelung	Mechanisch-elektronische Einspritzanlage, Schubabschaltung, Füllungsregelung, Beschleunigungsanreicherung
	Katalysator mit Lambdaregelung	
Kühlsystem	Geschlossen / Elektrolüfter	
Kraftübertragung	Frontantrieb	
Kupplung	Einscheiben-Trockenkupplung mit hydraulischer Betätigung	
Getriebe	Vollsynchronisiertes Getriebe	
I.	1 : 3,545	
II.	1 : 2,105	
III.	1 : 1,300	
IV.	1 : 1,029	
V.	1 : 0,838	
Fahrzeug		
Radstand mm	2546	
Spur vorn/hinten mm	1411 / 1431	
Länge/Breite/Höhe mm	4393 / 1695 / 1397	
Leergewicht kg	1110	
Zul. Gesamtgewicht kg	1570	
Bereifung	195/60 HR 14	195/60 VR 14
Wendekreis m	10,3	10,5
Verbrauch l/100 km	7,8[1]	8,3[1]
Höchstgeschwindigkeit km/h	196	206
Preis DM	34 345,– (1987)	37 210,– (1987)
Anmerkungen	[1] Superbenzin, bleifrei, 95 ROZ, bei 120 km/h	

Oben links: Audi 90 von 1987. Eines seiner Kennzeichen ist das große, durchgehende Heckleuchtband.

Links: Der 100 kW/136 PS leistende Fünfzylinder-Motor mit geregeltem Katalysator, mit dem der Audi 90 quattro serienmäßig ausgestattet ist.

Rechts: Im Juni 1988 stellte die Audi AG den Audi 90 in einer weiteren Variante vor. Als Modell quattro 20 V hatte dieses Fahrzeug einen Hochleistungsmotor mit 20 Ventilen. Bei einer Leistung von 120 kW/170 PS bei 6000/min läuft diese Limousine mit permanentem Allradantrieb 218 km/h.

Oben: Der Audi 90 und der Audi 90 quattro wurden im Mai 1987 herausgebracht und sind mit Fünfzylinder-Motoren ausgerüstet. Äußerliche Kennzeichen des Audi 90 sind u. a. die in der Wagenfarbe lackierten Bug- und Heckschürze und die umlaufenden Chromleisten auf Bug- und Heckschürzen sowie den seitlichen Stoßprofilen. Die technischen Daten der JU 52 für den interessierten Leser: Spannweite 29,25 m, Länge 18,90 m, Höhe 4,50 m, Leergewicht 8100 kg; die ursprünglichen BMW-Motoren der Baureihe 132 mußten bei der Restaurierung der Lufthansa-Maschine durch Pratt & Whitney-Motoren ersetzt werden. Die Reisegeschwindigkeit des Veteranen liegt zwischen 200 und 250 km/h.

Audi quattro – Idee und Konzeption des Allradantriebs

Am 6. März 1980 wurde in Genf zum fünfzigstenmal der Internationale Automobil Salon eröffnet. Die Ingolstädter erwiesen dem »50ᵉ Salon de l'Auto Genève« ihre besondere Referenz und präsentierten den Audi quattro, ein Coupé mit Allrad-Antrieb. Eine neue Seite im Buch der Automobil-Geschichte wurde aufgeschlagen.

Automobile mit Allradantrieb hat es schon zu Beginn unseres Jahrhunderts gegeben. Am Anfang stand der holländische Spijker, der 1903 herauskam und bereits permanenten Allradantrieb besaß. Er blieb ein Einzelstück, vermutlich war seine Konstruktion zu aufwendig und zu schwer.[1] Ein Problem, das sich den Ingenieuren bei der Realisierung des Allradantriebes stellte, war die Übertragung der Kraft auf die gelenkten Vorderräder.

Die Gebrüder Gräf in Wien hatten zwischen 1895 und 1897 den ersten Wagen mit Frontantrieb gebaut; als Antriebsquelle war ein de-Dion-Einbaumotor mit 402 cm³ Hubraum verwendet worden. Ein weiterer Pionier auf diesem Gebiet war Robert Schwenke in Berlin, der 1902 das Reichspatent Nr. 155 834 für seinen »Vorderräder-Antrieb für Motorwagen« erhielt. Schwenke baute übrigens einen vierrad-getriebenen Oberleitungsbus für Siemens & Halske in Berlin.

Einen ganz anderen Weg ging Ferdinand Porsche. Als er bei der k. und k. Hofwagenfabrik Jacob Lohner in Wien tätig war, baute er Elektromotoren in die gelenkten Vorderräder ein und entwickelte aus diesem Lohner-Porsche mit Frontantrieb ein Fahrzeug mit Allradantrieb: Alle vier Räder erhielten Radnabenmotoren, die ihre Energie aus mitgeführten Akkumulatoren erhielten. In Anbetracht des hohen Gewichts der Akkumulatoren ging Porsche dann zum Mixte-Konzept über und baute einen 16 PS Daimler-Motor ein, der einen Gleichstrom-Generator antrieb, der die vier Radnabenmotoren mit Strom versorgte.[2]

Auf die weitere Entwicklung des Allradantriebs im Automobilbau kann an dieser Stelle nicht eingegangen werden. Es sei aber darauf hingewiesen, daß auch die einstige Auto Union AG Fahrzeuge mit Allradantrieb gebaut hat: Bei Militärfahrzeugen von Horch und Wanderer wurde eine Achse ständig angetrieben, die zweite wurde dann zugeschaltet, wenn es die Umstände erforderten.

Beim Prototyp des 1,5 t LKW der Auto Union AG waren der Wanderer-Motor mit Kupplung und Getriebe außermittig angeordnet. Von dem hinter dem Wechselgetriebe eingebauten Verteilergetriebe wurde die Kraft auf die Vorder- und auf die Hinterachse übertragen; der Vorderradantrieb war abschaltbar. Ähnlich sah die Konstruktion der von Horch gebauten Militärfahrzeuge aus.

Die Idee zur Schaffung eines Automobils mit Allradantrieb entstand bei der Audi NSU Auto Union AG Anfang 1977. Bei Testfahrten im Winter zeigte der Iltis, ein von der Audi NSU Auto Union AG entwickeltes und hergestelltes Geländefahrzeug, ein überraschend gutes Fahrverhalten in Anbetracht des kurzen Radstands und des hohen Schwerpunkts.

Diplom-Ingenieur Jörg Bensinger, Leiter des Audi-Fahrwerkversuchs, kam damals zu dem Schluß, daß ein Automobil geschaffen werde müsse, das in seinem technisch-konstruktiven Aufbau dem Iltis entsprechen, jedoch mit einer höheren Motorleistung ausgestattet sein sollte. Bensinger gab damit die Initialzündung zur Entwicklung eines Personenwagens mit Allradantrieb.

Der Urahn des Audi quattro, ein auf dem Audi 80 basierender Prototyp entstand. Weitere Versuchswagen folgten. Allen Prototypen gemeinsam war zunächst der »starre Durchtrieb«: Von dem hinter dem Differential liegenden Getriebe führte eine Kardanwelle zur Hinterachse. Ein zentral angeordnetes Differential fehlte noch.

An dieser Stelle soll auf die dem Differential übertragene Aufgabe hingewiesen werden.

Beim Durchfahren einer Kurve müssen die kurvenäußeren Räder einen längeren Weg zurücklegen als die kurveninneren. Die kurvenäußeren Räder müssen sich infolgedessen schneller drehen als die inneren. Um eine gleichmäßige Verteilung des Antriebsdrehmoments auf die beiden Räder der angetriebenen Achse – beim Automobil mit klassischem Hinterradan-

Links: 1,5 to Lkw der Auto Union AG von 1942 mit zuschaltbarem Allradantrieb. Der Sechszylindermotor des Wanderer W 23 hatte 2632 cm³ Hubraum und leistete 62 PS bei 3500/min.

Oben: Audi quattro Coupé 1982. Der Motor mit Abgas-Turbolader und Ladeluftkühlung leistet 147 kW/200 PS bei 5500/min.

trieb die Hinterachse, beim Automobil mit modernem Frontantrieb die Vorderachse – vornehmen zu können, muß ein Ausgleichsgetriebe, ein Differential, eingebaut werden.

Bei zuschaltbarem Allradantrieb – wie beim eingangs genannten 1,5 t Lastkraftwagen der Auto Union AG des Jahres 1942 – oder beim permanenten Allradantrieb wird die Motorkraft gleichzeitig auf alle vier Räder übertragen.

Die Vorderräder legen bei genauerem Hinsehen einen längeren Weg beim Durchfahren einer Kurve zurück als die hinteren. Das bedeutet, daß sich die Vorderräder schneller drehen müssen als die Hinterräder. Um einen Ausgleich des Antriebsdrehmoments zwischen Vorder- und Hinterräder zu erreichen, muß ein weiteres Differential eingebaut werden. Fehlt dieses zusätzliche zentrale Differential, kommt es zu Verspannungen, zu erhöhtem Material- und Reifenverschleiß. Bei der technisch-konstruktiven Lösung entsteht dann eine weitere Forderung.
Es galt damals für die Ingenieure in Ingolstadt eine technische Lösung zu finden mit anderen als herkömmlichen Mitteln. Franz Tengler, Abteilungsleiter in der Getriebekonstruktion, fand die Lösung: Eine hohlgebohrte Sekundärwelle des Getriebes. Die Sekundärwelle des Getriebes treibt nicht von ihrem vorderen Ende das Differential der Vorderachse an, sondern von ihrem hinteren Ende das zentral angeordnete »Verteilerdifferential«. Von hier aus werden die Hinterachse und gleichzeitig durch die hohlgebohrte Sekundärwelle des Wechselgetriebes die Vorderachse angetrieben. Das war eine elegante Lösung (vgl. Seite 157).
Der Audi mit Allradantrieb erhielt jetzt ein zentrales Differential, mit dem die Fahreigenschaften kultiviert wurden und dem permanenten Allradantrieb in schnellaufenden Personenwagen zum Durchbruch verholfen wurde.
Der permanente Allradantrieb kam zunächst in einem Hochleistungs-Coupé mit aufgeladenem 2,1-Liter-Fünfzylindermotor zur Anwendung, dessen hervorragende Traktionseigenschaften bei Nässe, Schnee und Eis

Das allradgetriebene Audi Coupé erwies sich als exzellentes Sportinstrument und qualifizierte sich in zahlreichen internationalen Wettbewerben.

völlig neue Dimensionen der Fahrstabilität und der Straßenlage erschlossen. Mit dem Audi quattro, wie der Wagen jetzt offiziell hieß, beteiligten sich die Ingolstädter von nun an erfolgreich bei motorsportlichen Wettbewerben.
1981, ein Jahr nach seinem Debut auf dem Genfer Salon, plazierte sich der Audi quattro in den härtesten Rallyes ganz vorn. Neben den Fahrern Hannu Mikkola und Hertz steuerten zwei Damen, Michèle Mouton und Fabrizia Pons, den Ingolstädter Wagen erfolgreich im ersten Jahr der motorsportlichen Aktivitäten, dem weitere folgen sollten.
Im Dezember 1982 wurde der Audi 80 quattro vorgestellt und damit der Schritt zum Serienwagen mit permanentem Allradantrieb vollzogen. Im Sommer 1984 lief der Audi 200 quattro vom Fließband in Ingolstadt, kurze Zeit später folgte der Audi 90 quattro. Noch im Dezember desselben Jahres kam der Audi 100 quattro hinzu.

[1] *Frère, P., Völker, H.: quattro – Sieg einer Idee, Wien 1986, S. 19ff.*
[2] *Sloniger, J.: Die Porsche Allrad-Story, Christophorus, Nr. 195, S. 44ff., Stuttgart 1985.*

Ergänzend muß an dieser Stelle nachgetragen werden, daß ein Audi quattro zwei Differentialsperren besitzt: Mit der Sperre des Hinterachsdifferentials werden die Hinterräder starr miteinander verbunden.

Mit der Sperre des zentralen Verteilerdifferentials wird der Ausgleich des Antriebsdrehmomentes zwischen Vorder- und Hinterräder aufgehoben.

Die Aufhebung des Drehmomentausgleiches wird notwendig, wenn die Hinterräder – bei Schneematsch beispielsweise – »durchdrehen«. Die Vorderräder erhalten dann keinen Vortrieb mehr; der umgekehrte Fall kann auch eintreten.

Das Anti-Blockier-System, das moderne elektronisch gesteuerte Bremssystem, kurz ABS genannt, wird bei eingeschalteter Differentialsperre abgeschaltet.

Bei der Entwicklung der allradgetriebenen Version des Audi 80 der 3. Generation stellte sich die Frage, ob das gewählte Konzept des permanenten Allradantriebes verbesserungswürdig ist. Mit der 50:50 Aufteilung der Antriebskräfte auf Vorder- und Hinterachse werden hohes Beschleunigungsvermögen und sichere Fahreigenschaften erzielt.

Durch die Verwendung eines Torsen-Differentials als Zwischendifferential wird eine Verbesserung gegenüber dem ursprünglich gewählten Antriebskonzept erreicht insofern als eine automatische Anpassung der Antriebsmomente an die Traktionsverhältnisse im Bereich von 75 Prozent vorn und 25 Prozent hinten bzw. 25 Prozent vorn und 75 Prozent hinten erfolgt. Die Bremsfunktion mit oder ohne ABS wird nicht beeinträchtigt. Das bedeutet für die tägliche Fahrpraxis, daß die Achse mit der größeren Traktion (Straßenhaftung) mehr Antriebskraft erhält. Diese automatische und optimale Zugkraftdosierung, die kraftschlußabhängig je nach Achsbelastung erfolgt, verbessert das Fahrverhalten – insbesondere in Grenzsituationen – deutlich.

Das Torsen-Getriebe (*tor*que *sen*sing = drehmomentfühlend) wurde bisher als Ausgleichsgetriebe verwendet. Auf Grund seiner Vorzüge wird es nunmehr als Zwischendifferential bei allen Audi-Modellen ab 1988 genutzt.

Im Gegensatz zum Zwischendifferential mit Achs- und Ausgleichskegelrädern handelt es sich beim Torsen-Zwischendifferential um zwei durch Stirnräder verbundene Schneckengetriebe. Mit ihren Schneckenrädern und Schnecken übernehmen sie auf mechanischem Wege stufenlos die Verteilung der Antriebskräfte auf die Vorder- und Hinterachse. Insgesamt gesehen wird durch das Torsen-Differential eine bessere Traktion bei unterschiedlichen Haftbedingungen der Räder und ein Zugkraftgewinn durch die variable Verteilung der Antriebskräfte erreicht. Bei gleichzeitig gesperrtem Hinterachsdifferential wird mit dem Torsen-Differential eine annähernd gleiche Traktion wie mit zwei gesperrten Differentialen her-

Das Audi Coupé, eine zweitürige, fünfsitzige Sportlimousine, wurde 1984 gründlich überarbeitet und präsentierte sich mit einer modernen Karosserie und verbesserter Ausstattung. Es gab dieses Modell mit drei verschiedenen Motoren – auch in schadstoffarmer Ausführung – sowie mit permanentem Allradantrieb.

kömmlicher Bauart erzielt. Die Hinterachsdifferentialsperre kann manuell eingeschaltet werden, sie wird automatisch gelöst, wenn die Geschwindigkeit des Wagens mehr als 25 km/h beträgt.[1]

Seit seinem Debut auf dem Genfer Salon 1980 wurde der Audi quattro in Details verbessert, das damals gewählte Konzept des permanenten Allradantriebs erhielt durch das Torsen-Differential als Zwischendifferential eine ganz neue technische Dimension.

Andere Automobilhersteller haben seitdem auch Fahrzeuge mit permanentem Allradantrieb herausgebracht. Der heutigen Audi AG gebührt aber das Verdienst, Schrittmacher auf diesem Gebiet der Antriebstechnik zu sein. Audi hat – wie es eingangs formuliert wurde – eine neue Seite im Buch der Automobilgeschichte aufgeschlagen.

Modell	**Audi quattro (1980)**
Motor	Wassergekühlter Fünfzylinder-Viertakt-Reihenmotor mit Leichtmetallzylinderkopf, obenliegende Nockenwelle über Zahnriemen angetrieben, hängende Ventile über Tassenstößel betätigt
Hub/Bohrung mm	86,4 / 79,5
Hubraum cm³	2144
Verdichtung	1 : 7,0
kW/PS	147 / 200
Drehzahl U/min	5500
Gemischaufbereitung	Mechanische Einspritzanlage, Abgas-Turbolader mit Ladeluftkühlung
Kühlsystem	Geschlossen / Elektrolüfter
Kraftübertragung	Permanenter Vierradantrieb Integriertes Vorderachsdifferential Sperrbares Zwischendifferential Sperrbares Hinterachsdifferential
Kupplung	Einscheiben-Trockenkupplung
Getriebe	Vollsynchronisiertes Getriebe
I.	1 : 3,600
II.	1 : 2,125
III.	1 : 1,360
IV.	1 : 0,967
V.	1 : 0,778
Fahrzeug	
Radstand mm	2524
Spur vorn/hinten mm	1421 / 1458
Länge/Breite/Höhe mm	4404 / 1723 / 1344
Leergewicht kg	1290
Zul. Gesamtgewicht kg	1760
Bereifung	205/60 VR 15
Wendekreis m	11,3
Verbrauch l/100 km	10,4[1]
Höchstgeschwindigkeit km/h	220
Preis DM	49 900,– (1980)
Anmerkungen	[1] Bei 120 km/h; ECE-Durchschnitt 11,3 l

[1] Bensinger, J., Heissing, B.: Auslegung und Konzeption des Allradantriebes im Audi 80 quattro, A.T.Z., 89. Jahrg., Nr. 5, S. 247 ff. Stuttgart 1987.

Der Audi V 8

Auf dem Pariser Automobilsalon 1988 wurde erstmals der Audi V 8 der Öffentlichkeit vorgestellt. Dieses Automobil stellt den vorläufigen Höhepunkt des Ingolstädter Automobilbaues dar.

Der V-Achtzylindermotor ist ein von Grund auf neu konzipiertes und konstruiertes Triebwerk, das in nur vier Jahren zur Serienreife gebracht wurde.

Um das Gewicht des Motors niedrig zu halten, wurde als Werkstoff Leichtmetall verwendet. Da die üblichen Aluminiumlegierungen nicht die notwendigen Laufeigenschaften für die Kolben bieten, wird für den Motorblock Aluminium mit einem 17prozentigen Silizium-Anteil verwendet. Diese sogenannte übereutektische Legierung ist bei V 8-Triebwerken die modernste Bauweise.

Die geschmiedete Kurbelwelle ist sehr leicht und trägt pro Kurbelwellenkröpfung zwei Gegengewichte; der vollkommene Massenausgleich wird durch zwei Zusatzmassen an den Endkurbelwangen erreicht.

Für den Motor werden zwei identische 16 Ventil-Zylinderköpfe, die aus einer veredelten Aluminiumlegierung bestehen, verwendet. Ein aufwendig abgestimmtes Abgassystem, eine Abgasanlage mit zwei Katalysatoren und das neu entwickelte, erstmals auf einen Achtzylindermotor abgestimmte digitale elektronische Motorsteuerungssystem Motronic sind weitere Merkmale dieses Triebwerkes, das sich letztlich durch eine entsprechende Architektur auszeichnet.

Dieser Doppelnockenwellen-V-Achtzylindermotor mit 32 Ventilen ist mit einem Automatikgetriebe kombiniert. Bei der Automatik handelt es sich um einen modernen 4-Stufen-Automaten, der dem Fahrer zusätzlich drei Wahloptionen bietet: »E« für wirtschaftliches Fahren, »S« für sportliches Beschleunigen und »M« für manuelle Schaltung. Das Getriebe wird elektro-hydraulisch gesteuert.

Der Audi V 8 ist der erste Wagen dieser Klasse, der serienmäßig mit Allrad-Antrieb ausgerüstet ist. Im quattro-Antrieb sind zwei Sperren integriert, die vollautomatisch wirken. Der Fahrer braucht bei widrigen Traktionsverhältnissen keine Sperre mehr von Hand einzulegen.

Eine weitere technisch-konstruktive Novität stellen die »innenumfaßten Scheibenbremsen« dar, die an den Vorderrädern eingebaut sind. Bei der herkömmlichen Scheibenbremse greift der Bremssattel über den äußeren Rand der Bremsscheibe. Bei der innenumfaßten Bremse ist die Bremsscheibe innen offen, es ist ein Brems-»ring«; der Bremsringträger ist gegenüber dem Träger einer konventionellen Scheibenbremse wesentlich größer und trägt den Bremsring an seinem Außendurchmesser. Der Bremssattel sitzt im offenen Innendurchmesser des Bremsrings. Das Ergebnis dieser Konstruktion ist eine um ein Fünftel vergrößerte Reibfläche. Die Betriebstemperatur wird reduziert und damit die Lebensdauer der Bremse verlängert.

Die aerodynamisch gestaltete Karosserie ist vollverzinkt; proconten, das mehrfach preisgekrönte Sicherheitssystem, wird serienmäßig geliefert und kann – als Sonderausstattung – mit einem Lenkrad-Airbag kombiniert werden.

Die Innenausstattung des Audi V 8 besticht durch ihre unaufdringliche Eleganz. Die Sitze sind serienmäßig mit Kodiak-Leder bezogen. Später – ab 1989 – wird auch eine Polsterung mit dem wegen seines klassischen Aussehens geschätzten Conally-Leder angeboten. Eine Klimatisierungsautomatik gehört zur Serienausstattung des Audi V 8, der die umfangreichste Serienausstattung in der Oberklasse vergleichbarer Automobile besitzt. Eine wartungsarme und reparaturfreundliche Technik sind weitere Merkmale der Ingolstädter Luxus-Limousine.

Modell		Audi V 8 (1988)
Motor		Wassergekühlter V-Achtzylinder-Viertakt-Motor mit Leichtmetall-Zylinderköpfen, obenliegenden Nockenwellen, Auslaß-Nockenwelle über Zahnriemen, Einlaßnockenwelle über Rollenkette von Auslaßnockenwelle angetrieben, 32 hängende Ventile
Hub/Bohrung	mm	86,4 / 81,0
Hubraum	cm³	3562
Verdichtung		1 : 10,6
kW/PS		184 / 250
Drehzahl	U/min	5800
Gemischaufbereitung		Vollelektronische Einspritzanlage (Motronic), Schubabschaltung
Kühlsystem		Geschlossen / Elektrolüfter
Kraftübertragung		Permanter Allrad-Antrieb mit 2 automatischen Sperren; elektronisch gesteuerte Lamellenzwischensperre, Torsendifferential in Hinterachse
Kupplung		Einscheibentrockenkupplung
Getriebe		Vierstufen-Automatik
	I.	1 : 2,480
	II.	1 : 1,480
	III.	1 : 1,000
	IV.	1 : 0,730
	R.	1 : 2,090
Fahrzeug		
Radstand	mm	2702
Spur vorn/hinten	mm	1514 / 1531
Länge/Breite/Höhe	mm	4861 / 1814 / 1420
Leergewicht	kg	1710
Zul. Gesamtgewicht	kg	2310
Bereifung		215/60 V 15 R
Wendekreis	m	11,5
Verbrauch	l/100 km	10,9[1]
Höchstgeschwindigkeit	km/h	235
Preis	DM	96 800,–
Anmerkungen		[1] konstant bei 120 km/h

Krönung des Ingolstädter Automobilbaus der achtziger Jahre: Der Ende September 1988 auf dem Pariser Automobil-Salon präsentierte Audi V 8. Der Achtzylinder V-Motor mit 32 Ventilen leistet 184 kW/250 PS; das serienmäßige Vierstufen-Automatikgetriebe hat drei Fahrprogramme. Der luxuriös ausgestattete Allradwagen ist eine interessante Alternative auf dem Markt der automobilen Oberklasse.

Der Audi 50

Nach einem sehr kurzen Konjunkturanstieg im Herbst 1972 setzte um Mitte 1973 ein Umschwung des Wirtschaftsgeschehens ein, der zum Jahresende durch die Energiekrise verschärft wurde.

Das wechselhafte wirtschaftliche Geschehen kam besonders in den Schwankungen der für die Exporterlöse maßgebenden Wechselkurse der D-Mark zum Ausdruck. Die deutsche Automobilindustrie war hiervon besonders betroffen. Die Nachfrage nach Personenwagen, insbesondere nach jenen der hubraumstärkeren Klassen, ging zurück. So wird es verständlich, daß man in Ingolstadt das Audi-Programm – nach dem Ende 1968 herausgekommenen Audi 100 und dem 1972 eingeführten Audi 80 – nach unten erweiterte.

Im Spätsommer 1974 erschien der Audi 50, der zugleich – wie an anderer Stelle schon gesagt – die Nachfolge der NSU-Heckmotorwagen übernehmen sollte. Mit einer bloßen Verkleinerung des Audi 80 war nach Auffassung der verantwortlichen Ingenieure ein Kleinwagen mit möglichst niedrigem Gewicht – anzustreben war ein Trockengewicht von 600 kg – und kleinen Außenmaßen nicht zu verwirklichen. »Es kam nur eine kompromißlose Neuentwicklung des ganzen Fahrzeuges samt aller Aggregate in Frage.«[1]

Der quergestellte wassergekühlte Reihenmotor mit vier Zylindern und einem Hubraum von 1093 cm³ trieb die Vorderräder an. Auf Grund der Vorteile des Frontantriebs hatte man sich für diese Bauweise entschieden. Um einen günstigen thermischen Wirkungsgrad zu erreichen, wurden wiederum Einlaß-Drallkanäle und eine relativ hohe Verdichtung gewählt (Audi 50 LS 1:8,0, Audi 50 GL 1:9,3). Die Vorderräder waren – wie beim Audi 80 – an McPherson-Federbeinen aufgehängt.

Zur Abfederung der Hinterräder diente die neuentwickelte Koppellenker-Hinterachse, die im wesentlichen aus zwei Lenkern bestand; die Lenker waren mit einem biegesteifen Achsträger gekoppelt, der etwa in der Mitte zwischen Lenkerlager und Achszapfen am kastenförmigen Lenker angeschweißt war.[2]

Durch die Koppellenkerachse wurde eine günstige Raumaufteilung im Fahrzeugheck erreicht: Der Tank lag vor dem Achsträger und war beim Heckaufprall gut geschützt. Wie auch umgekehrt – das bleibt nachzutragen – angesichts der kurzen Baulänge des Wagens ein verformungsgünstiger Vorbau geschaffen werden mußte. Der Audi 50 besaß vorn und hinten Knautschzonen.

Auch der kleine Audi besaß das lenkstabile Bremssystem des Audi 80, das ein Schiefziehen, Schleudern oder Ausbrechen in gefährlichen Situationen verhinderte.

Bei den gewählten kompakten Maßen hatte man den Forderungen nach möglichst hoher passiver Sicherheit entsprochen. Die kurzen Überhänge der Karosserie und die serienmäßige Hecktür, die ein Beladen des Wagens mit sperrigen Gütern ohne Schwierigkeiten ermöglichte, waren die kennzeichnenden Merkmale der Karosserie. Niedriger Verbrauch und niedrige Unterhaltungskosten waren weitere Charakteristika dieses Kleinwagens.

Volant des Audi 50 von 1975. Man wendete sich mit diesem Fahrzeug seinerzeit an die ehemaligen NSU-Kleinwagen-Kunden.

[1] Kraus, L., Behles, F., Piëch, F.: *Audi 50 – ein sparsamer Kompaktwagen mit Komfort*, A.T.Z., 76. Jahrg., Nr. 10, S. 309ff. Stuttgart 1974.
[2] Beck, J., Hertel, K., Schneeweiß, M.: *Die Koppellenkerachse für frontgetriebene Personenwagen – eine Entwicklung von Audi NSU*, ebenda, S. 316ff.

Modell		Audi 50 (1974)	
Typ		50 LS	50 GL
Motor		Wassergekühlter Vierzylinder-Viertakt-Reihenmotor mit Leichtmetallzylinderkopf, obenliegende Nockenwelle über Zahnriemen angetrieben, hängende Ventile über Schlepphebel gesteuert	
Hub/Bohrung	mm	72 / 69,5	
Hubraum	cm³	1093	
Verdichtung		1:8,0	1:9,3
kW/PS		37 / 50	44 / 60
Drehzahl	U/min	5800	6000
Vergaser		1 Fallstromvergaser mit Startautomatik	
Kühlsystem		Geschlossen / Elektrolüfter	
Kraftübertragung		Frontantrieb	
Kupplung		Einscheiben-Trockenkupplung	
Getriebe		Vollsynchronisiertes Getriebe	
	I.	1:3,45	
	II.	1:2,05	
	III.	1:1,35	
	IV.	1:0,96	
Fahrzeug			
Radstand	mm	2335	
Spur vorn/hinten	mm	1296 / 1312	
Länge/Breite/Höhe	mm	3500 / 1559 / 1344	3526 / 1559 / 1344
Leergewicht	kg	685	
Zul. Gesamtgewicht	kg	1100	
Bereifung		135 SR 13 Textil / 135 SR 13 Stahl	
Wendekreis	m	9,6	
Verbrauch	l/100 km	6,3	6,0
Höchstgeschwindigkeit	km/h	142	152
Preis	DM	8 490,– (1975)	8 820,– (1975)

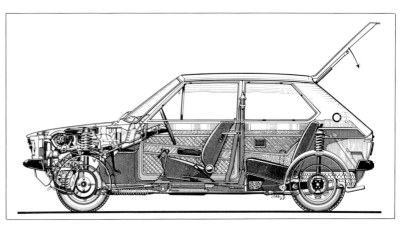

Links: Der Vierzylinder-ohc-Motor des Audi 50. Oben: Schnittzeichnung des Wagens.

Unten: Der Audi 50 in den Bayerischen Bergen. Er war ein tüchtiges Allround-Automobil.

Der Audi 50 wurde jedoch nicht im Werk Ingolstadt hergestellt; die Wolfsburger Muttergesellschaft ließ ihn von ihren Fließbändern rollen. Von September 1974 bis 1978 wurden 180828 Audi 50 hergestellt.
Im März 1975 erschien der VW Polo, der völlig identisch war mit dem Audi 50. Mit der Einstellung der parallelen Serienfertigung des Audi 50 trat der VW Polo die Nachfolge des Audi 50 im Konzernverbund an.

Oben: Einer der erfolgreichen Rallye-quattro der Gruppe B mit 400 PS in der Saison 1985.

Gegenüberliegende Seite: Rechts oben die erste Auslieferung des neuen quattro-Coupés am 1. Dezember 1980 an 73 Stützpunkthändler in der Bundesrepublik.
Darunter: Empfang einer chinesischen Delegation in Ingolstadt 1986 durch Vorstandsmitglied H. Stübing, anläßlich des Vertragsabschlusses über die Montage von Audi-Wagen in Shanghai.

Links: Hannu Mikkola, mehrfacher Champion auf Audi, fuhr im Juli 1988 einen neuen Rekord am Shelsley Walsh mit 29,94 Sekunden über eine Distanz von 1000 yards.

Kurzbiographien

Richard Bruhn

wurde am 25. Juni 1886 in Cismar bei Grömitz in Ostholstein geboren. Nach dem Besuch der Grundschule trat er in eine kaufmännische Lehre ein, anschließend erhielt er eine Ausbildung zum Elektrotechniker und Mechaniker. Neben der beruflichen Tätigkeit erfolgte die schulische Weiterbildung.

Bruhn trat als kaufmännischer Angestellter bei der AEG ein; er war zunächst in Bremen, zwei Jahre später bei der Hauptverwaltung der AEG in Berlin tätig.

1910	Kaufmännischer Leiter des AEG-Büros in London.
1914	Rückkehr nach Deutschland; Beginn des Studiums der Nationalökonomie an der Christian Albrechts Universität in Kiel.
1914–1918	Kriegsdienst (Reserveoffizier).
1918	Nach der Entlassung aus dem Militärdienst Fortsetzung des Studiums und Abschluß. Promotion zum Dr. rer. pol.; das Thema der Dissertation lautete: Zur wirtschaftlichen Lage der gewerblichen Arbeiterschaft in Deutschland im Kriege 1914–1918.
1921	Direktor bei Neufeld & Kuhnke, Kiel; weitere berufliche Stationen: Mitarbeiter von Prof. Hugo Junkers, Dessau, Vorstandsmitglied der Pöge-Elektrizitätswerke, Chemnitz, Aufsichtsratsvorsitzender der Zschopauer Motorenwerke AG.
1930	Vorstandsmitglied der Zschopauer Motorenwerke AG.
1932	Auf Initiative von B. erfolgte der Zusammenschluß der Zschopauer Motorenwerke AG mit der Horch-Werke AG und der Audi-Werke AG unter gleichzeitiger Übernahme der Automobilabteilung der Wanderer-Werke AG zur Auto Union AG am 29. Juni 1932. Dr. R. Bruhn wurde Vorstandsvorsitzender.
1945	Wenige Wochen nach der bedingungslosen Kapitulation der Deutschen Wehrmacht, um Mitte Juni, beschloß Dr. Bruhn mit einigen Mitarbeitern die Schaffung des »Zentraldepot für Auto Union Ersatzteile GmbH« in Ingolstadt, das zur Vorstufe der 1949 gegründeten Auto Union GmbH wurde.
1949	Nach Gründung der Auto Union GmbH übernahm Dr. Bruhn den Vorsitz der Geschäftsführung.
1952	In Würdigung seiner Verdienste um die Förderung des deutschen Kraftfahrzeugbaues und in Anerkennung seiner Leistungen für den Wiederaufbau der Auto Union wurde Dr. rer. pol. Richard Bruhn von der Technischen Universität Aachen die akademische Würde eines Doctors-Ingenieur Ehren halber (Dr.-Ing. E. h.) verliehen.
1956	Am 6. November schied Dr. rer. pol. et Dr. Ing. E. h. Richard Bruhn als Vorsitzender der Geschäftsführung der Auto Union GmbH aus und trat am selben Tag in den Aufsichtsrat der Unternehmung ein.
1958	Am 6. Mai 1958 schied Dr. Bruhn aus dem Aufsichtsrat der Auto Union GmbH aus.
1964	Am 8. Juli verstarb Dr. rer. pol. et Dr.-Ing. E. h. R. Bruhn.

Nikolaus Dörner

wurde am 28. Juli 1906 in Arad/Siebenbürgen geboren. Er besuchte die Oberrealschule seiner Heimatstadt und später die in Szeged in Ungarn. D. studierte dann Maschinenbau an der Staatlichen Ingenieurschule in Zwickau und war hier nach Abschluß des Studiums Assistent. Nach Ableistung des Militärdienstes.

1935	Konstrukteur im Werk Horch der Auto Union AG.
1936	Nach Gründung des Zentral-Konstruktionsbüros der Auto Union AG in Chemnitz dort selbständiger Konstrukteur.
1947	Eintritt in die Zentraldepot für Auto Union Ersatzteile GmbH in Ingolstadt.
1949	Leiter der Motorrad-Konstruktions-Abteilung der Auto Union GmbH in Ingolstadt.
1957	Nach Einstellung des Motorradbaues bei der Auto Union GmbH leitete D. die Übergabe der Konstruktionsarbeiten an die Zweirad-Union in Nürnberg.
1959	Leitender Oberingenieur bei der Firma Stabilius in Koblenz, einer Tochtergesellschaft der Fichtel & Sachs AG.
1971	Eintritt in den Ruhestand.
1986	Am 17. März verstarb Nikolaus Dörner in Kipfenberg.

Robert Eberan von Eberhorst

wurde am 4. April 1902 in Wien geboren. Nach dem Besuch eines Realgymnasiums seiner Heimatstadt studierte er an der Technischen Hochschule in Wien Maschinenbau; 1927 legte er die Diplom-Prüfung ab.

1927	Assistent am Institut für Kraftfahrwesen (Prof. Wawrziniok) der Technischen Hochschule in Dresden.
1933	Leiter der Entwicklungsabteilung für Rennwagen bei der Auto Union AG, Chemnitz/Zwickau.
1940	Promotion zum Dr.-Ing.; Thema der Dissertation: »Beitrag zu der Frage der Füllung des Ladermotors«.
1941	1. Dezember: Berufung auf den Lehrstuhl für Kraftfahrwesen und Leichtmotorenkunde der Technischen Hochschule Dresden und zugleich Ernennung zum Professor; E. v. E. übernahm die Leitung des Institutes für Kraftfahrwesen und der Technischen Prüfstelle für den Kraftverkehr an der T. H. Dresden.
1945	Berater der Zahnradfabrik Friedrichshafen AG.
1947	Mitarbeiter der Porsche Konstruktionen GmbH in Gmünd in Kärnten/Österreich – hier u. a. beteiligt an der Entwicklung des Cisitalia-Rennwagens.
1949	Chefingenieur der English Racing Automobiles Ltd. (E. R. A.) in Dunstable/England – u. a. Entwicklung des Chassis für den Jowett Jupiter.
1950	Chefingenieur bei David Brown Tractors in Feltham/England – maßgebliche Beteiligung an der Entwicklung des Aston-Martin DB 3.
1953	Am 1. Dezember Eintritt als Geschäftsführer bei der Auto Union GmbH in Ingolstadt/Düsseldorf; diese Tätigkeit übte er bis zum 30. September 1956 aus.
1956	Leiter der Maschinenbau-Abteilung des Batelle-Institutes in Frankfurt am Main.
1960	Rückkehr in die akademische Laufbahn: Er erhielt einen Ruf an die Technische Universität Wien und übernahm die Leitung des Institutes für Verbrennungskraftmaschinen und Kraftfahrwesen.
1965/66	Dekan der Fakultät für Maschinenwesen und Elektrotechnik der Technischen Universität Wien.
1975	Emeritation.
1982	Am 14. März verstarb Professor Dr.-Ing. R. Eberan von Eberhorst in seiner Heimatstadt Wien.

Franz Ferber

wurde am 29. Juli 1896 in Oberndorf am Neckar geboren. Mit achtzehn Jahren schloß er seine Lehre als Feinmechaniker und Werkzeugmacher bei den Mauser-Werken in seiner Heimatstadt ab.

1914　Werkzeugmacher und Einrichter bei der Siemens & Halske AG in Berlin-Siemensstadt.

1915　Militärdienst.

1917　Werkmeister bei Frister & Roßmann.

1919　Eintritt bei den Mauser-Werken in Oberndorf am Neckar, dann Besuch der Ingenieurschule in Bingen am Rhein.

1928　Fertigungsingenieur bei der Horch-Werke AG in Zwickau.

1930　Leiter der Arbeitsvorbereitung und Vorkalkulation der Horch-Werke AG in Zwickau.

1943　Technischer Direktor des Werkes Rößlerstraße der Auto Union AG in Chemnitz.

1945　Kriegsgefangenschaft.

1949　Nach Rückkehr aus Kriegsgefangenschaft Eintritt bei der Auto Union GmbH in Ingolstadt, hier Leiter des Werkes Ingolstadt.

1958　Eintritt in den Ruhestand.

1971　Am 1. September verstarb Franz Ferber.

Paul Günther

wurde am 30. März 1897 in Schwiebus/Kreis Züllichau (Mark Brandenburg) geboren. Der Schulausbildung schloß sich eine kaufmännische Lehre an.

1924　Eintritt als kaufmännischer Angestellter bei der Horch-Werke AG in Zwickau.

1927　Leiter der Nachkalkulation und des Lagerwesens.

1930　Leiter der Hauptbuchhaltung.

1932　Nach Gründung der Auto Union AG am 29. Juni zum kaufmännischen Direktor des Werkes Horch berufen.

1949　Mit Wirkung vom 1. Januar zum Mitglied der Geschäftsführung der Auto Union GmbH in Ingolstadt bestellt.

1959　Am 31. Dezember aus der Geschäftsführung ausgeschieden.

1962　Eintritt in den Ruhestand am 31. Dezember.

Wolfgang R. Habbel

wurde am 25. März 1924 in Dillenburg geboren. Nach Abitur und Wehrdienst studierte er Rechtswissenschaften an der Rheinischen Friedrich-Wilhelm-Universität in Bonn und an der Universität zu Köln und wurde 1957 zum Doctor juris promoviert.

1951	Eintritt bei der Auto Union GmbH als Assistent der Geschäftsführung und Exportleiters.
1957	in leitender Funktion bei Ford-Werke AG in Köln, später bei Ford Europa in London sowie bei der C. H. Böhringer GmbH in Mannheim.
1971	Berufung in den Vorstand der Audi NSU Auto Union AG unter gleichzeitiger Übernahme des Ressorts Personal- und Sozialwesen, ab
1976	auch zuständig für den Bereich Recht und Lizenzwesen.
1979	Am 1. Januar Berufung zum Vorstandsvorsitzenden der Audi NSU Auto Union AG, zugleich Mitglied des Vorstandes der Volkswagen AG.
1987	Ausscheiden aus dem Vorstand der Audi AG am 31. Dezember.
1988	Bestellung zum Mitglied des Aufsichtsrates der Audi AG mit Wirkung vom 1. Januar.

Carl Hahn

wurde am 4. März 1894 in Gratzen (Böhmen) geboren. Nach dem Besuch des Kollegs am Benediktiner-Kloster in Seitenstetten (Österreich) studierte er Agronomie an der Hochschule für Bodenkultur in Wien.

1922	wurde Hahn zum Doctor-Ingenieur promoviert; das Thema seiner Dissertation lautete: »Die ländliche Arbeiterfrage unter besonderer Berücksichtigung der Landflucht und der Innenkolonisation im Bundesstaat Österreich.«
1922	Eintritt bei der Zschopauer Maschinenfabrik J. S. Rasmussen AG, Zschopau/Sachsen am 20. April.[1] Hahn, erster Mitarbeiter von Rasmussen, schuf ein leistungsfähiges Servicenetz und damit die Grundlage für eine weltweite Vertriebsorganisation der DKW-Fahrzeuge.
1932	Nach der Gründung der Auto Union AG wurde Hahn in den Vorstand der Unternehmung berufen; ihm wurde das Ressort Vertrieb übertragen.
1945	Mitglied des Gründerkreises der Zentraldepot für Auto Union Ersatzteile GmbH in Ingolstadt, der Keimzelle der heutigen Audi AG.
1949	Mit Wirkung vom 1. Januar wurde Hahn zum stellvertretenden Vorsitzenden der Geschäftsführung der Auto Union GmbH bestellt.
1957	Am 30. Juni schied Hahn aus gesundheitlichen Gründen aus der Unternehmung aus.
1961	Am 5. Juni verstarb Dr.-Ing. Carl Hahn in Düsseldorf.

---

[1] *1923 erfolgte die Umwandlung der o. g. Firma in »Zschopauer Motorenwerke J. S. Rasmussen AG«.*

Werner Henze

wurde am 19. Dezember 1910 in Leopoldshall/Anhalt geboren. Nach dem Studium der Betriebswirtschaftslehre an den Universitäten Köln und Bonn wurde H. von der Rechts- und Staatswissenschaftlichen Fakultät der Universität Breslau zum Doctor rerum politicarum promoviert. Hauptabteilungsleiter für das Rechnungswesen der Fahrzeug- und Motorenwerke FAMO in Breslau

1939	Kriegsdienst.
1945	Kriegsgefangenschaft.
1950	Nach Entlassung aus der Kriegsgefangenschaft Mitarbeiter bei der Karl Schmidt GmbH (Kolbenschmidt) in Neckarsulm, später im Zentralbüro des VDM (Verband Deutscher Maschinenbauanstalten) in Frankfurt am Main.
1956	Mit Wirkung vom 15. Oktober zum Vorsitzenden der Geschäftsführung der Auto Union GmbH in Ingolstadt berufen.
1965	Am 3. Juni trat Dr. rer. pol. Werner Henze in den Ruhestand.

Werner Kratsch

wurde am 26. Januar 1895 geboren. Nach schulischer Ausbildung studierte K. an der 1906 gegründeten Handels-Hochschule in Berlin und erwarb den akademischen Grad eines Diplom-Kaufmannes.

1920	Direktionsassistent bei der Chemischen Fabrik C. A. F. Kahlbaum GmbH, Berlin-Adlershof (die Firma wurde 1922 von der Schering AG, Berlin, übernommen).
1922	Prokurist bei einer Metallwarenfabrik in Dresden.
1929	Prokurist und Verkaufsleiter bei der Generalvertretung der Deutsche Kühl- und Kraftmaschinen GmbH Scharfenstein in Dresden.
1932	Filial- und Verkaufsleiter der Deutsche Kühl- und Kraftmaschinen GmbH in Scharfenstein.
1940	Mitarbeiter der Auto Union AG; Kratsch war hier zuständig für die Deutsche Kühl- und Kraftmaschinen GmbH, einer 100%igen Tochtergesellschaft der Auto Union AG.
1949	Kaufmännischer Leiter des Werkes Ingolstadt der Auto Union GmbH.
1958	Eintritt in den Ruhestand am 1. Januar.
1968	Werner Kratsch verstarb am 15. Dezember.

Ludwig Kraus

wurde am 26. Dezember 1911 in Hettenhausen im Kreis Pfaffenhofen geboren. Nach dem Besuch der Oberrealschule in Ingolstadt legte er 1931 das Abitur ab und war dann Praktikant im Reichsbahn-Ausbesserungswerk Ingolstadt. Anschließend studierte er Maschinenbau an den Technischen Hochschulen München, Stuttgart und Hannover. 1937 legte er die Diplom-Prüfung ab.

1937	Am 1. September 1937 trat Kraus bei der Daimler-Benz AG in Stuttgart-Untertürkheim ein und war zunächst tätig im Bereich der Konstruktion für Zeppelin- und Schnellbootsmotoren.
1939–1940	Kriegsdienst und Verwundung.
1941	Motorenkonstrukteur bei der Daimler-Benz AG.
1945	Konstruktion von Kleindiesel- und Triebwagenmotoren.
1951	Konstruktionschef für den Rennwagenbau.
1954	Ernennung zum Oberingenieur.
1956	Vorentwicklung von Personenkraftwagen und Leiter der Konstruktion von Strömungsmaschinen.
1958	Leiter der Vorentwicklung von Personenkraftwagen – Erteilung der Prokura.
1963	Am 1. Oktober zum Direktor des Bereiches Entwicklung der Auto Union GmbH bestellt.
1964	Stellvertretendes Mitglied der Geschäftsführung der Auto Union GmbH und Leiter der Entwicklung.
1965	Am 25. März zum Mitglied der Geschäftsführung berufen.
1969	Am 1. September erfolgte die Ernennung zum Vorstandsmitglied der Audi NSU Auto Union AG – Bereich Entwicklung.
1972	Am 12. Januar zum Stellvertreter des Vorstandsvorsitzenden ernannt.
1973	Zum Jahresende trat Kraus in den Ruhestand.
1974	In Anerkennung seiner Leistungen auf dem Gebiet des Automobilbaues wurde Kraus von der Technischen Universität Hannover die Würde eines Doctors-Ingenieur Ehren halber (Dr.-Ing. E. h.) verliehen. Kraus erhielt auch den Bayerischen Verdienstorden.
1976	Am 5. August wurde Kraus zum Mitglied des Aufsichtsrates der Audi NSU Auto Union AG berufen.
1985	Am 11. Juli schied Dr.-Ing. E. h. Ludwig Kraus aus dem Aufsichtsrat der Unternehmung aus.

Rudolf Leiding

wurde am 4. September 1914 in Busch, Kreis Osterburg (Altmark) als Sohn eines Landmaschinenhändlers geboren. Nach vierjähriger Lehre als Kraftfahrzeugmechaniker besuchte er die Maschinenbauschule in Magdeburg.

Von 1935 bis 1937 Wehrdienstpflichtiger beim Panzer-Pionier-Bataillon 4 in Magdeburg, im Kriege Offizier.

1945	Am 1. August Eintritt bei VW als Kraftfahrzeug-Sachverständiger; vier Monate später Ernennung zum Betriebsingenieur.
1949	Abteilungsleiter für Aggregat-Aufbereitung und Kundendienst-Werkstatt.
1958	Leiter des VW-Werkes in Kassel.
1964	Am 1. Juli zum Direktor der Volkswagen AG ernannt.
1965	Am 29. Juli zum Vorsitzenden der Geschäftsführung der Auto Union GmbH in Ingolstadt berufen. Diese Tätigkeit übte er bis zum 30. Juni 1968 aus.
1968	Vorsitzender des Vorstandes der Volkswagen do Brasil S. A. Sao Bernardo do Campo.
1971	Am 1. April Vorsitzender des Vorstandes der Audi NSU Auto Union AG. Am 1. Oktober Berufung zum Vorsitzenden des Vorstandes der Volkswagen AG.
1975	Austritt aus der Volkswagen AG.
1976	Am 16. Januar wurde Rudolf Leiding »in Anerkennung seiner hervorragenden Verdienste um rationelle Fertigungsmethoden und funktionsgerechte Modellentwicklung auf dem Gebiet der Kraftfahrzeugtechnik« von der Technischen Universität Berlin auf Vorschlag des Fachbereiches Verkehrswesen die akademische Würde eines Doktor-Ingenieur Ehren halber (Dr.-Ing. E. h.) verliehen.

Karl Nitsche

geboren am 25. März 1895, studierte nach dem Besuch des humanistischen Gymnasiums Rechtswissenschaften in Berlin und Leipzig.

1920	Eintritt als Prokurist bei der Christoph & Unmack AG (Anhängerbau) in Niesky/Oberlausitz.
1929	Eintritt in den Staatsdienst des Freistaates Sachsen. Leitende Tätigkeit im sächsischen Wirtschaftsministerium, später bei der Sächsischen Staatsbank. Dort leitete Nitsche das Zentralbüro für die Fusion der vier sächsischen Automobilfirmen.
1933	Leiter der Filialen-Organisation der Auto Union AG, die anfangs als selbständige Firma (Auto Union-Filialen GmbH) bestand und später als Abteilung in die Hauptverwaltung der Auto Union AG (Filialen-Zentrale) integriert wurde.
Nach 1945	Neuordnung des Vermögens der Auto Union AG in West-Berlin.
1950	Geschäftsführer der Auto Union Berlin GmbH.
1960	Eintritt in den Ruhestand.

Freiherr Friedrich Carl von Oppenheim

wurde am 4. Oktober 1900 in Köln geboren. Nach seiner schulischen Ausbildung absolvierte er eine Lehre als Bankkaufmann; seine weitere berufliche Ausbildung führte ihn nach New York und São Paulo.

1929	Eintritt als Teilhaber in das väterliche Bankhaus Sal. Oppenheim jr. & Cie in Köln.
1944	Festnahme durch die damaligen Machthaber und Inhaftierung im Gefängnis Landshut bis März 1945.
1945	Engagement für den Wiederaufbau der deutschen Industrie, so der Firmen Orenstein & Koppel AG in Dortmund, Glas- und Spiegelmanufaktur Schalke in Bochum, Strabag und Auto Union GmbH in Ingolstadt.
1952	In Würdigung seiner Verdienste um den Wiederaufbau der deutschen Industrie wurde von Oppenheim von der damaligen Technischen Hochschule Berlin-Charlottenburg zum Dr.-Ing. E. h. promoviert.
1958	Präsident der Europa-Union Deutschland, Honorarkonsul der Republik der Vereinigten Staaten von Brasilien.
1978	Am 28. November 1978 verstarb Dr.-Ing. E. h. Carl Friedrich von Oppenheim in Köln.

Ferdinand Piëch

wurde am 17. April 1937 in Wien als Sohn des Rechtsanwaltes Dr. jur. Anton Piëch und seiner Ehefrau Louise, geborene Porsche, geboren. Nach dem Besuch der Schulen in Zell am See, Salzburg und Zuoz (Schweiz) und nach Ablegung der Reifeprüfung nahm er das Studium – Fachrichtung Maschinenbau – an der Eidgenössischen Technischen Hochschule (ETH) in Zürich auf, das er 1962 mit der Diplom-Prüfung abschloß.

1963	Eintritt bei der damaligen Dr.-Ing. h.c. F. Porsche KG in Stuttgart-Zuffenhausen als Sachbearbeiter im Motorenversuch.
1966	Versuchsleiter der Porsche KG.
1968	Leiter der Technischen Entwicklung der Porsche KG.
1971	Technischer Geschäftsführer der Porsche KG.
1972	Eintritt bei der damaligen Audi NSU Auto Union AG als Hauptabteilungsleiter für Sonderaufgaben der Technischen Entwicklung.
1973	Bereichsleiter für den Gesamtversuch bei der Audi NSU Auto Union AG.
1974	Leiter der Technischen Entwicklung der Audi NSU Auto Union AG.
1975	Berufung in den Vorstand der Audi NSU Auto Union AG für den Geschäftsbereich Technische Entwicklung.
1983	Berufung zum stellvertretenden Vorsitzenden des Vorstandes der Audi NSU Auto Union AG.
1984	In Anerkennung seiner Leistungen auf dem Gebiet des Automobilbaues wurde Ferdinand Piëch die Würde eines Doctors der technischen Wissenschaften – Dr. tech. h.c. – der Technischen Universität Wien verliehen.
1984	Verleihung des Österreichischen Ehrenzeichens für Wissenschaft und Kunst, 1. Klasse, Wien.
1988	Berufung zum Vorstandsvorsitzenden der Audi AG am 1. Januar.

Kurt Richter

wurde am 22. Dezember 1890 in Posen/Westpreußen geboren. Nach dem Abschluß der humanistischen Schulausbildung nahm er das Philologie-Studium an der Albertus-Universität in Königsberg auf.

1914–1918	Kriegsdienst (zuletzt Reserveoffizier).
1920	Studium der Nationalökonomie an der Albertus-Universität Königsberg.
1923	Promotion zum Dr. phil.
1923	Leiter eines Presseverbandes in Ostpreußen.
1930	Vorstandsmitglied der Ostpreußischen Druckerei und Verlagsanstalt AG in Königsberg.
1935	Am 12. August Eintritt bei der Auto Union AG in Chemnitz.
1937	Am 1. Juli Ernennung zum kaufmännischen Werkdirektor; Koordination der betriebswirtschaftlichen Aufgaben und der Materialbeschaffung.
1939	Kriegsdienst (Reserveoffizier).
1949	Mitarbeit bei der Gründung der Auto Union GmbH in Ingolstadt.
1950	Kaufmännischer Direktor des Werkes Düsseldorf der Auto Union GmbH.
1957	Übernahme der Leitung der Hauptabteilung Zentrales Personalwesen.
1961	Eintritt in den Ruhestand.
1970	Am 31. Dezember verstarb Dr. phil. Kurt Richter in Ingolstadt.

Hanns Schüler

wurde am 16. März 1906 in Paderborn als Sohn eines Heeres-Obermusikmeisters geboren. Er besuchte die Grundschule in Gumbinnen/Ostpreußen und das humanistische Gymnasium in Höxter an der Weser. Nach Absolvierung einer kaufmännischen Lehre studierte Schüler Rechtswissenschaft.

1936	Große Staatsprüfung, Eintritt in das Richteramt.
1938	Eintritt in die Auto Union AG, Chemnitz; Vorstandssekretariat, Rechtsabteilung; Promotion zum Doctor juris von der juristischen Fakultät der Karls-Universität in Prag; Thema der Dissertation: Aus dem Aktienrecht.
1940	Leiter der Rechtsabteilung der Auto Union AG, Chemnitz.
1945	Am 25. September mit den Herren Hensel und Schmolla von dem von der Landesregierung Sachsen eingesetzten Aufsichtsrat zu Vorstandsmitgliedern der Auto Union AG Chemnitz bestellt.
1949	Mit Wirkung vom 1. Januar zum Mitglied der Geschäftsführung der Auto Union GmbH in Ingolstadt berufen.
1959	Am 31. Dezember schied S. aus der Geschäftsführung der Auto Union GmbH aus.
1975	Dr. Hanns Schüler verstarb am 22. September.

Kurt Schwenk

wurde am 19. Juni 1909 in Wildsachsen bei Wiesbaden geboren. Nach dem Besuch des Gymnasiums in Höchst am Main absolvierte er eine Maschinenschlosserlehre bei Breuer, Maschinen- und Motorenbau; er besuchte dann die Höhere Technische Staatslehranstalt in Frankfurt am Main und legte 1930 die Ingenieurprüfung ab.

1931	Kranführer und Handlanger bei einer Bauunternehmung; die Weltwirtschaftskrise zwang ihn, einen anderen Beruf auszuüben.
1932	Volontär im technischen Büro der Adlerwerke vorm. Heinrich Kleyer Aktiengesellschaft in Frankfurt am Main.
1933	Mitarbeiter von Dipl.-Ing. Josef Ganz.
1934	Konstrukteur bei Ambi-Budd Preßwerk GmbH in Berlin-Johannistal.
1935	Konstrukteur bei der Auto Union AG, Werk Horch in Zwickau, dann zwei Jahre Leiter des Karosserie-Konstruktionsbüros. Leiter der gesamten Karosserie-Konstruktion (1936 war S. mit der Konstruktion der ersten Ganzstahl-Karosserie der Auto Union AG beauftragt worden, er zeichnete dann verantwortlich für die Karosserien für Audi, Horch und Wanderer bis Kriegsende).
1947	Mitarbeiter im Ingenieur-Büro Dipl.-Ing. Linneborn in Köln/Niehl; Konstrukteur für luftbereifte, gefederte Ackerwagen.
1948	Am 1. Mai nahm Schwenk seine Tätigkeit bei der Auto Union GmbH in Ingolstadt auf. Er war maßgeblich an der Entwicklung des Schnellasters DKW Typ F 89 L beteiligt, ebenso an der Konstruktion der Typen FX und STM. Später war er stellvertretender Technischer Direktor des Werkes Düsseldorf der Auto Union GmbH.
1957	Am 1. April Eintritt als Abteilungsleiter für Karosseriekonstruktion bei der Ford-Werke-Aktiengesellschaft in Köln/Niehl.
1958	1. Juli, Bereichsleiter für den Karosseriebau bei der Volkswagen AG in Wolfsburg.
1974	Eintritt in den Ruhestand.
1985	Am 21. Februar verstarb Kurt Schwenk in Beselich.

Oskar Siebler

wurde am 10. Mai 1895 in Freiburg im Breisgau geboren.

1914	Eintritt bei Benz & Cie in Mannheim als Detailkonstrukteur.
1924	Wechsel zur Daimler-Motoren-Gesellschaft in Stuttgart-Untertürkheim als Konstrukteur.
1929	Eintritt bei der Horch-Werke AG in Zwickau, Übernahme von Konstruktionsaufgaben.
1932	Nach Fusion der sächsischen Automobilhersteller zur Auto Union AG wurde Siebler Konstruktionschef für den Fahrgestellbau, später auch für den Motorenbau.
1936	Siebler entwickelte den Dreizylinder-Zweitaktmotor. Wenngleich technische Entwicklungsaufgaben kaum personifizierbar sind, da sie im allgemeinen eine Gemeinschaftsarbeit darstellen, kann im Falle des Dreizylinder-Zweitaktmotors gesagt werden, daß dieser das Werk von Oskar Siebler war.
1937/ 1938	Siebler war maßgeblich an der Entwicklung des letzten, vor dem Zweiten Weltkrieg geschaffenen Audi (Typ 920) beteiligt.
1949	Chef der Gesamtentwicklung der Auto Union GmbH in Ingolstadt. Siebler zeichnete für die Konstruktion des letzten DKW (Typ F 102) verantwortlich.
1956	Am 1. Oktober in die Geschäftsführung der Auto Union GmbH berufen.
1963	Oskar Siebler trat am 31. Dezember in den Ruhestand.

Gerd Stieler von Heydekampf

wurde am 5. Januar 1905 in Berlin geboren. Nach dem Besuch des Gymnasiums studierte er Maschinenbau an der damaligen Technischen Hochschule in Braunschweig. 1927 legte er die Diplom-Prüfung ab und war anschließend Assistent am Lehrstuhl für Festigkeit und Schwingungslehre. Am 24. Februar 1929 wurde Stieler von Heydekampf zum Dr.-Ing. promoviert; das Thema seiner Dissertation lautete: »Eine Dauerbiegemaschine mit schwingendem, in der Meßstrecke gleichmäßig beanspruchten Probestab.«

1930	ging S. v. H. in die USA und war zunächst bei Babcock & Wilcox Corp. tätig. Weitere Stationen seines beruflichen Wirkens waren:
1933	Eintritt bei der Adam Opel AG in Rüsselsheim am Main; hier ab
1936	Mitglied des Vorstandes (Ressort Einkauf).
1938	Leiter des Lastkraftwagenwerkes in Brandenburg an der Havel.
1942	Berufung zum Generaldirektor der Henschel & Sohn GmbH in Kassel, später stellvertretender Vorstandsvorsitzender des Henschel-Konzerns bis April 1945.
1948	Eintritt bei der NSU Werke Aktiengesellschaft in Neckarsulm, Bezirksleiter Außenorganisation Verkauf.
1950	Stellvertretendes Vorstandsmitglied / Ressort Verkauf.
1951	Ordentliches Vorstandsmitglied.
1953	Vorsitzender des Vorstandes der NSU Werke Aktiengesellschaft.
1969	Vorsitzender des Vorstandes der Audi NSU Auto Union Aktiengesellschaft.
1971	Ausscheiden aus dem Vorstand der Audi NSU Auto Union AG am 31. März, am 24. Juni wurde Stieler von Heydekampf in den Aufsichtsrat der Audi NSU Auto Union AG gewählt.
1983	Am 25. Januar verstarb Dr.-Ing. Gerd Stieler von Heydekampf.

William Werner

wurde 1893 als Sohn deutscher Eltern in New York geboren. Nach Rückkehr der Familie nach Deutschland trat er 1912 bei der deutschen Niederlassung der amerikanischen Firma Multigraph GmbH als Monteur ein. Werner besuchte dann eine Fachschule und legte die Prüfung als Ingenieur ab. In der Folgezeit arbeitete er bei namhaften Firmen des Werkzeugmaschinenbaues: Bergmann-Borsig, Berliner AG vorm. Freund, Schuchardt & Schütte und Ludwig Loewe & Co, Berlin. Bei der letztgenannten Firma hatte der zum Oberingenieur ernannte W. die Funktion des Betriebsleiters, bevor er technischer Direktor der Schieß AG in Düsseldorf wurde.

1926 Eintritt bei der Horch-Werke AG in Zwickau, Mitglied des Vorstandes und Technischer Direktor.

1934 Nach dem Ausscheiden von Jörgen Skafte Rasmussen wurde Werner in den Vorstand der Auto Union AG berufen.

1941 In Anerkennung seiner Verdienste um den modernen Kraftfahrzeugbau erhielt Werner die akademische Würde eines Doctors-Ingenieur Ehren halber (Dr.-Ing. E. h.) von der Technischen Hochschule Dresden verliehen.

1947 Gemeinsam mit Dr. jur. Gerhard Müller gründete W. in Oldenburg das »Zentraldepot für Auto Union Ersatzteile GmbH« (der Geschäftsbereich dieses Zentraldepots umfaßte das Gebiet der damaligen britischen Besatzungszone).

1956 Am 17. Mai 1956 zum Geschäftsführer der Auto Union GmbH Ingolstadt/Düsseldorf bestellt.

1962 Am 30. September trat Werner in den Ruhestand.

1975 Am 20. Juni verstarb Dr.-Ing. E. h. William Werner in Sempach/Schweiz.

Fritz Zerbst

wurde am 18. August 1891 in Gnesen/Westpreußen geboren. Nach Abschluß der Mechanikerlehre in Breslau besuchte er Abendkurse an einem Technikum und war dann als Ingenieur bei der NAG – Neue Automobil-Gesellschaft A.G. – in Berlin-Oberschöneweide tätig.[1]
Nach dem Ersten Weltkrieg unternahm Z. Studienreisen in die U.S.A. und arbeitete dort bei Ford, Lincoln und Packard; nach seiner Rückkehr.

1927 Eintritt bei der Horch-Werke AG in Zwickau und maßgebliche Mitarbeit bei der Weiterentwicklung der Modelle und bei Entwicklung des neuen Achtzylinder-Motors unter F. Fiedler.

1932 Nach Gründung der Auto Union AG am 29. Juni zum Technischen Direktor des Werkes Horch der Auto Union AG ernannt.

1949 Am 3. September Bestellung zum Technischen Direktor und Mitglied der Geschäftsführung der Auto Union GmbH in Ingolstadt.

1958 Am 7. Januar verstarb Fritz Zerbst in Ingolstadt.

---

[1] *Die Allgemeine Elektricitätsgesellschaft AG – AEG – arbeitete in ihrem Kabelwerk Oberspree an einem Automobil, jedoch ohne Erfolg. Sie übernahm deshalb die von der Elektricitäts-Aktiengesellschaft vorm. Schuckert & Cie gegründete Allgemeine Automobil-Gesellschaft Berlin GmbH – AAG – und ließ die neue Tochtergesellschaft am 24. 12. 1901 unter dem Namen »Neue Automobil Gesellschaft mbH« in das Handelsregister Berlin eintragen. 1916 erfolgte die Änderung der Namensgebung in »Nationale Automobil-Gesellschaft AG«, nachdem bereits am 1. 7. 1912 die damalige Firma in eine Aktiengesellschaft umgewandelt worden war.*

Die Mitglieder der Geschäftsführung der Auto Union GmbH

Dr. rer. pol. Dr.-Ing. E. h. Richard Bruhn, Vorsitzender
vom 1. 1. 1949 bis 6. 11. 1956

Dr.-Ing. Carl Hahn, stellvertretender Vorsitzender
vom 1. 1. 1949 bis 6. 11. 1956

Dr. jur Hanns Schüler
vom 1. 1. 1949 bis 31. 12. 1959

Fritz Zerbst
vom 1. 1. 1949 bis 6. 11. 1956

Paul Günther
vom 1. 1. 1949 bis 31. 12. 1959

Prof. Dr.-Ing. Robert Eberan von Eberhorst
vom 1. 12. 1953 bis 30. 9. 1956

Dr.-Ing. E. h. William Werner, stellvertretender Vorsitzender
vom 17. 5. 1956 bis 30. 9. 1962

Oberingenieur Oskar Siebler
vom 1. 10. 1956 bis 31. 12. 1963

Dr. rer. pol. Werner Henze, Vorsitzender
vom 15. 10. 1956 bis 3. 6. 1965

Hans T. Müller
vom 1. 9. 1959 bis 19. 1. 1962

Oberingenieur Hans A. Stoehr
vom 1. 9. 1962 bis 11. 8. 1965

Dr.-Ing. E. h. Ludwig Kraus, stellvertretender Vorsitzender
vom 1. 1. 1964 bis 21. 8. 1969

Dr.-Ing. E. h. Rudolf Leiding, Vorsitzender
vom 29. 7. 1965 bis 30. 6. 1968

Ludovicius Dekkers
vom 1. 7. 1966 bis 31. 8. 1969

Hubert Biehler
vom 1. 7. 1968 bis 28. 4. 1969

Wilhelm R. Neuwald
vom 1. 7. 1968 bis 10. 3. 1969

Dr. rer. pol. Dr.-Ing. E. h. Richard Bruhn

Dr. rer. pol. Werner Henze

Dr.-Ing. E. h. Rudolf Leiding

Die Mitglieder des Aufsichtsrates der Auto Union GmbH

	vom	bis
Dr. Freiherr Friedrich Carl von Oppenheim, Bankier, Köln, Vorsitzender	1. 12. 53	6. 5. 58
Dr. Freiherr K. M. von Hellingrath, Präsident der Bayerischen Staatsbank, München	11. 9. 52	6. 5. 58
Prof. Dr.-Ing. W. Endres, München	11. 9. 52	15. 10. 54
Dr. Carl Ewers, Ministerialdirektor, Düsseldorf		6. 5. 58
Herrmann K. Klee, München	11. 9. 52	15. 10. 54
Dr. rer. techn. h. c. Dr.-Ing. E. h. H. Koppenberg, Karlsruhe	11. 9. 52	15. 10. 54
Ernst Göhner, Zürich	1. 12. 53	6. 5. 58
Friedrich Schiffer, Düsseldorf*	1. 12. 53	26. 4. 61
Dr. rer. pol. Dr.-Ing. E. h. Richard Bruhn, Düsseldorf	7. 11. 56	6. 5. 58
Dr. Odilo Burkart, Sulzbach	7. 11. 56	6. 5. 58
Dr. Dr. Alfred Jamin, Präsident der Bayerischen Staatsbank, München	15. 10. 58	3. 8. 64
Fritz Böhm, Ingolstadt*	7. 11. 56	20. 8. 69
Fritz Kuntschick, Ingolstadt*		6. 5. 58
Dr. rer. pol. Dr.-Ing. E. h. Fritz Könecke, Stuttgart, Vorsitzender	6. 5. 58	12. 4. 61
Dr. jur. Josef Bogner, München	6. 5. 58	20. 8. 69
Prof. Dr.-Ing. E. h. Fritz Nallinger, Stuttgart	6. 5. 58	12. 12. 64
Baurat h. c. Walter Hitzinger, Stuttgart Vorsitzender	12. 4. 61 31. 5. 61	18. 12. 64
Dr. Hans Peter, München	15. 5. 61	20. 8. 69
Dr. jur. Joachim Zahn, Stuttgart	15. 5. 61	11. 4. 68
Heinz Schäfer, Düsseldorf*	12. 7. 61	18. 7. 63
Erwin Essl, München*	12. 7. 61	11. 4. 68
Erich Schilling, Ingolstadt*	18. 7. 63	20. 8. 69
Dr. R. Eberhard, München	3. 8. 64	20. 8. 69
Fritz Frank, Wolfsburg, Vorsitzender	18. 12. 64	31. 1. 68
Otto Höhne, Wolfsburg	18. 12. 64	20. 8. 69
Dr. h. c. Kurt Lotz, Wolfsburg, Vorsitzender	1. 2. 68	20. 8. 69
Prof. Dr. Friedrich Thomèe, Wolfsburg	11. 4. 68	20. 8. 69
Engelbert Koller, Ingolstadt*	11. 4. 68	20. 8. 69

Die mit * versehenen Namen waren Vertreter der Arbeitnehmer im Aufsichtsrat, alle übrigen waren Vertreter der Anteilseigner.

Die Mitglieder des Vorstandes der AUDI NSU Auto Union AG

	vom	bis
Dr.-Ing. Gerd Stieler von Heydekampf, Heilbronn Vorsitzender	*1. 1. 69	31. 3. 71
Victor Frankenberger, Neckarsulm stellvertretender Vorsitzender	*1. 1. 69	30. 6. 72
Friedrich W. Pollmann, Ingolstadt stellvertretender Vorsitzender	1. 10. 69	30. 6. 71
Hans Jürgen Baumann, Heilbronn	*1. 1. 69	30. 9. 69
Hans Kialka, Ingolstadt	1. 9. 69	31. 8. 81
Dr.-Ing. E. h. Ludwig Kraus, Ingolstadt stellvertretender Vorsitzender	1. 9. 69 12. 1. 72	31. 12. 73
Philipp Wesp, Neckarsulm	*1. 1. 69	30. 6. 71
Dr. jur. Hans Zimmermann, Heilbronn	*1. 1. 69	31. 3. 71
Dr. jur. Günter Henn, Neckarsulm	*1. 1. 69	31. 12. 75
Hans-Erdmann Schönbeck, Ingolstadt stellvertetend (Verkauf Inland) Gesamtvertrieb	1. 9. 69 1. 4. 71	31. 8. 74
Dr.-Ing. Hans Georg Wenderoth, Neckarsulm stellvertretend	*1. 1. 69	31. 8. 69
Dr.-Ing. E. h. Rudolf Leiding, Ingolstadt Vorsitzender	1. 4. 71	18. 10. 71
Dr. jur. Gerhard Prinz, Wolfsburg Vorsitzender	12. 1. 72	30. 6. 73
Gottlieb M. Strobl, Ingolstadt Vorsitzender	18. 10. 71 1. 8. 75	30. 4. 73 31. 12. 78
Dr. jur. Wolfgang Habbel, Pfaffenhofen/Ilm Vorsitzender	18. 10. 71 1. 1. 79	31. 12. 84
Wilhelm R. Neuwald, Riedenburg	18. 10. 71	31. 12. 78
Dr. rer. pol. Werner Schmidt Vorsitzender	1. 7. 73 1. 12. 73	31. 7. 75
Dr. techn. h. c. Ferdinand Piëch, Ingolstadt stellvertretender Vorsitzender	1. 8. 75 1. 9. 83	
Günther Kurrle	1. 1. 79	31. 12. 83
Rudolf Gerich	1. 1. 80	31. 12. 82
Dr. jur. Martin Posth, Ingolstadt	1. 1. 80	
Hermann Stübig, Wettstetten	1. 9. 81	
Dr.-Ing. Ernst F. Beuler, Ingolstadt	1. 1. 83	
Richard Berthold, Ingolstadt	1. 1. 84	

* Am 21. 8. 1969 wurde die Verschmelzung der Auto Union GmbH mit der NSU Motorenwerke AG rückwirkend zum 1. 1. 1969 wirksam. Demzufolge wird hier als Beginn der Tätigkeit im Vorstand der AUDI NSU Auto Union AG der 1. Januar 1969 genannt.

Dr.-Ing. Gerd Stieler v. Heydekampf   *Dr. jur. Gerhard Prinz*   *Dr. rer. pol. Werner Schmidt*   *Gottlieb M. Strobl*

Die Mitglieder des Aufsichtsrates der AUDI NSU Auto Union AG

	vom	bis
Prof. Dr. h. c. Kurt Lotz, Wolfsburg	21. 8. 69	
Vorsitzender	26. 8. 69	29. 9. 71
Dr. Hermann Richter, Düsseldorf		
stellvertretender Vorsitzender	*26. 8. 69	2. 7. 75
Dr. Felix Prentzel, Frankfurt am Main		
stellvertretender Vorsitzender		*3. 7. 74
Dr. jur. Josef Bogner, München	21. 8. 69	1. 7. 77
Hermann Abtmeyer, Stuttgart-Zuffenhausen		*20. 8. 69
Dr. Paul Binder, Stuttgart		*20. 8. 69
Fritz Böhm, Ingolstadt	21. 8. 69	
stellvertretender Vorsitzender	21. 4. 75	
Dr. h. c. Rudolf Eberhard, München	21. 8. 69	9. 7. 80
Kurt Greiner, Neckarsulm		*20. 8. 69
Xaver Gruber, Ingolstadt	21. 8. 69	3. 7. 74
Dr. h. c. Walter Hesselbach, Frankfurt am Main		*3. 7. 74
Dr. Hans Hoffmann, Neckarsulm		*20. 8. 69
Dr. h. c. Otto Höhne, Wolfsburg	21. 8. 69	3. 7. 74
Berthold Liebernickel, Hannover	21. 8. 69	27. 3. 80
Dr. h. c. Erich Vierhub, Frankfurt am Main		
stellvertretender Vorsitzender		*24. 6. 71
Karl Walz, Neckarsulm		*29. 6. 78
Dr.-Ing. E. h. Rudolf Leiding, Wolfsburg/Baunatal		
Vorsitzender	18. 10. 71	10. 1. 75
Toni Schmücker, Essen-Stadtwald		
Vorsitzender	2. 7. 75	7. 7. 82
Horst Münzner, Wolfsburg		
stellvertretender Vorsitzender	3. 7. 74	
Vorsitzender	21. 4. 75	2. 7. 75
Günter Hartwich, Wolfsburg	3. 7. 74	
Dr.-Ing. Gerd Stieler von Heydekampf, Heilbronn	24. 6. 71	31. 12. 78
Dr.-Ing. E. h. Ludwig Kraus, Wettstetten/Grünwald	5. 8. 76	
Franz Maurer, Ingolstadt	3. 7. 74	
Walter Neuert, Ingolstadt	31. 8. 76	
Dr. Christian Seidel, München	2. 7. 75	8. 7. 83
Dr. Werner Schmidt, Wolfsburg	28. 3. 80	
Dr. Raban Freiherr von Spiegel, Oberursel	18. 10. 77	
Franz Steinkühler, Möglingen	3. 7. 74	
Prof. Dr. Friedrich Thomée	5. 8. 76	31. 12. 81
Heinz Christ, Neuenstadt	29. 6. 78	
Rudolf Gerich, Lippertshofen	29. 6. 78	31. 12. 79
Adolf Hochrein, Adelschlag-Ochsenfeld	29. 6. 78	
Siegfried Hörmann, Kösching	29. 6. 78	
Dr. Karl Pitz, Schwalbach	29. 6. 78	
Theo Schirmer, Oedheim-Degmann	29. 6. 78	
Gottlieb Strobl, Ingolstadt	2. 1. 79	
Gerd von Briel, Großmehring	6. 3. 80	
Dr. rer. pol. Carl Horst Hahn, Wolfsburg	10. 2. 82	
Vorsitzender	7. 7. 82	
Dr. Max Hackl, Krailling bei München	9. 7. 80	
Dr. Rolf Selowsky, Wolfsburg	7. 7. 82	
Prof. Dr. techn. Ernst Fiala, Wolfsburg	8. 7. 83	

* bereits Mitglied des Aufsichtsrates der NSU Motorenwerke AG, Neckarsulm

Die Herren, deren Aufsichtsratsmandat im Mitgliederverzeichnis des Aufsichtsrates der AUDI NSU Auto Union AG nicht als abgeschlossen ausgewiesen wird, sind als Mitglieder der AUDI AG weiterhin tätig.

Die Mitglieder des Vorstandes der AUDI AG

	vom	bis
Dr. jur. Wolfgang Habbel, Pfaffenhofen/Ilm Vorsitzender*	1. 1. 85	31. 12. 87
Dr. techn. h. c. Ferdinand Piëch, Ingolstadt stellvertretender Vorsitzender, techn. Entwicklung*		31. 12. 87
Vorsitzender	1. 1. 88	
Richard Berthold Finanz- und Betriebswirtschaft*		
Dr.-Ing. Ernst F. Beuler, Ingolstadt Qualitätssicherung*		
Dr. jur. Martin Posth, Ingolstadt Personal- und Sozialwesen*		27. 3. 85
Andreas Schleef, Ingolstadt Personal- und Sozialwesen	27. 3. 85	
Hermann Stübig, Wettstetten Produktion*		
Jürgen Stockmar, Ingolstadt Technische Entwicklung	1. 6. 88	

* bereits Mitglied des Vorstandes der AUDI NSU Auto Union AG

Dr. jur. Wolfgang Habbel   *Dr. tech. h. c. Ferdinand Piëch*

Die Mitglieder des Aufsichtsrates der AUDI AG

	vom	bis
Dr. rer. pol. Carl Horst Hahn, Wolfsburg Vorsitzender*		
Fritz Böhm, Ingolstadt stellvertretender Vorsitzender*		
Gerd von Briel, Neckarsulm*		9. 7. 87
Heinz Christ, Neuenstadt*		
Prof. Dr. techn. Ernst Fiala, Wolfsburg*		
Dr. jur. Wolfgang Habbel, Pfaffenhofen/Ilm	1. 1. 88	
Dr. jur. Maximilian Hackl, Krailling bei München*		
Dr.-Ing. E. h. Günter Hartwich, Wolfsburg*		
Adolf Hochrein, Adelschlag-Ochsenfeld*		
Siegfried Hörmann, Kösching*		
Willi Klemann, Ingolstadt	10. 7. 87	
Dr.-Ing. E. h. Ludwig Kraus, Grünwald*		11. 7. 85
Franz Maurer, Ingolstadt*		16. 5. 85
Horst Münzner, Wolfsburg*		
Walter Neuert, Ingolstadt*		
Dr. rer. pol. Karl Pitz, Schwalbach*		
Walter Riester, Stuttgart	10. 7. 87	
Theo Schirmer, Oedheim-Degmann*		
Dr. rer. pol. Werner Schmidt, Wolfsburg*		
Dr. rer. pol. Rolf Selowsky, Wolfsburg*		30. 4. 87
Dr. jur. Raban Freiherr von Spiegel, Oberursel*		
Franz Steinkühler, Oberursel*		9. 7. 87
Gottlieb M. Strobl, Ingolstadt*		31. 12. 87
Dieter Ullsperger, Wolfsburg	2. 6. 87	
Dr.-Ing. Hanns Arnt Vogels, Grünwald	11. 7. 85	
Rudolf Wastl, Manching-Oberstimm	11. 6. 85	

* bereits Mitglied des Aufsichtsrates der AUDI NSU Auto Union AG

Literaturverzeichnis

Banholzer, D.: Negativer Lenkrollhalbmesser und Diagonal-Bremskreisaufteilung am Personenwagen, in: A.T.Z., Nr. 11, 74. Jahrg. S. 9ff., Stuttgart 1972.

Beck, J. / Hertel, K. / Schneeweiß, M.: Die Koppellenkerachse für frontgetriebene Personenwagen – eine Entwicklung von Audi NSU, in: A.T.Z., 76. Jahrg., Nr. 10, S. 316ff., Stuttgart 1974.

Behles, F. / Barske, H.: Die Frontantriebs-Entwicklung bei Audi, NSU, Auto Union und DKW, in: A.T.Z., 83. Jahrg., Nr. 10, S. 487ff., Stuttgart 1981.

Bensinger, J. / Heissing, B.: Auslegung und Konzeption des Allradantriebes im Audi 80 quattro, in: A.T.Z., 89. Jahrg., Nr. 5, S. 247ff., Stuttgart 1987.

Bentley, J. / Porsche, F.: Porsche – ein Traum wird Wirklichkeit, Düsseldorf und Wien 1980.

Bode, O.: Der Kraftfahrzeugbau auf der Exportmesse in Hannover, in: A.T.Z., 51. Jahrg., Nr. 4, S. 86ff., Stuttgart 1949.

Bönsch, W.: Vom Sinn des Zweitakters – Eine Betrachtung, in: DKW-Nachrichten, Nr. 46, S. 18f., Düsseldorf 1957.

Eberan von Eberhorst, R.: Der Zweitaktmotor im Kraftfahrzeug, unveröffentlichtes Manuscript eines im September 1954 gehaltenen Vortrages.

Frère, P. / Völker, H.: quattro – Sieg einer Idee, Wien 1986.

von Gersdorf, K. / Grasmann, K.: Flugmotoren und Strahltriebwerke, München 1981.

Hauk, F. / Röder, G.-J.: Der neue 2-Liter-Audi-Motor – Versuchsergebnisse und Konstruktion, in: A.T.Z., 78. Jahrg., Nr. 3, S. 95ff., Stuttgart 1976.

Heuß, T.: Robert Bosch – Leben und Leistung, München 1975.

Keller, H.: Der DKW-Junior, in: A.T.Z., 61. Jahrg., Heft 12, S. 367ff., Stuttgart 1959.

Kirchberg, P.: Autos aus Zwickau, Berlin 1985.

Klüsener u. Groth: Deutsche Personenwagenmotoren, in: A.T.Z., 57. Jahrg., Nr. 12, S. 348ff., Stuttgart 1955.

Kraus, L.: Der Audi 100, ein europäischer Mittelklassewagen, in: A.T.Z., 71. Jahrg., Nr. 1, S. 1ff., Stuttgart 1969.

Kraus, L., Behles, F., Piëch, F.: Audi 50 – ein sparsamer Kompaktwagen mit Komfort, in: A.T.Z., 76. Jahrg., Nr. 10, S. 309ff., Stuttgart 1974.

Kraus, L., und Hoffmann, H.: Der neue Mitteldruckmotor im »Audi«-Personenwagen, in: A.T.Z., 67. Jahrg., Heft 9, S. 277ff., Stuttgart 1965.

Kruk, M. / Lingnau, G.: 100 Jahre Daimler-Benz, Das Unternehmen, Mainz 1986.

Kü.: Leistungen von Motoren für Rennkrafträder, in: A.T.Z., 56. Jahrg., Heft 4, S. 115, Stuttgart 1954

Leitermann, W. / Schrom, P. / Boms, M.: Der neue Audi 200 quattro, in: A.T.Z., 86. Jahrg., Nr. 10, S. 417ff., Stuttgart 1984.

Mirsching, G.: Wanderer – Die Geschichte des Hauses Wanderer und seine Automobile, Lübbecke 1981.

Nadolny, B., und Treue, W.: Varta – Ein Unternehmen der Quandt-Gruppe, 1888–1963, München 1964.

N. N.: Der neue DKW F 12 der Auto Union, in: A.T.Z., 65. Jahrg., Heft 2, S. 57f., Stuttgart 1963.

N. N.: Dr. R. Bruhn, in: A.T.Z., 66. Jahrg., Heft 8, S. 244, Stuttgart 1964.

Piëch, F. / Behles, F.: Der neue Audi 100, in: A.T.Z., 78. Jahrg., Nr. 10, S. 411ff., Stuttgart 1976.

Piëch, F. / Klingel, J.: Der neue Audi 100, in: A.T.Z., 85. Jahrg., Nr. 1, S. 7ff., Stuttgart 1983.

Prüssing: DKW-Renngeschichte, in: DKW-Nachrichten, Nr. 27, S. 50ff., Düsseldorf 1954

P. S.: Große und kleine Neuerungen auf allen Fronten, in: Automobil Revue, Katalognummer 64, S. 63, Bern 1964.

Schwenk, K.: Die Entwicklung von Personenkraftwagen mit Kunststoffaufbauten bei der Auto Union bis 1956, in: GFK im Fahrzeugbau, Düsseldorf 1978.

Sitterding, H. J.: Europäische Personenwagen, in: A.T.Z., 63. Jahrg., Heft 11, S. 346ff., Stuttgart 1961.

Sitterding, H. J.: Neue europäische Personenwagen für 1964, in: A.T.Z., 65. Jahrg. Heft 11, S. 337ff., Stuttgart 1963.

Sitterding, H. J.: Europäische Personenwagen 1966, in: A.T.Z., 67. Jahrg., Heft 11, S. 385ff., Stuttgart 1965.

Sloniger, J.: Die Porsche-Allrad-Story, in: Christophorus, Nr. 195, S. 44ff., Stuttgart 1985.

Stadie, A.: Die Bedeutung des Elektrofahrzeuges im Stadtverkehr, in: A.T.Z., 58. Jahrg., Nr. 4, S. 115ff., Stuttgart 1956.

Venediger, H. J.: Grundsätzliche Betrachtungen zum Zweitaktverfahren, in: A.T.Z., 39. Jahrg., Nr. 11, S. 273ff., Stuttgart 1936.

Venediger, H. J.: Zweitaktspülung, insbesondere Umkehrspülung, Stuttgart 1947.

Venediger, H. J.: Das neue DKW-Modell F 9, in: A.T.Z., 50. Jahrg., Nr. 4, S. 65, Stuttgart 1948.

Anmerkung: A.T.Z. = Automobiltechnische Zeitschrift.

Register

Erfaßt wurden alle Personennamen, Firmennamen und die Namen einiger Institutionen.

AAG – Allgemeine Automobil-Gesellschaft Berlin GmbH 206
Abtmeyer, H. 210
Adlerwerke vorm. Heinrich Kleyer AG 204
AEG – Allgemeine Elektricitäts-Gesellschaft AG 196, 206
Agnelli-Konzern 65
Ahrens 124
Allgaier-Werke GmbH 17, 18
Alliierter Kontrollrat 16
Aluminium-Werke Nürnberg GmbH 82
Ambi-Budd Preßwerk GmbH 151, 204
Arbeitsgemeinschaft Auto Union 16, 18, 19, 26
Audi AG 11, 70, 71, 80, 81, 174, 182, 184, 189, 199, 203, 211, 212
Audi Automobil-Werke GmbH 11, 59, 70
Audi NSU Auto Union AG 61, 68, 69, 70, 79, 164, 168, 177, 186, 199, 201, 203, 205, 209, 210
Audiwerke AG 13, 59, 103, 196
Autobaugenossenschaft 39
Auto Union AG 11, 13, 14, 15, 16, 17, 18, 19, 20, 21, 22, 23, 30, 32, 35, 36, 38, 41, 43, 55, 57, 60, 61, 62, 70, 71, 82, 93, 99, 103, 104, 114, 117, 119, 124, 128, 150, 151, 161, 186, 196, 197, 198, 199, 200, 202, 203, 204, 205, 206
Auto Union Berlin GmbH 22, 30, 42, 202
Auto Union de Brazil Limitada 13, 41
Auto Union GmbH »alt« 11, 15, 16, 17, 18, 19, 21
Auto Union GmbH »neu« 11, 17, 18, 19, 21, 22, 23, 25, 26, 28, 30, 33, 35, 36, 39, 40, 41, 42, 43, 44, 45, 46, 54, 57, 60, 61, 64, 68, 70, 82, 85, 88, 89, 94, 97, 98, 100, 101, 102, 103, 108, 110, 111, 112, 114, 116, 119, 120, 121, 123, 124, 125, 132, 134, 138, 144, 148, 150, 151, 162, 164, 165, 196, 197, 198, 199, 200, 201, 203, 204, 205, 206, 207, 208
Auto Union Orient GmbH 13
Auto Union South Africa Ltd. 13

Babcock & Wilcox Corp 205
Baedeker 112
Banco de Bilbao 39
Banco de Vizcaya 39
Banco Novo Mundo 41
Banholzer, D. 177
Bankhaus Lenz & Co 15, 19
Bankhaus Sal. Oppenheim jr. & Cie 17, 18, 19, 202
Barbay 124
Batelle-Institut 197

Baumm, G. A. 67
Baumann, H. J. 209
Bayerisches Landesamt für Vermögensverwaltung 18
BMW – Bayerische Motorenwerke AG 37, 47, 121, 185
Bayerische Staatsbank 14
Becker van Hüllen 152
Bendix Aviation Corp. 42
Bensinger, J. 186
Benteler Werke AG 104
Benz, C. 11, 61
Benz & Cie 205
Bergmann-Borsig 206
Bergmann-Elektricitäts-Werke AG 111
Berliner AG vorm. Freund 206
Berthold, R. 209, 211
Beuler, R. 209, 211
Biehler, H. 207
Binder, P. 210
Bittrich, O. 48
Boehringer GmbH 199
Böhm, F. 43, 208, 210, 212
Bönsch, H. W. 57
Bogner, J. 43, 208, 210
Borgward, Carl F. W. GmbH 17, 33, 144
Bosch, R. GmbH 59, 60, 134, 138
Bracq, P. R. 47
Breuer 204
Briel, G. von 210, 212
Brown, Boveri & Cie AG 68
Brown Tractors 197
Bruhn, R. 13, 14, 16, 18, 19, 29, 39, 43, 71, 82, 114, 120, 196, 207, 208
Budd Corporation 151
Büssing-NAG 17
Bundesamt für Wehrtechnik und Beschaffung 144
Bundesfinanzhof 54
Bundesverkehrsministerium 82
Burghalter, E. 13, 14, 15, 19, 71
Burkart, O. 43, 208
Byrnes, J. F. 16

Carosseriewerke Schebera AG 62
Carrozzeria Bertone SpA 65
Carrozzeria Fissore SAS 110
Christ, H. 210, 212
Christoph & Unmack 202
Continental AG 148

Daimler, G. 61
Daimler-Benz AG 17, 19, 40, 43, 44, 45, 47, 54, 57, 58, 162, 201
Daimler-Motoren-Gesellschaft 205
Dannenhauser & Stauß 124, 125

Dekkers, L. 54, 207
Deprez, M. 36
Deutsche Bundespost 113
Deutsche Kühl- und Kraftmaschinen GmbH 13, 14, 200
Deutsche Reichspost 111
Deutsche Revisions- und Treuhand AG 61
Deutsche Shell AG 120
Distribuidora de Automóveis Studebaker Ltd. 41
Dörner, N. 82, 88, 197
Dresdner Bank AG 62, 68
Dynamit AG 151

Eberan von Eberhorst, R. 18, 56, 151, 152, 197, 207
Eberhard, R. 208, 210
Eisenwerk-Gesellschaft Maximilianshütte GmbH 18, 19
Electric Auto Lite Corporation 42
Elektricitäts-AG vorm. Schuckert & Cie 206
Eletro-Industria Walita SA 42
Endres, W. 60, 208
ENMASA – Empresa Nacional de Motores de Aviacion SA 40
E.R.A. – English Racing Automobiles Ltd. 197
Erdmann & Rossi KG 58
Erhard, L. 16
Essl, E. 208
Ewers, C. 43, 208
EWG – Europäische Wirtschafts-Gemeinschaft 43, 68

FAMO – Fahrzeug- und Motorenwerke Breslau 200
Felgenheier 101
Ferber, F. 25, 198
Ferguson 41
Fernandèz 41
Fiala, E. 210, 212
FIAT – Fabbrica Italiana di Automobili SA 62, 65
Fichtel & Sachs AG 123, 197
Fiedler, F. 206
Fédération Internationale Motocycliste 100
Flick, F. 18, 43
Ford-Werke AG 60, 199, 204
France Union Automobile 39
Frank, F. 208
Frankenberger, V. 209
Friedrich 98
Frister & Rossmann 198
Froede 66

Ganz, J. 204
Geite, W. 104
Gerich, R. 209, 210

Getrag – Getriebe- und Zahnradfabrik GmbH 82
Ghia-Aigle SA 121
Giugiaro, G. 155, 177
Glas- und Spiegelmanufaktur Schalke 202
Gläser GmbH 58
Gockeln 28
Göhner, E. 18, 19, 38, 43, 151, 208
Görg, H. 101
Götz, P. 14, 15, 16
Gräf, Gebrüder 186
Greiner, K. 210
Gruber, X. 210
Günther, P. 17, 18, 45, 198, 207
Gutbrod Motorenbau GmbH 33

Haas, W. 67
Habbel, W. 71, 199, 209, 211, 212
Hackl, M. 210, 212
Hahn, C. 14, 16, 18, 19, 29, 44, 71, 114, 199, 207
Hahn, C. H. 210, 212
Hart Nibbrig & Greeve NV 36, 37
Hartwich, G. 210, 212
Heckel, O. 13, 14, 19, 71
Heinkel-Werke 82
Hellingrath, Freiherr K. M. von 14, 208
Henschel & Sohn GmbH 205
Henn, G. 209
Hensel, W. 14, 21
Henze, W. 43, 200, 207
Hertz 187
Hesselbach, W. 210
Hitzinger, W. 208
Hochrein, A. 210, 212
Höhne, O. 208, 210
Hörmann, S. 210, 212
Hoffmann, H. 210
Hoffmann, K. 101
Hoffmann Werke 82, 93
Holka AG 38
Holka Auto Union Verkaufs AG 39
Horch A. 11, 70, 114
Horch & Cie 11
Horch-Werke AG 13, 70, 103, 196, 198, 205, 206

IFA – Industrieverwaltung Fahrzeugbau 119
INA – Industria è Comercio Auto Union SA 41, 42
IMOSA – Industrias del Motors SA 35, 39, 40, 77, 110
Industrie-Auffang GmbH 18, 19, 21, 22
Industriefinanzierungs GmbH 13
Industriemotorenbau GmbH 45
Industrie Pininfarina SpA 67, 151, 158
Innocenti SpA 63, 93
Ischinger, F. 82

Jacob, A. 101
Jamin, A. 43, 208
Junkers, H. 196
Jurisch GmbH 84

Kahlbaum GmbH 200
Karmann GmbH 116, 117, 121, 155, 167, 177
Karosserie Baur GmbH 128, 131, 132
Karosseriewerke Drauz KG 104
Karosseriewerke J. Hebmüller Söhne 116, 117
Kaufmann, Prof. 115
Kenworth 41
Kialka, H. 209
Klee, K. 208
Kleemann, W. 212
Kluge, E. 98, 100, 101
Könecke, F. 43, 208
König, M. 50
Kohlbecker, K. 45
Kolbenschmidt, Karl Schmidt GmbH 200
Koliner Werkzeugfabrik 13
Koller, E. 208
Koppenberg, H. 21, 208
Kratsch, W. 25, 120, 200
Kraus, L. 59, 162, 164, 201, 207, 209, 210, 212
Krug, W. 41
Küchen 82
Kuntschick, F. 208
Kurrle, G. 209

Landesregierung von Sachsen 21
Läpple, A. 41
Leiding, R. 54, 59, 162, 201, 207, 209, 210
Liebernickel, B. 210
Ljungström, G. 60
Lloyd-Dynamo-Werke 112
Lloyd Motoren-Werke GmbH 121
Loewe Werkzeugmaschinen AG 206
Löhr & Bromkamp GmbH 140
Lohner, J. Hofwagenfabrik 186
Lotz, K. 68, 208, 210

Malzoni, G. 42
MAN – Maschinenfabrik Augsburg Nürnberg AG 55
Manurhin – Manufacture de Machines du Haut-Rhin SA 96
Maurer, F. 210, 212
Marik, M. 36
Marshall, G. 16
Massey-Harris 41
Mauser-Werke 198
Maßholder, L. Fahrzeugwerk 124
Maxhütte – siehe Eisenwerk
Mikkola, H. 187, 194
Meyer 124
Mendes da Silva Guimaraes, O. 41
Mitteldeutsche Motorenwerke GmbH 13, 14
Mitter, G. 51
Motormännens Riksförbund 177
Mouton, M. 187
Morgenthau, H. 13, 16
Müller, G. 15, 206
Müller, H. 21, 207
Müller, H. (Andernach) 60
Müller, H. P. 100
Müller, Pressenfabrik 41

Münzner, H. 210, 212
Multigraph GmbH 206

NAG – Neue Automobil-Gesellschaft mbH 206
– Nationale Automobilgesellschaft AG 206
Nallinger, F. 43, 162, 208
Neckarsulmer Fahrradwerke AG 62
Neckarsulmer Fahrzeugwerke AG 62
Neckarsulmer Strickmaschinenfabrik AG 61
Nestler, Prof. 169
Neuert, W. 210, 212
Neufeld & Kuhnke 196
Neumann, B. 148
Neuwald, W. 207, 209
Niegtsch, W. 68
Nitsche, K. 32, 202
Nösel, F. 51
Nordisk Autoimport AB 35, 36
Nordhoff, H. 54, 68
NSU GmbH 11
NSU-D-Rad-Vereinigte Fahrzeugwerke AG 62
NSU Motorenwerke AG 11, 61, 65, 68, 70, 104, 164
NSU Vereinigte Fahrzeugwerke AG 62
NSU Werke AG 63, 64, 205

Oehl, E. 21
Opel AG 62, 205
Oppenheim, Freiherr F. C. von 16, 19, 43, 44, 151, 202, 208
Orenstein & Koppel AG 202
Ostpreußische Druckerei und Verlagsanstalt AG 203
Ostwald, Wa. 114

Peter, H. 208
Petit 36
Peugeot Automobiles SA 47, 59
Philipsons Automobilaktiebolag 35, 36, 60
Piaggio SpA 93
Piëch, F. 71, 203, 209, 211
Pitz, K. 210, 212
Pöge Elektrizitätswerke AG 196
Pollmann, F. W. 209
Pons, F. 187
Porsche, F. 186
Porsche Konstruktionen GmbH 197
Porsche, Dr.-Ing. h.c. F. AG, 70
Porsche, Dr.-Ing. h.c. F. KG 144, 203
Pratt & Whitney 185
Praxl, E. 66
Posth, M. 209, 211
Prentzel, F. 210
Prinz, G. 209

Quayzin, T. 23

Rasmussen, J. S. 31, 55, 59, 199, 206
Reichel, R. 14, 21
Rheinmetall-Borsig AG 26, 114
Rickenbaker 59
Richter, C. A. GmbH 13

Richter, H. 68, 210
Richter, K. 17, 26, 28, 29, 203
Riester, W. 212
Roder, A. 63
Rosemeyer, B. 48
Rössig 120
Ruck, E. 21
Runte 23
Ruppe 55
Rust, J. 68
Rzeppa, A. H. (Rzeppa-Prinzip) 140

Saab – Svenska Aeroplan AB 60
Sächsische Staatsbank 13, 14, 17, 202
Saller, F. 18
Schäfer, H. 208
Schatz, W. 49
Schieß AG 206
Schiffer, F. 43, 208
Schilling, E. 208
Schirmer, M. 148
Schirmer, T. 210, 212
Schittenhelm 13, 14, 19, 71
Schleef, A. 211
Schmidt, C. 61
Schmidt, W. 18, 19, 209, 210, 212
Schmiedewerk Pirna GmbH 14
Schmolla 14, 21
Schmücker, T. 210
Schnürle, O. (Schnürle-Patent) 54, 55, 57, 82, 116
Schönbeck, H. E. 209
Schuchardt & Schütte 206
Schüler, H. 14, 15, 16, 17, 18, 21, 39, 204, 207
Schulz, K. 17, 28, 29
Schumann, Fahrzeugbau 20
Schwenk, K. 17, 104, 132, 148, 150, 151, 204
Schwenke, R. 186
Seidel, C. 210
Selowsky, R. 210, 212
Siemens & Halske AG 186, 198

Siemens-Schuckertwerke AG 111
Sicht- und Zerlegewerk GmbH 14
Siebler, O. 119, 205, 207
Sillich, H. 14, 21
SIMCA – Sociéte Industrielle de Mécanique et Carrosserie Automobile 68
Slaby & Beringer 31
Sowjetische Militär-Administration 14, 21
Spiegel, Freiherr R. von 210, 212
Sprung 98
Stabilius 197
Steinkühler, F. 210, 212
Stieler von Heydekampf, G. 68, 205, 209, 210
Stockmar, J. 211
Stoehr, A. 207
Stoewer Werke AG vorm. Gebrüder Stoewer 111
Stoll, H. 61
Strabag-Straßen-Bau AG 202
Strobl, G. 209, 210, 212
Studebaker Corporation 41
Stübig, H. 194, 209, 211

Tengler, F. 187
Thomèe, F. 208, 210
Treuhand Vereinigung 61
Treuverwaltung GmbH 18
Trübsbach, K. F. 48
Trump, F. 148

Ullsperger, D. 212
Ulmer, H. 11

VDM – Verband Deutscher Maschinenbauanstalten 200
VEMAG – Veículos e Máquinas Agrícolas SA 35, 41, 42, 75
Venediger, H. J. 55
Victoria-Werke AG 103
Vidal & Sohn GmbH 105
Vierhub, E. 210

Vogels, H. 212
Voith, J. M. GmbH 148, 149, 150
Volkswagen AG 33, 41, 54, 61, 68, 162, 164, 199, 201, 204
Volkswagen do Brasil SA 42, 201

Wagner GmbH 13
Walz, K. 210
Wanderer-Werke AG 13, 70, 196
Wanderer-Werke AG vorm. Winklhofer & Jaenicke 11, 13, 62
Wankel, F. 64, 66
War Reparation Board 82
Wastl, R. 212
Wawrziniok, E. 148
Weber, H. 83, 98
Wenderoth, G. 209
Wenk, F. 124, 125
Werner, W. 14, 43, 46, 133, 206, 207
Wesp, P. 209
Westfälische Metallindustrie GmbH 82
Wizmann 82
Wolf, E. 98, 100, 101
Wothke, A. 148
Wünsche, S. 100, 101
Würfel, H. 53

Zahn, J. 208
Zahnradfabrik Friedrichshafen AG 197
Zentraldepot für Auto Union Ersatzteile GmbH 14, 16, 17, 18, 19, 21, 71, 104, 196, 197, 199, 206
Zerbst, F. 17, 18, 104, 120, 206, 207
Zimmermann, H. 209
Zirkel, C. 14, 21
Zschopauer Maschinenfabrik J. S. Rasmussen AG 199
Zschopauer Motorenwerke J. S. Rasmussen AG 11, 13, 54, 70, 103, 196
Zweirad Union GmbH 197